天皇制と民主主義の昭和史

河西秀哉

人文書院

天皇制と民主主義の昭和史　目次

天皇制と民主主義の昭和史

はじめに

日本国憲法第一条は次のように規定されている。

天皇は、日本国の象徴であり日本国民統合の象徴であつて、この地位は、主権の存する日本国民の総意に基く。

戦前は「万世一系」「神聖ニシテ侵スヘカラス」「国ノ元首ニシテ統治権ヲ総攬」する者であった天皇が、敗戦後に「象徴」となった。「象徴」とは何か抽象的なものや事象を別の形あるもので表すことである。この場合、日本国という国家や日本国民の統合を表すのが天皇ということになろうか。しかしそれは、非常にわかりにくい概念でもある。例えば、国旗が国家を「象徴」するという文言はよく使われる。しかし、天皇という人自体が何かを「象徴」するということがあり得るのだろうか。そして、国民統合という状態の「象徴」をどのように人が示すのだろうか。

ところで、日本国憲法第一条の「象徴」という言葉はどこから来たのだろうか。中村政則が明らかにしたように、その由来は三つのルートからなる。[1] 第一がアメリカルートである。知日派のジョセフ・グルー元駐日大使からマッカーサー連合国軍最高司令官の側近であるボナー・フェラーズ、そしてマッカーサーへと繋がる。グルー周辺ではすでに戦時中から、日本における天皇の役割を「象徴」と規定していた。フェラーズは一九四五年にマッカーサーに提出した文書の中で、天皇を「民族の生ける象徴」と表現している。いわゆる知日派の天皇観がこれであった。第二がイギリスルートである。ウォルター・バジョット『英国憲政論』（一八六七年）からウエストミンスター憲章（一九三一年）への系譜であり、GHQ（占領軍）内で憲法草案を作成したチャールズ・ケーディスらがその影響を受けていたと中村は推測している。そして、第三が日本ルートである。社会党の加藤勘十が日本国憲法制定前よりすでに「民族和親の象徴」と述べ、象徴なる語を使用していた。これは、天皇を儀礼的な存在として認識する態度である。このように様々なルートがあり、それぞれが複雑に絡み合いながら最終的には憲法では「象徴」という言葉へと帰結した。それゆえ、「象徴」はその由来から多義性を有していたと言える。

大日本帝国憲法改正の模索は、敗戦直後から始まっていた。一九四五年一〇月、マッカーサーは東久邇宮内閣の国務大臣であった近衛文麿に憲法改正を持ちかけ、近衛はそれを機に、憲法改正案の作成に着手し始めた。それらの動きと並行して、各政党や民間でも岩淵辰雄・鈴木安蔵らの憲法研究会などが憲法改正を求める動きを起こし、改正案を作成して発表した。これら憲法改正案における天皇条項は、古関彰一によれば、①天皇の統治権を明治憲法と同様に認めるもの、②天皇に一定程度の統治権を認めるもの、③天皇の統治権を認めず、形式的にその地位のみを認めるもの、④天皇制を廃止するもの、の四つに分類される。(2) 憲法研究会の改正案は「天皇ハ国政ヲ親ラセス国政ノ一切ノ最高責任者ハ内閣トス」「天皇ハ国民ノ委任ニヨリ専ラ国家的儀礼ヲ司ル」とあり、天皇の統治権を否定して儀礼的存在と位置づけており、③に分類される。この案はGHQに高く評価され、その後の日本国憲法に影響を与えていくことになる。しかし、ここでは「象徴」という文言は登場していない。

一方政府は、一九四五年一〇月二五日に、松本烝治国務大臣を委員長とする憲法調査委員会を設置し、美濃部達吉や宮沢俊義らの法学者などを集めて憲法改正案（松本案）の作成を開始した。そこでは「天皇ハ至尊ニシテ侵スヘカラス」と規定しており、先の分類に従えば①の内容にあたる。しかしGHQは、日本政府の改正案では連合国からの圧力に耐えきれないと判断し、独自の改正案を起草することとなった。マッカーサーはそれに際し、担当の民政局員へ三つの原則を示した。その第一が、「天皇は、国家の最上位にある（Emperor is at the head of the state.）」である。マッカーサーは、天皇を実質的な権力を持つ「元首」にしようとは考えていなかった。しかしここでも、「象徴」という文言はまだ登場しない。民政局はこのマッカーサー三原則に従い、憲法改正案の作成作業を行った。この時に実際に作成に携わった民政局員らは、先のイギリスルートの影響を受けていた。それとともに憲法研究会の改正案を入手し、それに高い評価を与えていたことから、日本ルートの影響も受けていたと考えられる。そして作成されたGHQ案には、「天皇は、日本国の象徴であり、日本国民統合の象徴である」との文言が登場することになる。なぜここで、「象徴」という言葉が選択されたのかは未だはっきりとはしないが、いずれにせよ、様々なルートの影響を受けて到達した言葉であった[3]。

だからこそ、繰り返しになるが、「象徴」は様々な多義性を有していた。しかも憲法を制定する議会では、担当の金森徳次郎国務大臣が曖昧な答弁に終始し、「象徴」を明確に定義しなかった。金森は、憲法が改正されても日本の国体が不変であることを強調するために、こうした方策を採ったのである。しかし政府から「象徴」の解釈が充分に提示されなかったことから、「象徴」という概念や象徴天皇制という制度の内実までもが曖昧化し、「象徴」という言葉にこめる人々の思いは様々となった。こうした状態について、『読売新聞』の皇室記者であった小野昇は次のようにまとめている。

実のところ新憲法は天皇の地位や権限について、はっきりとのべているが、象徴という形而上学的な概念的な言葉が法律用語として用いられているため〝形のない鏡〟のような抽象的な精神内容しかくみとれないもどかしさを感じる。[4]

小野は、抽象的なものを別の形で表す「象徴」が、抽象的な精神内容しか示していないというのである。これも、「象徴」が明確に定義されなかったことに起因する認識と言えるだろう。

つまり、象徴天皇はそのスタートから固定した像を有していたわけではなく、多様な解釈、様々な像を持っており、あらゆる方向に展開される可能性があった。それが次第に、ある方向性へと収斂していくのである。本書は、まず第Ⅰ部で、敗戦後に見られた様々な象徴天皇像を析出し、それが持っていた意味を考えるとともに、どのような象徴天皇像へと向かっていくのかを明らかにする。それは、象徴天皇制の内実がどのようにこめられていったのかを解明することでもある。対象とする時期は、「象徴」が憲法に規定されるよりも前の敗戦直後から一九五九年の「皇太子御成婚」前後までとする。

その際に注目したいのが、知識人を中心にしてわき起こった、「我々はこの苦い経験を無意味に終わらせてはならぬ。平和国家を確立し、文化的に新しい発展を企画すべき」と、文化や平和といった概念を新たな国家のアイデンティティーに据えていこうとする動きである。その中で、敗戦後の日本においては、戦前の軍国主義と対極に位置する価値観が求められた。しかも国家の動揺を防止するための新たな国家理念の構築も必要不可欠であった。[5] 文化や平和といった概念は日本の伝統や民族意識に合致している概念とされ、国家再建の理念として位置づけられた。[6] 本書ではこれを、「文化平和国家」と定義しておきたい。「文化平和国家」は敗戦後の国家のイデオロギーとなっていく。その概念と天皇像はどのような関係にあったのだろうか。

また第Ⅱ部では、同時期に昭和天皇がどのような認識を有し、行動していたのかを明らかにする。戦前の「統治権の総攬者」から戦後の「象徴」へとスライドした昭和天皇は、変化は認識しつつも連続した君主意識を有していたと思われる。「象徴」が多様であったがゆえに、天皇自身もそれを自身で解釈しながら運用していく立場にあった。本書では、敗戦後の天皇が「日本」という国家をどう意識し、また政治や社会にどのような関心を有していたのか、そしてそれに基づいてどのように行動したのかを検討しながら、天皇の「象徴」解釈を解明する。

本書では、多様な象徴天皇像が析出できる事象に特に注目して検討する。そのため、象徴天皇制の歴史的展開を通史的かつ段階的に追うことはできない。事象・テーマごとに章を設けたため、時期も行きつ戻りつといった叙述となる。このような方法を採った理由は、事象ごとに問題を明らかにすることで、この時期に現れた様々な象徴天皇像の特徴を析出できると考えるからである。読者のみなさんが煩雑に感じることもあると思うが、そのような理由であり、ご了解いただきたい。逆に言えば、全体を通読していただくことも、それぞれの章を取り出して読んでいただくことも可能だと思う。

なお、宮内省は一九四七年五月三日の日本国憲法施行とともに宮内府となったが、一九四九年六月一日にはその宮内府も廃止となり、総理府の外局として宮内庁が設置された。本書の記述で省・府・庁とあるのは、この時期による違いのためである。

頻繁に引用する新聞・日記史料・国会議事録は次の例のように略記した。

［毎日51・10・3］……『毎日新聞』一九五一年一〇月三日
［木下45・10・5］……『側近日誌』（文藝春秋、一九九〇年、一九四五年一〇月五日条）
［入江51・3・3］……『入江相政日記』（朝日新聞社、一九九〇年、一九五一年三月三日条）
［矢部51・10・3］……『矢部貞治日記』（読売新聞社、一九七四〜七五年、一九五一年一〇月三日条）

［田島49・11・1、263］……加藤恭子『田島道治』（ＴＢＳブリタニカ、二〇〇二年、所収「田島日記」）
［衆予算51・10・27］……「衆議院予算委員会」一九五一年一〇月二七日

第Ⅰ部　象徴天皇像の戦後史

第一章　昭和天皇退位論

1　天皇制維持の「合理的根拠」

「自主的」憲法改正の気運

ポツダム宣言やアメリカの初期対日方針は、日本の統治機構の改革を強く要求していた。統治機構を民主化するならば、もちろん天皇制の改革・再編も避けられない情勢にあった。そこで日本政府は、連合国・GHQなどから予想される民主化要求を先取りするとともに、国内の「革命勢力」がその要求を盾にして勢いづくのを防止しようと思考し、「自主的」発意による制度改革・憲法改正の模索を敗戦直後から始めていた(1)。日本政府がこのように迅速な動きを見せた背景には、民主化要求の先取りという理由以外にも、次の二つの国内的な要因が存在していた。

第一に終戦工作の影響である。アジア・太平洋戦争末期、南原繁東京帝国大学法学部長を中心とした高木八尺・田中耕太郎・末延三次・我妻栄・岡義武・鈴木竹雄ら法学部七教授は、近衛文麿元首相や木戸幸一内大臣、高木惣吉海軍少将などのいわゆる穏健派に対して、終戦工作を開始していた。南原はこの工作について次のように回想している。

終戦の条件ですが、これは条件にこだわらない方がいいんじゃないか、いいかえれば「無条件」を考えた。ともかくできるだけ早く終戦にするのが最上という結論だった。そして形式としては天皇の裁断、つまり詔勅の発布によるというのが日本の場合もっとも望ましいと考えておった。この裁断に当っては天皇が詔勅において、内外に対する御自身の責任を明らかにされる。つまり、その意味は、終戦後、適当な時期において退位されるということが言外に含まれているわけです。ただ、私どもとしても天皇制の護持だけは守ることでいこう、憲法にある天皇の大権は極度に制限されなければならないであろうが、天皇制は護持するという立場でした。(2)

このように、天皇制の存続のために改革・再編が必要であるとの素地は、敗戦直前より知識人や政治家の中に共有されていた。

第二に高木少将を中心とした研究会の存在である。この研究会には戦時中、矢部貞治東京帝国大学法学部教授や高山岩男京都帝国大学文学部助教授が参加し、海軍のブレーンとして政策立案に関わっていた。しかし次第に敗戦色が濃厚になってくると、研究会では敗戦後の日本の採るべき方策についての話し合いを重ねるようになった。(3)一九四五年六月二五日、高山は矢部に対して、「皇室の方から積極的に或る措置を取って頂くことが本当の意味の総力戦体制を促す唯一の途なる所以」を語っている［矢部45・6・25］。これは、高山と矢部が南原らの終戦工作に批判的であったことから提起された方針であった。南原らは天皇制存続を絶対唯一の条件と考えているが、高山と矢部は、敗戦を迎える日本が一致団結して再出発するためには「国民共同体の礎石をおくこと」が必要であり、総力戦体制をもう一度確立すること、そして「日本民族の道義力」を涵養することこそが重要だと思考していた［矢部45・6・27］。彼らは国家共同体維持の観点から天皇制の改革・再編を必要と考えており、南原らの取り組みは天皇制維持に固執するあまり、国家の統一性を維持するために必要な民衆と天皇の結びつきを分離させる危険性があると見ていた。しかしいずれにせよ、天皇制の再編が必要という点では、南原も矢部・高山も一致していたことには注意しておきたい。

敗戦後、東久邇宮稔彦内閣が成立し、高木は内閣書記官局（現在の内閣官房）に新設された副書記官長に任命された。高木は矢部の古くからの友人である古井喜実内務次官とともに、九月一五日に矢部へ政治・憲法改革に関する研究を依頼し、矢部は中村哲台北帝国大学文政学部助教授や佐藤功東京帝国大学農学部講師らとともに研究会を組織して改正案作成に着手する。そして一〇月に「憲法改正法案（中間報告）」を完成し、高木へ提出する［矢部45・9・15、10・2］。敗戦直後の九月の時点で、内閣の中枢部において、すでに憲法改正の必要性が考えられていた事実は注目すべきだろう。矢部はこの案の中で、連合国の指示によってやむを得ず憲法を改正するのではなく、これを機会に自主的に議会主義や民主主義を徹底すべきだと主張している。

「皇室ヲ中心トシテ、国家性ト個人性ヲ綜合調和セル自覚的ナル国民共同体ノ基盤ヲ確立」することを目指した矢部は、統治権の総攬者としての天皇の地位は不変としつつも、現実の政治運営には実権を行使しない、「国家非常ノ場合ニハ統一ノ中心タル」天皇の存在に期待していた[4]。矢部の案の骨子は第一に、天皇は実質的に統治権を有しない存在だと明言した点である。それは、行政・立法・司法の権限を明治憲法体制よりも高め、相対的に天皇の権限を縮小させる試みであった。第二に、天皇を国家の統一的中心として位置づけた点である。矢部にとって、国民共同体としての国家の統一を図るため、天皇は必要な存在だった。内閣書記官局に提出された矢部の案は、政府内や宮中にも広く伝播しており、その後の憲法改正作業に影響力を持ったと推測される[5]。

「日本的民主主義ニ関スル資料」

同時期、内閣書記官局は「日本的民主主義ニ関スル資料」という資料を作成している。[6] これは現在、国立公文書館に所蔵されており、内容は表1のとおりである。一九四五年一一月から一二月までにまとめられたものと思われるが、それまでに出版されていた著作などからの引用の他に、書記官局が知識人に対してインタビューをし、それを文字に起こしているところに特徴がある。おそらく、来るべき憲法改正に向けて、民主主義と天皇制の関係性の知識を整理し、それを利用することで天皇制存続を図る素材にしようと考えられたのではないだろうか。この中でも矢部は持論を展開している。それについては後述したい。

「日本的民主主義ニ関スル資料」の中で多くの知識人が語っているのは、民主主義と君主制は両立し得ること、そして日本的民主主義の可能性についてである。戦前に天皇機関説を主張して排撃された美濃部達吉東京帝国大学法学部名誉教授は、民主主義とは民衆の人格を尊重すること、「民ヲ重ンズル」ことだと強調する。そして「天皇ガ民ノ心ヲ心トシタマフモノデナケレバナラヌ」と述べるとともに、天皇はこれまでも民主主義の原則を遵守することで、日本においては民主主義が古来より定着していたと主張した。美濃部門下の宮沢俊義東京帝国大学法学部教授も、「日本ノ今迄デモ大イニ民主主義ダ」と言い、日本の国情に合致した民主主義のあり方を論じていた。美濃部や宮沢のように民主主義と天皇制の親和性を展開することで、連合国の占領改革・民主化に対しても、天皇制という制度は適合的だとの論理を日本側は供給しようとしたのである。このように、天皇制存続の根拠を与える作業が内閣の中枢部で試みられており、知識人の知がそこに動員されていった。

表1　「憲法改正に関する諸資料」（内閣官房総務課・国立公文書館蔵）「日本的民主主義ニ関スル資料」

号数	年月日	筆者	内容	職名	専門ほか
1	1931.4	蠟山政道	『公民政治論』より摘要	元東大教授	行政法学者、昭和研究会
1	1941	尾高朝雄	『実定法秩序論』より摘要	京城帝大教授	法哲学者、天皇超政論
1	1945.9	矢部貞治	『読売新聞』座談会より抜粋	東大教授	政治学者、昭和研究会
1	1945.11	金森徳治郎	『週刊朝日』より抜粋	前法制局長官	憲法学者、「あこがれの天皇」
2	1945.11.27	美濃部達吉	口述	東大名誉教授	憲法学者、天皇機関説
2	1945.11.27	宮澤俊義	口述	東大教授	憲法学者、「八月革命説」
3	1945.11.28	矢部貞治	口述	東大教授	政治学者、昭和研究会
3	1945.11.30	林癸未夫？	口述	早大教授	経済学者
3	1945.11.28	山崎又次郎	口述	慶大教授	憲法学者

第一輯　1945年11月28日発行、第二輯　1945年11月29日発行、第三輯　1945年12月3日発行

外務省における憲法改正の動向

同じ頃、外務省でも「自主的」憲法改正を模索する動きがあった。一九四五年一〇月、政務局第一課では「自主的即決的施策ノ緊急樹立ニ関スル件（試案）」と「自主的即決的施策確立要綱」という二つの文書が作成された[7]。ポツダム宣言が日本の統治機構改革を要求している以上、それを先取りするため、「自主的」に改革を推進しようとする動きが外務省内にあり、この二つの文書はその方針をまとめたものである。その中では大日本帝国憲法も「自主的」に改正しようとしており、「皇室制度ノ合理化ヲ図ル」として、天皇制もその対象となっていた。一方で、「民主主義精神ニ依ル輔弼制度ヲ確立スル」憲法改正を目指してお

り、民主主義と天皇制との接合を試みることで天皇制を含む従前の統治機構の存続を図ろうとし、そのような微温的な改革のみでも連合国からの要求を先取りできると外務省は考えていた。

その方向性は、次の「帝国憲法改正問題試案」からもうかがえる。田付景一条約局第二課長兼第一課長によって同じ一〇月に作成されたこの試案では、ポツダム宣言が日本国民の「自主的」な意思に基づく憲法改正を要求しているとの認識の下、改正方針の要点を記している。[8] 田付は基本方針として、「天皇制度ノ維持」「天皇ト国民トノ中間機関ノ排除」「民主主義的合理主義的法制ノ確立」の三点を挙げた。天皇制維持を第一条件に掲げ、枢密院などの機関の廃止、緊急勅令・委任命令・外交大権などの天皇大権の削除によって民主化を促進し、連合国からの要求を先取りしようと考えていたのである。

また、やはり同月に条約局で作成された「憲法改正大綱案」でも、外務省のそれまでの姿勢は堅持されており、憲法改正の根本方針として次の三点が挙げられている。[9]

一、天皇ノ地位ニ関スル現行憲法ノ建前ハ之ヲ堅持スルコト（国体ノ護持）
二、「君」ト「万民」トノ間ニ介在シ来レル従来ノ不純物ヲ除去スルコト（一君万民ノ政治）
三、真ニ民意ヲ基礎トシ国民ノ福祉増進ヲ目的トスル政治ヲ実現スルコト（民本主義）

民衆と天皇の結びつきを強化し、「民本主義」を推進することで天皇制を維持しようとしていたのである。ここで「民本主義」という概念が登場していることからもわかるように、敗戦という危機を迎えていても、劇的ではなく漸進的な変革を「自主的」に行うことよって、事態は乗り切れると外務省は考えていた。

『天皇制研究』

このような外務省の「自主的」憲法改正の動きの中でも、知識人は動員されていった。この中で興味深いのが、『天皇制研究』という冊子である。[10] これは「天皇制維持の積極的合理的根拠に付各方面専門家の協力援助を得て徹底的研究を進め」るため、外務省調査局第一課が一九四五年一二月から翌年一月にかけて編集発行したもので、五〇部のみ作成された「部外極秘」の資料であった。これらは吉田茂外相他、関係部署に配布されたようで、内閣書記官局が作成した「日本的民主主義ニ関スル資料」と同じファイルにもその一部が保存されている。『天皇制研究』作成の意図については、外務省調査局第一課長であった三宅喜二郎が次のように回想している。[11]

私は、日本の天皇制は、その初期においてはいわゆる神話や伝説を重要な根拠としただろうが、その後幾多の変遷を経て、時代とともに進化を遂げている。そうして存続してきた天皇制は合理的な根拠をもつに至っているはずであり、そういう合理的根拠を究明し、それを内外に明らかにすることが天皇制を護持するために必要と考え、哲学、政治学、法学、社会学、歴史学等の分野において、それぞれ権威ある学者十名ほどを選んで、その問題の研究を依頼した。
それらの学者の名前はすべてをここに挙げないが、そのなかには、高木八尺、津田左右吉、矢部貞治、高山岩男、田中耕太郎等の諸博士がおられた。それぞれ専門の分野において真剣に研究され、立派な報告を提出してくださった。そして、それらはみな、天皇制はこれを維持する合理的根拠あり、とするものであった。

外務省外交史料館が所蔵している『天皇制研究』に収録された論文と筆者は表2のとおりであるが、

表2　外交記録 A' 3.0.0.2-2「帝国憲法改正関係一件　研究資料（第2巻）」『天皇制研究』（外務省外交史料館蔵マイクロフィルム）

号数	年月	筆者	論文名	職名	専門ほか
1	1945.12	安岡正篤	政体と日本天皇制	金鶏学院院長	陽明学者、右翼思想家
2	1945.12	中村弥三次	天皇制と民主主義	早大教授	行政法、憲法学者
3	1945.12	高山岩男	天皇制とデモクラシー	京大助教授	哲学者、世界史の哲学
4	1946.1	京口元吉	天皇制維持の歴史的根拠	早大講師	歴史学者（近世史）
5		欠			
6	1946.1	帆足理一郎	天皇制維持の理論的根拠	早大教授	宗教哲学、倫理学者、キリスト教
7	1946.1	岡田宣治	天皇制の維持	駒沢大学学長	曹洞宗僧侶、仏教学者
8	1946.1	矢部貞治	天皇制と民主々義	東大教授	政治学者、昭和研究会

同じマイクロフィルムには、宮澤俊義（東大教授）講演「『ポツダム』宣言ニ基ク憲法、同附属法令改正要点」、高木八尺（東大教授）「天皇制ニ就テ」、前掲の矢部貞治による憲法改正案（中間報告）なども収録

三宅が挙げる知識人の論説がすべて現存しているわけではない。しかし三宅の回想と現存する『天皇制研究』所収の諸論文を読むと、天皇制維持のための「合理的根拠」をいかにして見つけ出すか、その目的から知識人たちが論文を執筆したことがわかる。

ところで、『天皇制研究』はその後も「部外秘」であり続けたのだろうか。必ずしもそうではなく、その研究成果は外部にも公表されたと思われる。それが、表3に示した『政治研究叢書』である。[12] この著作の後書きによれば、敗戦後の社会・思想の混乱から「我歴史と伝統の中枢をなす皇室制度の排撃台頭に依り最も甚しとなすべく、此傾向を現在の儘放任するは、平和愛好の我国家建設及び、世界連

表3 『政治研究叢書』（桃蹊書房、立君民主制研究会）

著作	著者	論文名	職名	専門ほか	
第1巻『天皇制と民主主義』（1946年5月）	帆足理一郎	天皇制維持の理論的根拠	早大教授	宗教哲学、倫理学者、キリスト教	＊
	中村弥三次	天皇制と民主主義	早大教授	行政法、憲法学者	＊
	三宅喜世男	天皇制に関する理論的研究	本会編輯員	？	
第2巻『天皇制の科学的研究』（1946年10月）	田中耕太郎	日本君主制の合理的基礎	東大名誉教授	商法学者、法哲学者	
	川邊喜三郎	天皇制・家族制の科学的研究	早大教員？	社会学？	
	京口元吉	天皇制維持の歴史的根拠	早大講師	歴史学者（近世史）	＊

＊印　外務省『天皇制研究』と同筆者・同論文

合の将来のため誠に忍びざるところなるを以て、吾人は茲に我皇室が建国以来其政治の根本方針を如何に国民生活の向上改善に置き、今日所謂、民主民本主義を実行し来れるかを研究し」ようと刊行された。つまり、天皇制を擁護して民主主義と接合させることを課題とした研究書であったと言える。この著作に収録された論文には、『天皇制研究』と同名筆者・同名論文が三つあり、先の三宅の回想に出てくる田中耕太郎東京帝国大学法学部教授の名前も見える。おそらく、『天皇制研究』のために研究された知識人の知は、『政治研究叢書』として外部に公表されたと考えられる。

矢部貞治における民主主義と協同

では『天皇制研究』の中から、先に高木惣吉の求めに従って「憲法改正法案（中間報告）」を作成した矢部貞治の論文「天皇制と民主々義」と、その矢部と戦前、敗戦後の日本の採るべき方策について話し合った高山岩男の論文「天皇制とデモクラシー」を見ておきたい。以下、特に注記がない場合は『天皇制研究』と「日本的民主主義ニ関スル資料」を参照した。

矢部は、民主主義の理念は個人の人格を尊重して、人間としての権利を保障することだと強調した。しかし、それによって自由の側面ばかりが主張されることには反対し、秩序を持った共同社会の必要性を主張する。矢部の考える共同生活の単位こそ国家であった。国家の秩序は統一力がなくては成立し得ず、「客観的条理ト道義」が必要となる。「自由な個人が秩序ある平和な共同社会をやることが民主々義の理想」で、それを維持するための道徳が存在しなければならなかった[13]。個人を制限するよりも、互いに信頼し尊敬し合うことを求めたのである。矢部によれば、民主主義が「健全円滑に運営されるためには水準の高い識見と道義を有する国民があり、高い責任感と良心を以て自発的能動的に社会協同に参加する品性が培はれ」ていなければならなかった。

矢部は、このように個人の人格を尊重して道徳を持ったためには、「社会的経済的ニ或ル程度豊カナ背景ガナケレバ旨ク行カナイ」と主張し、全体の富を全ての人々に分配することを提案する。彼は社会主義思想に対して一定の親和性を示し、それによって階級対立を克服しようとしたのである。これこそが矢部の言う協同民主主義の根本だった。

なぜ矢部はこのように協同の重要性を強調したのだろうか。それは、矢部が同時期の世界の民主主義の動向をどう見ていたかに関わる。矢部によれば、近代に入ってから産業革命によって社会が急速に発達した結果、階級対立が激化して秩序崩壊の危険性が増大した。そうした危機感を克服して国家秩序を保つためには、「集中的な政治力と不偏不党、公平無私の統一的権威が希求せられた」。総力戦体制下において政策立案に関わっていた矢部ならではの見方である。しかし、こうした姿勢はファシズム国家のみならず、米英のような国家でも同様であった。

世界に於ける民主主義の動向は既に古い自由民主主義の型を脱却して多かれ少なかれ強い統一的権威と、集中的執行権と、そして社会的正義に合する統制的経済を枢軸とする協同民主主義の方向に進みつ、ある。民主主義の要求は断じて劣弱な政治力にあるのではなく、寧ろ強力な統一的権力が国民の支持の上に立つことにこそある。党派と階級の対立抗争に対して超党派的・超階級的な統一と安定の中心なくしては今後の民主主義は存在し能はぬのであらう。

この「超階級的な統一と安定の中心」こそ、日本においては天皇しかあり得ないと矢部は考えていたのである。

「国民の天皇」論

ここで矢部の主権論について確認しておきたい。矢部は、主権は近代西洋における民衆と君主との対立関係の中で、闘争概念として主張されたものだと強調した。しかし第一次世界大戦後に社会が複雑化した結果、主権の所在に関する議論は「内容空虚な抽象論に過ぎな」くなった。現実の政治過程において主権論が意味を持たなくなったと言うのである。矢部によれば、そもそも君主制と民主主義とは必ずしも相対立せず、「制度の上に国家の元首としての国家統一意思の形式的表現者乃至国家内諸勢力の最高の調整者として君主を認めることは必ずしも民主主義の本質と矛盾するものではない」。民主主義を現実の政治制度として考えることで、法律学的な主権論と民主主義を切り離そうとしたのである。それは、天皇主権に民主主義を抵触させず、むしろ両者を接合させる思考であった。しかも矢部は、「天皇ト国民ガ対立シテ争ツテ来タト云フコトハ、歴史ノ上ニ於テ一ツモナイ……主権ガ天皇ニアルトカ人民ニアルトカイフヤウナ事ハ日本ニ於テハ取立テテ言フ程ノ意義ハナイ」と述べ、民衆と天皇との結びつき

矢部貞治

を強調し、民衆と君主との闘争の中で生まれた主権論を排除する。矢部は歴史的根拠に基づき、民衆と天皇の強い結びつきを実現することこそ日本にとっては民主主義を実現することになると主張し、民主主義と天皇制を接合させようとした。

ここでもう一度、協同民主主義の問題に戻ってみよう。矢部は、日本は「先づブルジョワ革命、次で社会主義革命と言う如き悠長な公式的二段革命ではなく、これ等を同時に実現し、米英的民主主義と蘇連的階級克服とを止揚した、新しい協同民主主義の実現」をすべきだと主張する。これは総力戦体制下での発想と連続する部分である。しかも敗戦を迎えた日本は他の国々よりも遅れており、急速な変革が一層必要だと矢部は認識していた。矢部によれば、社会が様々に変動する場合は安定の中心となるものがなければならず、そして協同民主主義自体も「揺がざる国家統一力なくしては不可能である。それは決して党派と階級の相剋抗争に依つて求められず、寧ろ国民が一君万民の天皇制の中に窮極の精神的統一を保つことに依つてのみ可能」だと言う。矢部にとって、求心力としての天皇制は日本に民主主義化が徹底されればされるほど不可欠であった。

ではなぜ、協同民主主義の統一力は天皇でなければならないのか。

> 永い歴史的発展の中で天皇制は自然人格としての天皇を超へた連綿たる高御座の権威として存立し、又民族、豪族、権臣、閥族、封建勢力を超越した公的存在であり、且又非権力的な本質を以て寧ろ文化的精神的統一の象徴として純化せられて来たことを否定することを得ない……天皇は国民崇敬の的

となり、文化的中心として有異《ママ》転変に拘らず連綿として存続し得たとも言ひ得る。而してこの間に天皇制は個人的、階級的、党派的恣意を超へた民族の真実の意思の表現として観念せらるるに至り、単なる偶像なのではなく、寧ろ民族の叡智に依る至高の芸術品として形成せられたのである(14)。

矢部は、天皇が武力とは切り離された非権力的・文化的精神的な存在であったがゆえに、その権威が形成されたと強調した。天皇が階級対立を止揚する存在であることは民衆の感情に基づいており、だからこそ天皇は国家の統一と社会の安定の中心たり得たと主張する。こうした民衆と天皇との歴史的な関係は、日本に民主主義を導入するためには不可欠な要素であった。なぜなら日本の場合、民衆の政治的教養は低く、民主主義が運用される前提条件は存在しない。そこで、「天皇御自身が民主主義者乃至社会主義者として積極的に日本の民主革命の担当者」となる必要がある。つまり矢部は、天皇を協同民主主義実現のための主導者と捉えたのである。しかし天皇がそうした存在となり得るためには、近代天皇制をそのまま維持するわけにはいかなかった。

そこで第一に、「或ル時代ニ『憲政ノ常道』トシテ言ハレタ様ナ議院内閣制度トイフ形ヲ実現スル。大体イギリスノヤウナ形ニスル……随ツテ天皇ノ御位置モイギリス国王ノ地位ニ近ヅイテ来ル」と述べるように、大正期の政治システムを制度的に保障し、イギリス型の立憲君主制を目指した。矢部によればこの制度下における天皇は、政治の実権から離れて政治運営を民意に委任するが、「少くとも、形式的に統治権の総攬者たる地位を保持し、政府、議会、国民に対し忠告、激励をなすの権能を持ち、国家非常の場合に国民の幸福のため拒否権を行使することを要する」。先述したように、矢部は協同民主主義を実現するための主導者として天皇の存在を想定しており、国家の指導的役割を与えようとしていた。それを彼は「中立的な最後の『調節者』」と規定する。

第二に、「不偏不党の公的存在として階級的天皇ではなく、真に国民的天皇たらねばならぬ」と、「国民の天皇」になることを強調する。この「国民の天皇」こそ、民衆と天皇との歴史的な関係の理念であった。ここでも矢部は、文化活動や社会事業における天皇の指導的役割を主張し、それが民衆と天皇との一体化に繋がると思考していた。

そして本当の「国民の天皇」を実現するためには、次のような展開が必要だと言う。

第一に為さるべきことは、今上天皇の自発的退位である……今上天皇が具体的に国政を親裁せられたか否かという如き事務上の責任問題は何であれ、国家の元首としての戦争責任は免れざる所に属する。自然人格としての天皇が責任を明かにせられることは却つて宝位としての天皇制を保持する所以である。

これには、天皇の道徳的な振る舞いを示すことで天皇制を存続させる意図が存在した。それとともに、天皇を協同民主主義の指導者にするために構想された退位論でもあった。

矢部の「国民の天皇」論は、天皇制の本質を歴史から根拠づけていた。そこでの天皇は文化・社会的な存在であるとともに、政治の調節者でもあった。矢部の論の特徴は、そうした調節者としての天皇が協同民主主義を実現するための指導者でもあることだった。矢部の言う協同民主主義とは完全なる自由主義ではなく、階級対立のない統制秩序の保たれた民主主義であった。この民主主義構想は、総力戦体制を経たからこそ生まれたものではないだろうか。協同民主主義には何らかの統一力が必要であり、それが矢部の中では、天皇以外には考えられなかったと思われる。

「世界史の哲学」と「文化平和国家」

では次に、高山岩男の論を検討していこう。高山は京都学派と呼ばれるグループの一員として理解されるように、戦時中は「世界史の哲学」を提唱し、「道義的秩序」の観点からアジア・太平洋戦争を意義づけようとした。その論理は敗戦後にあっても一貫している。高山は、ゆきづまりを見せた西洋近代を超越する戦争として、アジア・太平洋戦争を位置づけていた。西洋近代の個人・人間を中心とした思想は階級闘争を生み出すとともに、国際関係においても膨張的な帝国主義に支配されて限界に達しており、それを克服するためには東洋の「無」の哲学に基づいた高次の道徳的な世界秩序の構築＝「世界史の哲学」が必要だと見、日本の「アジア解放」を正当化していった⑮。

高山のこの思考は敗戦後、「文化平和国家」概念の基礎となっていく。世界構造の変化という「世界史的趨勢」にあって、日本は「近代化を一歩前に突出る文化創造の国家」を目指すべきだと高山は主張した⑯。第二次世界大戦によって後進的近代国家（日独伊）が敗退するとともに先進的近代国家（英仏）も没落し、古い歴史を持たない米ソが世界の支配的・指導的国家となった。そして、近代国家は民族的統一性を本質とするのに対し、米ソは国民的統一性によって国家を強固にさせており、「近代国家といふものには包摂し切れぬ要素を有し、超近代国家とも称すべき」だと彼は定義づけた⑰。

高山はまた、西洋近代社会の精神原理も古典化しつつあると見ていた。西洋近代の思想はその自由平等の原則が矛盾を起こし、その結果階級対立が生じ

高山岩男（京都大学大学文書館提供）

田辺元（京都大学大学文書館提供）

ていた。こうした相反する概念を超越して総合し、高次の立場に向かう必要があると高山は主張する。彼によれば、それは西洋近代の「利欲」を否定することであり、「利欲」を否定的に超越する道徳の次元こそ東洋の「無」であった。このように高山は、敗戦後も日本は西洋近代を超越することができる立場にあるとの主張を繰り返したのである。

　しかし、高山は前述のように日本を後進的近代国家と位置づけていた。日本は後進であるがゆえに「倫理的欠陥」を生み、独善的な戦争を実行していったのだと。彼によれば、日本は「未だ近代的国民倫理[18]を真実に樹立するに至」っていなかった。高山は近代を超越することこそ世界史的趨勢であると強調し、後進国日本に近代化と西洋近代の超越という二つの課題を設定した。それは、日本に道徳や倫理の観念を定着させ、西洋近代の矛盾を克服する試みでもあった。そしてその試みの中で、天皇制の存在が浮上してくる。

田辺元からの影響

　高山の天皇論は、同じ京都学派の哲学者である田辺元の影響を大きく受けていた。高山の回想などによれば、戦時中、敗戦後の日本を憂慮した田辺が、海軍を通じて近衛文麿に提出するよう高山へ託した天皇論があった。高山は矢部らとの研究会の中で田辺の論文を発表している[19]。では、その田辺の天皇論とはいかなるものなのか。田辺は敗戦後に執筆した「日本民主主義の確立」と「政治哲学の急務」という論文の中で天皇論を展開しており、これは高山に託したものを基にしていると思われる。ここではこの二つの論文にごく簡単に触れておきたい。

田辺は社会民主主義の実現を理想としていた。彼によれば「真の自由は社会主義の統制に依る平等の媒介なくしては期せられるものではない[20]」。それは、「絶対」者を媒介として他者を救済する友愛民主主義とも言えるものであった。敗戦によって「無一物の覚悟から出発しなければ」ならない日本では、平準化が現実的課題として浮上する。その時、「絶対無」の精神＝社会民主主義によってのみ再建が可能になると田辺は主張した。

そして、その「絶対無の象徴」こそが天皇であった[21]。田辺によれば「天皇は国民の全体的統一の理念の体現」であって、それは天皇が「無」であるからこそ担保される。そこで天皇は退位をして道徳的な責任を取るとともに、財産を自ら放棄して「無所有」の立場となることで、民衆を「無の媒介にまで指導」する立場となることができると田辺は主張した。社会民主主義実現のため、天皇に「模範」としての決断を迫ったのである。このような状況においては、民衆と天皇とは対抗関係にあるのではなく、精神的な関係によって直結するため、主権の所在の問題を棚上げすることも可能となった。それによって天皇制の維持が図られるとともに、共同体としての秩序も安定される。田辺の天皇論は、天皇を道徳的な立場であると強調し、それに実行を伴わせることで国家を維持する試みだった。

天皇と「仁政」

では田辺の天皇論を踏まえた上で、高山の天皇論を検討していこう。高山はまず歴史を根拠として天皇制の維持を主張する。第一に「万世一系」性を強調しつつ、「天皇に於ける宝位（高御座）と現身（自然的人格）」＝天皇制という制度と天皇という個人を分けて考えるべきだと提案した。このことは後述する退位論に繫がっていく。

第二に、天皇の歴史的な「公的性格」を強調し、次のように特徴的な論を展開する。

氏族はその本質上多数並存するもので「種」に相当するが、天皇は「種」の立場を越えた「類」の本質を有することを意味する。そして大化改新によつて類と種の相違が明瞭となり、天皇は類の立場に高まつたのであつて、種の私的意志の介在せざる「類」と「個」の直接結合の道を開いた……。

天皇は私の立場を超越した「類」としての役割を持ち、「種」である中間勢力が排除された結果、「個」である民衆と「類」である天皇が直結したという。これは、民衆と天皇との密接な関係が大化の改新以後、歴史的に成立していたとの主張である。高山によれば、明治維新も「種」を排除して「類」と「個」とを直結させる道を開いた革命であった。こうして、日本における民主主義のあり方を次のように導き出していく。

日本の政治的革新の根本義は種の私的意志（即ち氏族の閥族的意志、現今ならば軍閥、財閥等）を排除し、以て天皇の類的（公的）本質を顕現することに存する……中間存在としての種の排除による類と個との直結、即ち天皇と国民との直結が、言はゞ日本に於けるデモクラチゼーションの姿である。

高山は、中間勢力を排除して民衆と天皇を直結させることで民主主義の導入が可能になると強調し、天皇制維持の根拠を与えようとしたのである。これは、民主主義の観点から天皇制を否定する意見に対する牽制であった。個人観念を重要視した民主主義論が天皇制を歴史的遺物として否定することに対して高山は、そのような近代的思考を採れば急進的な民主化は不可能だと批判する。これは、西洋近代を超越しようとする前述の姿勢とも重なる。高山によれば、後進的な日本は西洋近代を超越するためにはより急速に革命を実行する必要があり、天皇は革命の対象ではなく、むしろ革命を遂行する指導者でなければならなかった。天皇をその地位に据えるためには、民衆と天皇をより結びつける必要が生じる。そのため高山も矢部と同様に「国民の天皇」という概念を登場させ、天皇の「国家国民の全体を軫念《しんねん》遊ばされる類的本質」を主張したのである。

しかしこのように民衆との結びつきを突き詰めていくと、天皇が敗戦を導いた責任は逃れられないと高山は考えた。天皇制と天皇個人を区別した高山は、天皇制を維持するため、天皇個人に責任を取らせて退位させることで、天皇制の「絶対性と神聖性」を保持しようとする。むしろここで退位しなければ、天皇制を維持するようで実は逆の結果に陥ると高山は考えた。彼にとって天皇制という制度は維持させなければならなかった。なぜならば天皇制が廃止された場合、「日本国民の精神は動揺し、さなくとも敗戦の結果極度の道義的頽廃に陥りつゝある大衆は全く国民道徳の帰趨を失ひ、政府の権威も亦その一つの根源を失ひて無統制なる社会的混乱を惹起し、その結果天皇制廃止を絶叫する共産主義に傾き、日本の共産主義化の趨勢は必至」だと予想していたからである。高山にとって天皇制とは、道徳的な存在であるとともに権威の源泉であり、国家の秩序を保つ存在でもあった。

この国家秩序の保持という観点は、民主主義導入という点からも天皇の必要性を強く主張させた。なぜなら、民主主義は「衆愚政に陥る欠陥は避け難」く、特に階級対立が自覚される時代にあっては階級を代表した政党による議会は階級対立を惹起するため、国家としての同質性を持たせることができないからである。そこで「政党に反映せらるべき異質的階級対立の対立性を超越し、絶対の無私公平の立場に立つ者の指導を必要とする」。このように階級対立を意識し、それを克服するために「公平」者を必要とする論理は、矢部の議論と同様であった。彼らの中に、階級対立の克服・国民としての平準化を第一義的に思考する意識があったと見てよいだろう。もちろん高山にとって、その階級対立を昇華させる存在である公平者は天皇だけであった。

右のような議論の一方で、高山も天皇制の再編は必要だと考えていた。大権を縮小させて議会へ権限委譲を行いつつも、全権を委任するのではなく、議会と天皇制とを調和する方式として、具体的には議会の決定を天皇が否認できる「否認権」の設置を提案した。

なぜこのような方式を採用して天皇制を維持しなければならないのか。高山は二つの理由を挙げている。

第一は、日本は後進国であり、「近代国家の完成に於て不備の点存するを免れず、この意味でデモクラシー化を必要とし」ていることである。高山は、連合国による経済改革が「経済社会的秩序に於て一種の社会主義化を要求」しているものであり、日本は「ブルジョワ革命とプロレタリア革命との中道乃至総合的立場を開拓する如き地位に置かれてゐる」と主張する。資本主義と社会主義の差異を昇華させることで階級対立を克服した社会を作り出し、そうした社会の「不偏不党の公的立場に立ち得る者は何人であるか」を問うた時、「それは天皇より他にない」との結論に高山は達する。「将来に於けるデモクラシーの精神は天皇制とデモクラシーの総合の形に於て新しく実現せられる」のである。

第二は、「天皇くらゐ国家国民の全体を案ずる者はあり得ず、階級的利益の対立を超越し得る者は天皇を措いて他にはない」ことである。高山は、これまでの歴史において天皇が国家や民衆に不利益となるような決断をしたことはほとんどなく、それは天皇制に「仁政の思想」があったからだと見た。高山によれば、仁政とは「東西の世界宗教の示す宗教的真理」であり、「哲学的に言へば絶対否定である」。そうした仁政の思想によって、天皇は階級対立を止揚する公平な判断ができ、超越的な立場になれるのだと言う。高山は「仁政は天皇制の実現を為す。若し仁政なければ天皇制存続するも空虚にして、国民も亦天皇を尊崇せず……仁政こそ、今日天皇制を救ひ、国体を護持する唯一最大の方法であり、動力である」とまで言い切る。では仁政は具体的にどのように示されるべきなのか。ここで田辺の意見が参照される。

第一に、高山は再び天皇退位の必要性を強調する。天皇が戦争責任を痛感することによって民衆はその責任を痛感し、「責任逃れの泥仕合と国民的葛藤を防ぐことが可能となる」とともに、「国家再建に邁進する道義的生命力」が生まれてくる。高山にとって、退位こそが民衆に対する天皇の仁政であった。そうした仁政を見せることで国家の道徳的秩序は保たれ、天皇制を維持することも可能になると思考したのである(22)。

第二に、皇室財産を政府に譲渡し、それを民衆の生活救済の資とすることを提案した。天皇が多額の資産を有していることは、「それ自体に於て『種』の立場に堕し、一氏族や一財閥と同位に堕つるの危険を包蔵する。『種』の立場に於ては無一物こそ最も富める者である」と言う。そして、天皇のこうした行動は有産階級からの財産拠出を喚起し、結果民衆の平準化が進み、「社会道義を実現し得る基盤が準備せられる」。これによって、ソ連とアメリカを越えた立場に位置し、天皇制と民主主義を結合させる「斬新な社会経済秩序を創建」しようとしたのである。「超近代」である米ソまでも超越しようとする高山の構想は、資本主義と社会主義を融合してそれらの矛盾を克服し、階級対立を止揚しようとするものであり、その表象に仁政を行う天皇を据えようとしたのである。この時、「天皇が元首或いは主権者といふ政治的存在以上のものとして宗教的・道徳的意義を有する存在たる事を確認し、国体が国民倫理の淵源たり、国民精神の帰趨たる」と。

高山は階級対立を止揚し、西洋近代を超越した道徳的秩序の構築された世界を構想した。それが敗戦後の彼の「文化平和国家」構想であった。そして「類」として民衆と直結していた歴史を持つ天皇が、その国家秩序の表象とされた。高山が天皇に道徳的な立場として仁政を求めていったのは、その立場に天皇を据えるためだった。

矢部・高山の退位論の意味

矢部・高山は、歴史・道徳・「国民の天皇」という概念を強調し、天皇制維持の根拠とした。彼らは民主主義の導入にあたって、国内の階級対立を危惧していた。彼らは共同体としての分裂を避けるべく、一体性を生み出すものを欲していた。そこで、大権を大日本帝国憲法よりも削減して天皇を政治から切り離すことで階級から超越した立場に据え、共同体秩序の形成と一体性の保持を図ろうとしたのである。政治と遮断された天皇に調整者としての権能を残そうとしたのは、民主主義を導入して議会が階級対立の代表となってしまった時、それを解決させる公的かつ超越的な役割を天皇に求めたからだと言える。

そのような立場に天皇を置いた時、天皇が道徳的素養を有していなければ、「公平」たり得ない。そこで彼らは、敗戦責任としての天皇退位の必要性を強調したのである。それこそ、彼らが思考した天皇制を維持するための条件だった。矢部はこれ以後も天皇退位論を主張していくが[23]、それについては第五章で詳述したい。

2　天皇制維持の模索

近衛文麿による退位に向けての動き

敗戦直後、天皇退位論に対して人々の多大な関心が寄せられており、様々な立場から繰り返し主張されていた。[24]矢部・高山も決して突飛な存在ではなかったのである。南原らが終戦工作時に退位を考慮していたことは前述したが、政治家でも同様に退位を思考していた人物がいた。元首相の近衛文麿である。

近衛は当初、敗戦後に連合国が昭和天皇の戦争責任を追及し、それが天皇制自体を崩壊させる原因になりうると考えていた。近衛も連合国を先取りするため、日本国内において天皇個人の処遇を決定してしまうことで、天皇制廃止に繋がる危険性を抑止しようとしたのである。まさに外務省や矢部・高山と同様の考え方であろう。近衛は、東条英機内閣の後は中間内閣を経て、皇族の東久邇宮が「内閣を組織し、講和問題をや」り、「そのさい、今上陛下は御退位になり、皇太子に天皇の地位をおゆずりになって、高松宮を摂政とする」構想を木戸内大臣と話し合っていた。[25]あらかじめ天皇を退位させた上で、連合国との講和に取り組もうとしていたのである。

一九四五年に入って戦局がさらに悪化すると、近衛は本格的な和平工作を始め、その中で退位の構想をより具体化し始めた。一月二五日、京都の近衛の別邸では元首相の岡田啓介・米内光政と仁和寺門跡の岡本慈航との協議の場が持たれる。その中では、「皇室の護持」のため、天皇は退位して仁和寺で出家し、門跡としてそこに住む計画が示された。そうすれば、「連合国も出家した天皇をどうこうするとまではいうまい」と。[26]高松宮や東久邇宮にもこの方針は共有されていたと考えられ、天皇制という制度を守るために天皇の退位はやむを得ないという思考を持つグループは、敗戦直前に一定の広がりを見せていた。和平工作の際に近衛が自らのブレーンとともに作成した「和平交渉の要綱」の中でも、「国体の護持」＝天皇制の維持が絶対条件とされ、要綱の解説には「国体の解釈については、皇統を確保し天皇政治を行うを主眼とす。但し最悪の場合には御譲位も亦止むを得ざるべし」と、これまでの近衛の方針が堅持されている。[27]近衛は真剣に退位を模索していたと言えるだろう。

敗戦後に発足した東久邇宮内閣でも近衛は副総理閣で入閣し、戦後処理に関する問題を担当することとなった。一〇月二四日のAP通信とのインタビューで、「天皇の御退位に関する規定は、現行の皇室典範に含まれてゐない……憲法改正に当る専門家は近く、改正皇室典範に退位手続に関する条項を挿入する可能性を検討することにならう」〔朝日45・10・23〕と述べて、天皇退位の可能性をほのめかした。しかし近衛自身に戦争責任問題が浮上し、逮捕を嫌った近衛は一二月に自殺する。近衛による天皇の退位の模索はここで幕を閉じた。

近衛の退位論は、天皇の政治行動を非難するよりも、戦争を止めることができなかった天皇個人の道徳的責任を批判する傾向にあった。つまり、あるべき君主として振る舞うことができなかった昭和天皇に、政治的責任よりも道徳的な責任を取らせることで天皇制廃止論に先手を打ち、天皇制を維持させ、より強固な制度にしようとしていた動きと見ることができる。側近の富田健治に語ったとされる近衛の次の言葉が、それを顕著に示しているのではないだろうか。

国体に関し国民投票をやつて、天皇制を確立するがよいと思う。陛下が御退位になつて、高松宮が摂政におなりになるとよいと思う。憲法改正もそれと関連して行うがよい。ぐずぐずしていると、陛下にも天皇制そのものにも、及んでくる恐れがある……共和制になる恐れも非常にあると自分は思う。(28)

皇族による退位の模索

近衛の天皇仁和寺門跡構想が高松宮や東久邇宮にも共有されていたことは前述した通りだが、彼らを中心にして皇族でも天皇退位の模索が始まっていた。

一九四五年一二月一七日、高松宮は高木惣吉に次のように語っている。

御譲位ニナツテ了ヘバ、向フハ利用価値ガナイカラ個人トシテノ御上ヲ追究《ママ》スル危険モアルシ、サレバト言ツテ唯慢然ト過セバ向フカラ戦争責任ヲ追究《ママ》サレテ、ソレカラ御譲位ヲ迫ラレテハ猶更工合ガ悪イ。茲ニ難シイトコロガアル。然シ国ヲコノ事態ニ陥レラレタコトニ就テ、御上ハ皇祖皇宗ニ対シテ此ノ儘デハ御済シニナレヌ。御責任ガアルカラ、コレハドウシテモ御退位ニナラナケレバナラヌ。唯ソノ時期ト方法トガ難シイ[29]。

高松宮は皇祖皇宗に対する責任から、天皇の退位の必要性を痛感していた。そしてその時期は、連合国からの戦犯指名を先取りして退位すべきと考えていた。この点で近衛らの考え方と軌を一にする。しかし彼はそのタイミングを計りかねていた。また高松宮の退位論は、戦犯問題と皇祖皇宗への責任から退位を主張しており、民衆への責任という姿勢が欠如していることも指摘しておきたい。高松宮は翌年一月に高木を介して矢部と面会し、彼から天皇制や退位の問題について教示を受けているが、矢部はそのやりとりを次のように日記に記録しており、興味深い記事であるので紹介しておきたい。

御退位のことを言ふと……責任を感じて退位されるとすると、戦犯で追及されるといふ者もあるがと言はれるので、先方はさういう形式論法では来ず、来るなら退位の有無に拘らず来ることと考へる旨を申上げる……皇太子の留学のことも申し上げたら、退位されればあとをやらねばならぬのでとのお話でもあつた［矢部46・1・14］。

ここでも高松宮は、退位のタイミングを苦慮していた。一方で、矢部が皇太子留学の話題を出した際の返答は、天皇退位後の状況を高松宮が想定していたことがわかる。高松宮は天皇退位を模索し、その時期を計っており、そのために退位論者の矢部と接触し、その知を利用しようとしたのではないか。

皇族ではその他に、三笠宮が退位論を展開したと言われるが[30]、最もインパクトを与えたのが東久邇宮の退位論であった。東久邇宮は一九四五年一月に真宗管長の木辺孝慈との会談の中で、「戦局最悪の場合、わが国体護持のための対策、および今上天皇の御地位について考えておかなくてはならぬ」[31]と、天皇退位を匂わせる発言をしていた。この会談は近衛の仁和寺出家案と同時期であり、それとの関連性が考えられる。そして敗戦後の一九四六年、東久邇宮は宮内省某高官としてインタビューに登場し、「天皇御自身は適当な時機に退位したいとの御意志を洩らされてゐる。これは——もし御退位が実現するとして——天皇が御自身で自己の戦争責任を引受けられるためであつて、決して在位中に万一ありうる戦争犯罪者としての逮捕に先手をうたうとされるためではない。退位に賛成するものは天皇は戦争に対して〝道徳的、精神的〟な責任がある」と述べ、皇太子が即位した後の摂政には高松宮が就くことを主張した［読売報知46・2・27］。

記事では、退位は天皇の意思とされている。しかしこの記事を読んだ天皇は、「東久邇宮の今度の軽挙を特に残念に思召さる」［木下46・3・6］という反応を見せた。つまり天皇自身は、この記事の中で言われているようには退位を思考しておらず、それは東久邇宮の願望・持論を天皇の意思であるかのように言ったことがわかる。しかしこの東久邇宮のインタビューはGHQにも打撃を与え、憲法改正作業が急ピッチで進むきっかけとなった[32]。彼ら皇族の退位論は、天皇の戦犯問題と密接な関わりを持ちながら展開されており、天皇制の維持を常に念頭に置いていたことはこれまでの退位論と同様であった。

道徳的退位論の展開

戦時期に終戦工作に奔走し、敗戦後に東京帝国大学総長に就任した南原繁も、一九四六年四月二九日の「天長節」式典において、「陛下に政治上、法律上の責任のないことは明白である、しかしその御聖代においてかくの如き大戦が起り、しかも肇国以来の完全なる敗北で国民を悲惨な状況に陥れたことについては、宗祖に対し、また国民に対し道徳的、精神的な責任を強く感じてゐられるのは、けだし陛下であらう……陛下がその御自覚を持たるゝことは、けだしわが国至高の道徳の表明であつて、我々が国民の中心として皇室を尊崇してきた所以であり……象徴としての天皇が自ら自由の原理に基き、率先して国民の規範たり、理想たるべく精神的、道徳的の神聖なる御責任をおびさせられるのは当然のことであらう」と講演し〔朝日46・4・30〕、天皇には道徳的責任があり、退位すべきとの見解を示した。南原は後に侍従の徳川義寛に対してこの講演の補足説明をし、天皇の「政治・法律上の御責任はない。しかし道徳上の御責任はあるから、道義の規範をお示しあるよう」主張している[33]。南原は一二月の貴族院本会議でも新皇室典範案に退位規定がないことに対して反対意見を表明した。

では、南原はなぜ道徳的責任論を唱えるようになったのだろうか。それは先の彼の言葉が端的に表している。南原は「象徴としての天皇が……率先して国民の規範たり、理想」であることで、民衆は「国民の中心としての皇室に尊崇してきた」というのである。戦争に負けるという、あるべき君主としての振るまいができなかった天皇が、「国民に対し道徳的、精神的な責任を」感じて退位すれば、民衆はその姿に感動し、「国民の規範たり、理想たる」天皇制により近づくこととなり、国民の「象徴」としての天皇像を強く印象づけることができる。そのために、天皇の道徳的責任論を強く唱えたのである。

このような道徳的退位論は官僚の中にもあった。外務官僚で、戦時中には大東亜省次官を務めた田尻愛義は、天皇には憲法上の責任はないとしつつも、戦争を遂行した道義的責任は存在すると主張する。田尻は、日本の道徳の中心は天皇であって、これまでも天皇が民衆にその模範を示してきたと言う。それゆえ、天皇が率先して戦争への反省の意を示すことで、民衆の反省も促すことになると考えた。そこ

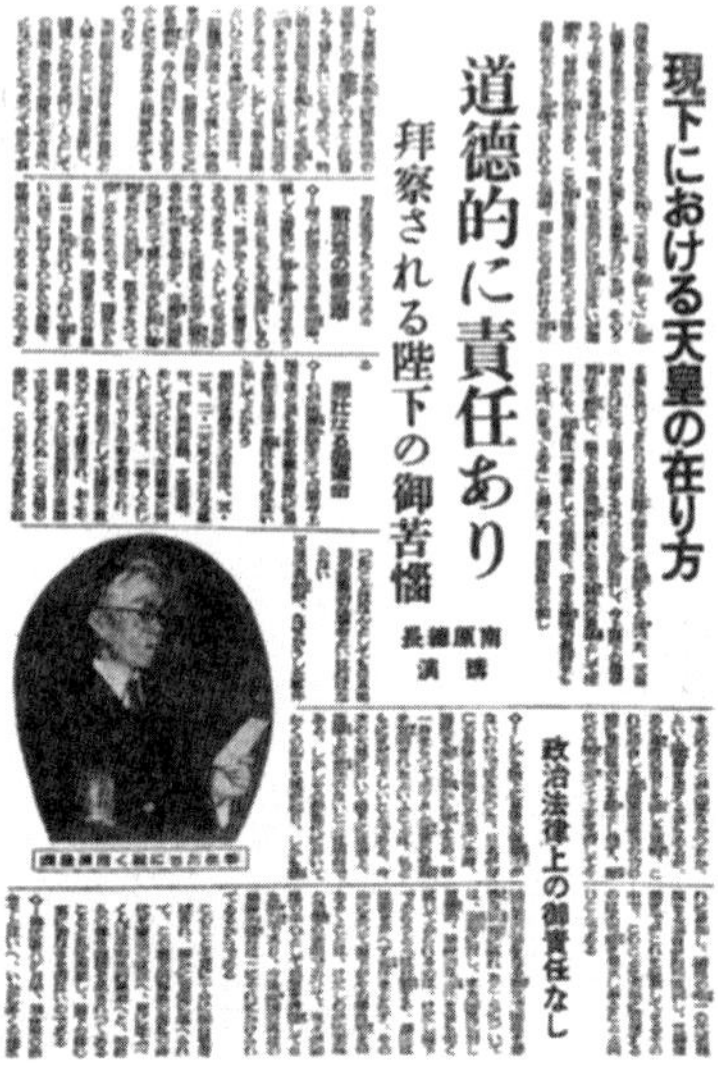

現下における天皇の在り方

道徳的に責任あり

拝察される陛下の御苦悩

南原総長講演

政治法律上の御責任なし

南原の退位論講演を報じる記事［朝日46・4・30］

で田尻は敗戦後、天皇の退位と皇室財産を下付すべきとの論を展開するようになる。彼はその案によって、民衆と天皇との新しい結びつきが形成され、それが日本の再建の根本になると説いた[34]。田尻はこの案を一九四五年九月ごろに東久邇宮首相へ話したところ、東久邇宮からも賛同されたと言う。ここからも、東久邇宮が天皇退位の意思を有していたことがわかる。

　その後、政務局長として外務省に復帰した田尻は、幣原喜重郎内閣の吉田茂外相にも何度か天皇退位論を主張した[35]。しかし吉田は、「君の言うことは共産党と同じだ」とか「不忠者」と述べてそれに取り合わず、田尻もその後退官したため、彼の退位論が外務省内で取り上げられることはなかった。田尻の退位論を阻む最大の要因が吉田茂であったことは、第五章の講和条約期の時にも関わる重要な問題であるので、記憶しておきたい。

　敗戦直後の退位論は実現されなかったものの、それが展開された意味は大きかった。天皇の道徳的側面がより表出されたほか、民衆と天皇との新たな関係性が模索されつつあった結果とも言える。そして、天皇制の維持と国家の共同体としての一体性の保持が関連性を持って語られ、象徴天皇像に繋がることになる。

第二章　天皇、「人間」となる

1　「人間宣言」と全国巡幸

「人間宣言」発布をめぐるプロセス

一九四五年一二月二三日、木下道雄侍従次長は「大詔渙発。ダイク―ブライス―山梨―石渡―〇―幣原―鈴木」との文言を日記に書き記した〔木下45・12・23〕。この「大詔」こそ、一九四六年一月一日に発布された「新日本建設に関する詔書」、いわゆる「人間宣言」[1]であった。

天皇制を存続させながら円滑な占領政策を実行したいGHQにとって、海外でくすぶっていた天皇・天皇制への批判をいかに緩和するかは重要な課題であった。そのため、治安機構や皇室財産の解体など実際の制度上の改革のほか、戦前の国家を支えていたイデオロギーの「民主化」を行い、それを国内外にアピールする必要があった。それは、天皇制維持に繋がる不可欠かつ喫緊の課題だったと言える。一二月一五日に発せられた「神道指令」は、まさにこのイデオロギーについて改革するものである。この中では国家と神道の分離が命じられ、超国家主義的イデオロギーの除去が図られた。そしてGHQ内のCIE（民間情報教育局）の中からは、天皇から神聖性をさらに除去するため、神の子孫であるとの観念を天皇自らが否定する詔書を発表すべきとの考えが浮上してくる(2)。

そこで、ＣＩＥ局長のケン・ダイクがＣＩＥ教育課長のハロルド・ヘンダーソンと学習院の英国人教師で宮中ともパイプを有していたレジナルド・ブライスとともに、詔書原案を作成し始めた。こうしてできあがったＣＩＥ案は学習院院長である山梨勝之進に示され、学習院事務官の浅野長光によって邦訳されて、さらに山梨・ブライスらによって手直しされた後、宮内省に手渡された。その後、天皇の意思で「五箇条のご誓文」が付加された案が政府とＧＨＱに手渡されたが認められず、詔書案は政府の責任で作成されることになった。政府はＣＩＥ案などを参考にして、前田多門文相が次田大三郎内閣書記官長と相談して日本文で原案を作成し、幣原喜重郎首相がこれをもとに英文草案を起草してマッカーサーの承認を取り付けた。興味深いのは、ここに関わっている人物にキリスト教クエーカー派が多いことである。「人間宣言」にはその思想的影響が反映されていたと考えられ、象徴天皇制の中でのキリスト教の役割の重要性をうかがわせる。

一方で、天皇の希望である「五箇条のご誓文」の挿入も結局は受け入れられ、詔書の冒頭に全文が掲げられることになった。その後、日本側でも何度かの修正を経、一九四六年一月一日に「新日本建設に関する詔書」として新聞発表される(3)。

つまり、冒頭の木下の日記の文言は、詔書の草案作成に関わった順序を示したものであった。このうち、〇は天皇であり、その後幣原首相、元侍従長・元首相の鈴木貫太郎を経て発布に至ったと木下は見ていた。いずれにせよ、日本・アメリカ双方の人々が多数関わることで草案は作成され、修正が重ねられて最終案となった。木下は「Ｍａｃ［マッカーサー］の方では内閣の手を経ることを希望せぬ様だ。これは一つには外界に洩れるのを恐れる為ならん」と日記に記している［木下45・12・25］ことからもわかるように、詔書作成過程は秘密とされていた。これは、詔書作成の発案はＧＨＱにあって主導権を握り日本側に圧力を加えつつも、あくまで天皇による自発的意思であることを内外に示すことで、その「民主化」をアピールし、天皇制の存続を図るという狙いがあったと考えられる。

「人間宣言」にこめられた意図

ところで、当初のCIE案は全体として、「世界は今や国家より人類を最大の目標となす新理想を有する」といったように、偏狭な天皇中心ナショナリズムの克服・人類的観点の強調を基調としていた(4)。しかし実際に発表された詔書からはこうした色彩が消え、民主主義と天皇制の親和性を強調し、「道義ノ念頗ル衰ヘ、為ニ思想混乱ノ兆アルハ洵ニ深憂ニ堪ヘズ」と述べて敗戦後の日本における思想的混乱状況を批判し、「朕ノ政府ハ国民ノ試煉ト苦難トヲ緩和センガ為、アラユル施策ト経営トニ万全ノ方途ヲ構ズベシ」と、天皇制下での政治体制の構築を求める内容に変化していた。詔書は共産主義などを敗戦後の混乱の原因と見ており、人々に国民としての団結を呼びかけることでその状況から脱しようとしていた。なぜこのように、当初の案はその基調が変化するまで変更させられたのだろうか。

それは日本側の影響であった。木下は「日本人が神の裔なることを架空と云うは未だ許すべきも、Emperorを神の裔とすることを架空とすることは断じて許し難い。そこで予はむしろ進んで天皇を現御神《あきつみかみ》とする事を架空なる事に改めようと思った」と述べている［木下45・12・29］。木下は、天皇が神であることは否定したが、神の子孫であることは認めており、天皇自身も木下の意見に賛意を示していた。つまりここでは、日本人が神の子孫であるがゆえに他の民族よりも優れているという戦前の思想は否定されるが、一方で天皇は一般的な日本人とは異なる神の子孫としての位置づけを与えられ、その貴種性は担保されている。それによって天皇の人々への権威は保持されたのである。

このような日本側の巧みとも言える修正によって、詔書は天皇の神格化否定よりも、天皇制下における民主主義の展開と秩序維持という側面にシフトした。これは、ジョン・ダワーの言葉を借りるならば、天皇は「天から途中まで降りてきただけ(5)」であり、その意味で神格化否定というGHQの当初の目的は不徹底に終わったと言える。

天皇が「五箇条のご誓文」の挿入を再三にわたって求め、結果としてそれが詔書の冒頭に掲げられたことも、目的が当初のものから変化したことを意味する。そのことについて、後年になるが一九七七年八月の記者会見で、天皇自身は次のように説明している。

「「五箇条のご誓文」が」実はあの時の詔勅の一番の目的なんです。神格とかそういうことは二の問題であった。

それを述べるということは、あの当時においては、どうしても米国その他諸外国の勢力が強いので、それに日本の国民が圧倒されるという心配が強かったから。

民主主義を採用したのは、明治大帝の思召《おぼしめ》しである……「五箇条御誓文」を発して、それがもととなって明治憲法ができたんで、民主主義というものは決して輸入のものではないということを示す必要が大いにあったと思います(6)。

神格化否定が天皇の中で二の次であったという点は、先の木下の日記にあった、神の子孫であることの否定までは拒否する姿勢とも重なり合う。そして天皇が「五箇条のご誓文」を挿入することにこだわった背景には、国内外の過度な民主化要求が天皇制廃止へと繋がることを恐れ、民主主義がいかに日本において定着した思想であるか、そして天皇制と民主主義が矛盾せずにいかに適合的であるかを、明治天皇の言葉によって証明しようとする天皇の意思が存在していた。天皇は、共産主義などによる思想的混乱に対抗した新たな秩序の形成を、詔書の発布を通じて民衆に求めたのである。

　ＧＨＱが当初想定していた天皇の神格化否定という詔書の目的は、天皇その人によって骨抜きにされたとも言えるだろう。この点につき松尾尊兊は、詔書が「天皇の人間宣言」である以上に、新たなる「人間の天皇宣言」であると強調しているが[7]、天皇が「五箇条ご誓文」を高く評価して自身こそが民主主義の先導者であると位置づけたこと、国内の治安不安に憂慮の念を示したことから考えると、妥当な評価だと思われる。

　しかし、ＧＨＱ最高司令官のマッカーサーは「人間宣言」に対して、天皇の神格化否定がなされているとして高く評価した。彼は、天皇が「その詔書の声明せるところにより、日本国民の民主化に指導的役割を果」たすことを期待していたのである。そしてそれ以上に、「自由主義的」と述べ、詔書による天皇制の「民主化」を強調していた。言ってしまえば、ＧＨＱは日本側の巧みな修正に、所期の目的が中途半端な形となって実現したことに気がつかなかったのである。

　幣原首相による「謹話」も「人間宣言」と同日の新聞紙上で発表されたが、その中でも「我国民主主義の発達は既に此の御誓文に其の基礎を据ゑられたのであります」〔朝日46・1・1〕と述べられて「五箇条の御誓文」の意義が強調され、神格化否定についてはまったく言及されなかった。そのためか当日の新聞の見出しは、『毎日新聞』が「新年に詔書を賜ふ／紐帯は信頼と敬愛／朕、国民と共に在り／誓新たに国運開かん」〔毎日46・1・1〕、『読売報知』が「天皇と国民の紐帯／神話と伝説に非ず／新日本建設へ詔書渙発」〔読売報知46・1・1〕であって、民主主義と天皇との新たな結びつきの機会となったことが前面に出、天皇の神格化否定に関する言及、ましてや「人間宣言」という文言はまったく見えない。わずかに『朝日新聞』が「年頭、国運振興の詔書渙発／平和に徹し民生向上／思想の混乱を御軫念」という大きな見出しの横に「天皇、現御神にあらず／君民信頼と敬愛に結ぶ」〔朝日46・1・1〕との小見出しを掲げ、神格化否定について触れているのみである。

以上のように、「人間宣言」は作成段階において民主主義の先導者としての天皇、神格化否定という二重の意味を組み込まれた。これは繰り返しになるが、当初の意味が不徹底に終わったことを意味しているだろう。しかし、ではなぜこの詔書がこの後「人間宣言」と呼ばれることが広がったのか。その問題は第三章で考察したいが、その不徹底な二重性ゆえ、象徴天皇像における「人間」という要素に対して生じたひとつの軋轢について紹介しよう。

「カニの横ばい」拒否事件

「人間宣言」から約二年を経た一九四八年一月二一日、第二回国会開会式のために国会議事堂へ天皇がやって来た。その時、事件は起きた。「カニの横ばい」拒否事件である。

この事件の主役は、社会党の松本治一郎参議院副議長である。松本は一八八七年に福岡県の被差別部落で生まれ、一九二二年の全国水平社創立とともに参加、一九三六年には衆議院に当選して無産政党議員として活躍するなど、一貫して差別からの解放を掲げて活動していた政治家であった。敗戦後は参議院に転じ、社会党首班の片山哲内閣下での一九四七年五月、参議院副議長に就任した。

松本が事件後に書いた「天皇に拝謁せざるの記」[8]によれば、事件の概要は次のようなものであった。天皇は国会開会式前は休憩室で待機しており、天皇を迎えた両議院議長・副議長は部屋の外にいて、それぞれ一人ずつ部屋の中へ呼ばれた。最初に呼ばれた社会党の松岡駒吉衆議院議長は入口でお辞儀をした後、「からだを横にして、横へ横へと歩いて行く」。松本にはそれが、「カニがモーニングをきて、横ばいをしているような格好」に思えた。松岡は天皇にあいさつした後も、また「カニの横ばい」をして退いた。その後、緑風会の松平恒雄参議院議長も、民主党の田中萬逸衆議院副議長も同じ動作を行った。

このように、天皇へ横顔を見せないように正面を向いたまま横に動く「カニの横ばい」は戦前の貴族院時代に形成された慣行で、歴代議長が天皇に拝謁する際、この形式に従っていた。そして最後に松本の順番が回ってきたが、松本はこの「カニの横ばい」を拒否する。松本はこの時、天皇に「拝謁」するという形式にも違和感を表明している。

松本は後に、「人間が人間をおがむようなばかなことはできんよ」と語っているように、日本国憲法の制定によって天皇は「象徴」となったにもかかわらず、議会が戦前の慣例をそのまま継続して、「神格化しすぎ」ていることに疑問を呈したのである。松本は、新憲法下において国会は自ら開院式を行うのであって、天皇はあくまで客であり、天皇に国会を開いてもらっているのではないと主張する。彼は旧来の天皇制による身分秩序と部落差別を関連づけ、「カニの横ばい」も古い陋習と捉え、拒否した。被差別部落出身であった松本は、「人間」という概念にこだわり、天皇を自分たちと同じ「人間」として扱おうとしていた。

松本の行動は、参議院の緑風会・自由党・民主党の中で問題化され、不信任案提出まで検討される［朝日48・1・25］。松本はこの時の参議院を「昔の貴族院の封建的な気分が、まだどこかにのこっている」と感じており、松本はこうした勢力からの反発を浴びたのである。しかし、GHQは「こんなつまらぬ小事件を問題にするのは、新憲法の精神に合わない。不敬罪はすでに廃止されている」との談話を発表し、事態は収束する［朝日89・1・9「政治の中の天皇」］。GHQがこのような対応をした背景には、日本国憲法制定によって新しく生まれ変わった天皇制の「民主化」に内実を伴わせるため、旧来の慣行を廃止する必要があったからだと思われる[9]。世論も松本の行動に対して非難の声は少なく、むしろ旧弊を打破する行動として評価しており、「騒ぎたててみてもどうも松本氏の男を上げさせることになりはしないか」［朝日48・1・27］と参議院各派も考え、松本への批判は止む。そして、その後の議会では

「カニの横ばい」は姿を消すことになる。

この「カニの横ばい」拒否事件は、天皇を「人間」として扱うことの意味を内外に提起する事件であった。権威を持って天皇を扱う人々に対し、松本は自分と同じ「人間」であることを理由に、それを拒否したのである。松本の行動は、「人間宣言」の二重性の一端を否定することに繋がるものでもあった。天皇を自分たちと同じ「人間」として扱うことを求めたのは、松本だけではなかった。作家の坂口安吾も同様の考えを有しており[10]、同時代に広がりを持ったものであったことは注目しておきたい。このように象徴天皇を「人間」として徹底させる姿勢は、第四章で述べる京大天皇事件の時に再び表れることになる。

「人間宣言」のアピール――全国巡幸

さて、敗戦後まもなくの時点に戻ろう。天皇は一九四五年中に加藤進宮内省総務局長に「私は方々から引き揚げてきた人、親しい者を失つた人、困つてゐる人達の所へ行つて慰めてやり、又働く人を励ましてやつて一日も早く日本を再興したい」との思いを語っていた[11]。当時の国際世論は天皇制・天皇個人に厳しく、政府内では天皇が外出して目立つことに反対論も根強かったが、天皇の希望をかなえるべく、大金益次郎宮内次官と加藤がGHQや政府の説得にまわった[12]。そして一九四六年正月に「人間宣言」が発表され、そのイメージをいかに流布させるかが重要な課題として浮上すると、天皇の巡幸も現実味を帯びてくる。

GHQ側からはCIEのダイク局長が木下侍従次長に対し、天皇が国内を巡幸し、民衆の話に耳を傾け、直接接触して彼らの考えを聞くことを求めた［木下46・1・13］。ダイクは敗戦後の日本国内の思想的・経済的混乱状況を立ち直らせるためには、天皇の権威が必要だと考えた。実際に天皇が人々を視察し、鼓舞することでそうした混乱を打破できると見ていたのである。ダイクは一月三一日にも自らの見解を木下に伝えているが、この中では巡幸に先立って食糧問題・農業問題について天皇に研究してほしいこと、住宅・健康・教育問題についても政府の機能が働いているかどうか関心を寄せてほしいことを主張している［木下46・1・31］。GHQ側は、人々の暮らしに関心を寄せる天皇が民衆と直接触れ合う機会を持つことの重要性を認識していた。それによって、民衆の天皇制支持の感情は根づくと見ていたのである。

天皇陛下神奈川縣に行幸
部屋毎に親しいお話
戰災者宿舎で感激一ぱい
漂ふ苦惱の御表情
鍋、釜轉ぶ廊下を歩まる

第１回巡幸を報じる記事［朝日46・2・20］

天皇もダイクの見解に賛意を示し、木下ら側近に巡幸の研究を始めさせた。このように、巡幸は「人間宣言」[13]の延長線上にあるものだったのである。巡幸実施が決定される過程からもわかるように、天皇の発意である巡幸をGHQはうまく利用し、自らの考える「人間宣言」のイメージを内外にアピールする機会にしようとしていた。

巡幸は一九四六年二月一九日・二〇日に神奈川県から開始された。この時、七台の簡素な車列で神奈川県へ向かった天皇の服装は、軍服ではなくソフト帽をかぶった背広であり、まさに人間天皇像をアピールするのにふさわしい格好だった。天皇はこの巡幸の中で、戦災復興状況の視察と戦災者激励、引き揚げ者援護状況の視察を主な目的として、各場所を視察し、民衆と会話を交わした。この様子は写真つきで報道され［朝日46・2・19など］、民衆と天皇の距離が近づいたことを人々に実感させたと思われる。木下は民衆との接触を主眼としたこの巡幸を「epoch-making」［木下46・2・20］と述べ、成功したと評価した。

天皇も満足したのか、その後、「戦災地、収容所を主目的とし、その間に炭坑、農業地等を視察する事とし、本年度中に全国を一巡する事の御腹案」を木下に話している［木下46・3・31］。この計画は、政局の混乱や憲法改正審議などからその通りには進展しなかったが、四六年には一都八県、四七年には二府二一県を訪問するなど、天皇は精力的に日本各地を回った。

人々は巡幸する天皇をどう受け止めたのか

このように巡幸してくる天皇を民衆はどのように受け止めたのだろうか。木下は四六年三月の群馬県での様子について、「従来の行幸とは警護関係一変し、民意を暢伸する上に於て頗る自由なり。万歳の声到る処に挙る」との感想を寄せている［木下46・3・25］。戦前に比べて天皇の巡幸は簡素となり、警護の数も体制も変化したことで民衆との接触の機会も増加し、人々は熱狂して天皇を迎えた。四七年六月の京都では、「市民の熱誠溢る、歓迎裡に駅前を御料車が進み始めた所、熱狂した群衆は御料車をとりかこみ手をふり御料車をなで、終に鹵簿《ろぼ》は止まつて了つた」という［入江47・6・4］。これは、「人間天皇」を我先に見ようとする人々の熱狂的な姿である。また、同月に姫路に集まった一三万人は「君が代奉唱、万歳三唱、群衆も大して崩れることなく無事であつた」［入江47・6・13］。それは、整然として天皇を奉迎する人々の姿である。原武史はこれを、支配する主体・支配される客体が緩和された形ではあるが、天皇と臣民との一体化という戦前の光景の再現と評価しており[14]、こうした人々の天皇への歓迎の姿は、戦前との連続的な流れの中での状況とも理解することができる。

しかし一方で、巡幸には敗戦後の新しい天皇像の要素が加わっていたことも重要である。四七年八月に青森県を訪れた天皇の服装は、やはり背広であった。その姿と天皇の民衆への受け答え方を見た地元紙の『東奥日報』は、そこに「一種の頼りなさ」を感じ取った。しかし続けて、「こうした陛下のどちらかといえば女性的なやさしい態度こそ実に、平和国家日本の象徴なのではあるまいか」と主張する[15]［東奥日報47・8・12］。これは、「人間」としての天皇の姿を読み取ったゆえの意見と捉えることができるだろう。また、この巡幸の実施前の東北地方では水害があり、巡幸中に天皇の前で催し物を行わないよう通達が出ていたが、弘前では民衆が自発的にねぶたを練り出した。これに対して鈴木一侍従次長までもが、「今度の東北の御巡幸でも盆踊や何かやつて御覧に入れようとしたのは、陛下に慰めていたゞくといふよりも陛下をおなぐさめ申上げようといふことに変つて来てゐる」［入江47・8・25］と評価しており、天皇が戦災にあった民衆を慰めるという巡幸の最初の目的から、民衆から天皇を積極的に求めるという結果に傾斜したことを示している。天皇が権威性を強く持った存在から身近な「人間」として捉えられ、むしろ慰める対象となっており、主客が逆転したのである。

しかし、天皇の「人間」性ばかりが強調されたわけではない。そこには様々な感情が重層的に含み込まれていた。別の地域の巡幸時の談話を見てみよう。

吾等の天皇の御高格を身近に拝し、其の厚き御仁愛を親しく直々に感受する機会が与へらるゝに至りましたことは、国民的の感銘を一段と深め真正の意味の愛国心を振起する所以であると難有いことに存じます……[16]。

陛下がいまだかつてこれまでに国民としたしく接しられたことがあつたでありませうか。私共は陛下の有難き御仁愛を胸に刻んで只管増産に、復興に、あるひは勉学に増進し、あの日あのときの感激を永久に忘るゝことなく御厚恩にお応へいたしします事を固くお誓ひ申上げる次第であります[17]［静岡46・6・19］。

一つ目は一九四六年六月六・七日の千葉県巡幸での天皇の訪問先の一つであったヤマサ醤油株式会社社長の感想であり、二つ目は同月一七・一八日の静岡県巡幸における小林武治知事の談話である。両者ともに、天皇との接触を通じて自分たちに「仁愛」が与えられたと受け取り、そこから日本という国家を意識し、再建に向かうエネルギーへと結びつけた。天皇がこれまで以上に自分たちと近づいたことに感激する一方で、天皇との接触が国家の復興を誓う起点となっており、ナショナルな意識が涵養されていく契機となっていたのである。

ところで千葉県巡幸については、吉田茂内閣の幣原喜重郎国務相がラジオ放送を通じて民衆にその様子を伝えており、興味深い。その中で幣原は、民衆が天皇を歓迎する姿を「美はしい光景」と表現し、次のように放送を締めくくっている。

申迄もなく此等の御歓迎振は全く各自の真情が自然に胸の底から、ほとばしり出でたものであります。之を以て見ましても国民の陛下を御慕ひ奉る至情は、諸制度の民主主義化に依つて何等変らざるのみならず、寧ろ一層の深みと温かさを加ふるに至つたことは毫も疑を容れませぬ。此事実は私が茲に無上の感激を以て、国民諸君の御耳に達したいのであります[18]。

幣原は、民衆が天皇を歓迎する姿は「諸制度の民主主義化」が行われたとしても変化はないとする。時あたかも、新憲法草案の審議が国会で始まる直前であった（審議は六月二〇日から）。幣原は、民衆と天皇の「一層の深みと温かさ」を交えた関係を繰り返し発言することで、天皇の地位が「象徴」へと変化してもその内実は巡幸の時と変わらないものだと強調したのだろう。そしてそれを広く民衆へ伝達させるため、ラジオという手段を利用したのである。

ところが、一九四八年になるとGHQ内部のGS（民政局）とGⅡ（参謀二部）の対立を機に、事態は一変する。宮内府の機構改革・人事刷新の圧力がGSより芦田均内閣へかけられ、天皇の信頼する松平慶民宮内府長官と大金益次郎侍従長が同時に更迭され、宮内府長官は天皇退位論者と見られていた田島道治に、侍従長は三谷隆信が就任した。天皇はその措置に不満であった[19]。それとともに、予定されていた九州巡幸がGHQの反対により中止となる。巡幸を精力的にこなす天皇に対して民衆が熱狂的に歓迎している姿を見たGHQは、天皇制権威の復活を恐れ、巡幸の中止を決定した[20]。それとともに、四八年は東京裁判が最終局面を迎えており、天皇の退位問題が再燃し始めていた[21]。巡幸によって天皇を表に出すことは、そうした問題をより刺激してしまう危険性を孕んでいたため、同年の巡幸は実施されなかった。

翌一九四九年になると巡幸は再開される。しかしこの時の巡幸では、天皇を歓迎するムード一色ではなくなっていた。九州巡幸では天皇に「妙な薄笑をしてゐる者」がいたり、赤旗が降られたりするなど［入江49・5・21など］、「逆コース」の表象として天皇が捉えられ、反発も見られるようになる。その過程については第四章で詳述したい。

2　皇居──天皇との結びつきの空間

皇居勤労奉仕団の誕生

一九四五年一〇月五日に東久邇内閣が総辞職した後、緒方竹虎国務相の秘書官であった長谷川峻は地元の宮城県に帰り、同郷の先輩であった鈴木徳一とともに荒廃した皇居前広場の清掃を思い立った。彼らはGHQを権威として認めたくない感情を持ち、「放心状態」の民衆に対して皇居前広場清掃によって「何か精神的な基盤なり拠りどころを与え」て国家再建を目指そうとした[22]。皇居前広場の清掃という形態が、敗戦による経済的・精神的な混乱の回復に繋がると思考していたのである。それは、敗戦後のナショナリズム形成の萌芽とも言える動きであった。長谷川・鈴木はこの考えを緒方に相談した後、宮内省の筧素彦大臣官房総務課長と面会して皇居前広場の清掃を申し出た[23]。筧は敗戦後の皇居周辺の状況について「まことに情けない有様」と感じており、木下侍従次長も皇居周辺が「占領軍将校の威圧下」にあって「昔のような、すがすがしい清らかなおもかげは、どこにもな」かったと後に回想していることから[24]、宮内省側からも長谷川らの申し出は願ってもなかったと言える。

むしろ、宮内省側はこうした申し出を望んでいたのではないか。なぜならば敗戦後の一一月八日に新聞記者を皇居に入れ、焼失した皇居宮殿の片付けがなされていないことを印象づける記事を掲載させていたからである［朝日45・11・9、京都45・11・9など］。新聞各紙は「荘厳な宮殿今はなし」との見出しを掲げ、皇居の荒廃を全国に伝えた。このように、宮内省はこうした皇居の惨状をアピールするために記者を内部に入れたのではないかと推測されるのである。長谷川・鈴木の申し出に対し、宮内省側からは皇居前広場ではなく焼失した皇居宮殿跡の清掃が依頼された。彼らは地元の六〇名の青年男女を集めて「みくに奉仕団」を結成し、初めての皇居勤労奉仕団が一九四五年一二月八日から四日間従事する（記録係として、作家で明治文化研究家の木村毅早稲田大学教授が同行）。

鈴木は一九一五年の明治神宮造営にあたって内務省造営局総務課長として青年団員を動員した田沢義鋪の教えを受けていた。田沢は不足する造営予算を補うために青年を労働要員として用いたが、鈴木は師が実行した青年による奉仕というアイディアを敗戦直後の混乱から十分に費用の捻出できない皇居清掃に応用したのであり、[25] 勤労奉仕団の原型は戦前にあったと言える。奉仕という形態を取ったことで滞在中の費用は奉仕団の自弁で、[26] これ以後の皇居勤労奉仕にもそれは継続する。

皇后と師範女子学生［朝日46・2・14］

この奉仕期間中に天皇と皇后は団員と直接会話を交わし、その様子が新聞で報道［朝日45・12・14］されたため、翌年以降も奉仕希望者が現れ、その数は年々増加していく。天皇・皇后はたびたび団員と会い、地域の現状や生活状態などの質問をした。小野昇の『人間天皇』によれば、一九四六年八月までに皇居勤労奉仕に参加した九九団体のうち、六八団体が天皇・皇后両方に会っている。[27] すべての団体に対し天皇・皇后が会見するようになるのは一九四七〜四八年ごろからである。皇居勤労奉仕は一九四八年より始まる一般参賀とともに、民衆が天皇と直接接触できる機会ともなった。勤労奉仕は一般参賀以上に直接言葉を交わすという点で、民衆が天皇との結びつきを実感する機会であったと言ってもよい。そして天皇・皇后が地域の現状や生活状態などを質問する様子は、「陛下と国民との間に今生まれつつある新しい、而も強靱な紐帯」[28]と、民衆と天皇との新たな関係として描かれた。

皇居勤労奉仕や親しみある天皇の姿が全国に流布していった大きな力はそれを報道したマスコミにあった。そしてそこには、積極的に民衆と天皇との新たな関係をアピールしていこうとする宮内省の意図も見ることができるだろう。一例を示そう。一九四六年二月一四日、勤労奉仕を行う埼玉女子師範学校の生徒に対して皇后が声をかけた様子を伝える記事が『朝日新聞』に掲載された［朝日46・2・14］。この記事には写真が付されているが、これは敗戦後の『朝日新聞』に初めて掲載された民衆と皇族との接触風景の写真であった。この記事は『朝日新聞』だけではなく、『読売新聞』や『京都新聞』においても同様に写真付きで掲載されており［読売46・2・14、京都46・2・14］、この学生と皇后の接触という出来事が宮内省の意図に基づいて記事にされ、全国的に掲載されたのではないかと推測できるのである。このように、宮内省とマスコミの緊密とも言える関係によって民衆との接触の様相が伝えられ、それが新しい象徴天皇像として定着していくことになる。

ところで、勤労奉仕参加団体は農村の青年団・学生が圧倒的に多数だったが、特定職業団体の参加もあった。ここでは警察学校による勤労奉仕について見てみよう。管見の限りでは一九四六年に北海道、一九四七年に長野・東京（二回）、一九四八年に兵庫の警察学校が訓練の一環として勤労奉仕を行っている。天皇はそれらの団体には必ず「治安維持は重要であるから一生懸命励んでもらひたい」と言及し、それを聞いた訓練生は「軍隊なき後の国内治安の維持は専ら我等警察官の双肩に負はさに《ママ》つ、ある折り、特に陛下より直接御言葉を賜り……此の大御心に添ふべき我等警察官は愈々責任の重大なるを自覚」[29]し、「社会治安維持に一生涯努力致すべきを心新に」[30]した。警察官として訓練を受けていた青年は天皇と会い、自らの役割が治安維持という国家任務を遂行することだと意識していった。日本という国家の構成員であること、そして公の任務を担う警察官であることが天皇との接触の中で生まれていったのである。皇居勤労奉仕はそうした国家への帰属意識を醸成させる機会でもあり、警察学校はそのための機会として警察官養成訓練に皇居勤労奉仕を取り入れた。このように、敗戦後も天皇像は国家と切り離せない存在であった。

では勤労奉仕に参加した一般の民衆にとって、勤労奉仕への参加はどのような意味を持っていたのだろうか。長野県皇居清掃奉仕団の団長である中村勝は「宮城勤労奉仕の意義」という文章の中で、次のような意識を持ちながら勤労奉仕に参加していたと述べる。

天皇と国民とはもつと近づき、天皇及び天皇精神をよく国民は知る事が必要……国民真情の発露として……天皇の御思召を身に体験し心に味ひ、一如し異体同心し御心に直通して、始めて、天皇国民一体になり得られませう。而して真に、天皇の御心と我等の心とが融合一体することに此の勤労奉仕の意義がある……手を握り合つて、融合一体する所に平和国家建設の礎石がある……新らしい天皇観を立て国家再建を各自の心に、誓はなければなりません〔文化時評48・8・1〕[31]。

「象徴」として「民主化」された天皇は神格化された存在ではなく、民衆との結びつきを重視する存在と見られ、より親近感をもってイメージされた。中村は皇居勤労奉仕のように民衆と天皇が直接接触して「一体」となることこそが、「新らしい天皇観」＝象徴天皇像の実践であると考えた。しかし「融合一体」という言葉に見られるように、戦前の強烈なイデオロギーが中村の中に残存していたことも否めない。彼にとって民衆と天皇が「一体」になるような関係こそが、「新生日本」の新たな国家再建の基盤となり得るものであった。
　こうした意識は中村だけのものではない。「天皇制という香り高い歴史と伝統とは民族的にどうしても断ちきれない根強い愛着がひそんでいる[32]」と述べられるように、天皇制と民衆は切っても切り離せない関係にあるとの感情は根強かった。そして、皇居勤労奉仕のような直接的な結びつきを持った天皇こそが「歴史的伝統」への回帰と認識し、「有りのまゝの本来の御姿に還つた天皇[33]」と捉えられて近代天皇制を異質化する感情は奉仕に参加した多くの民衆から見られた。勤労奉仕は民衆と天皇との結びつきを目に見える形で表象したものだと認識され、民衆は天皇との一体感を求め、より近づこうとして勤労奉仕に参加していた。

　今や人間天皇として……陛下をシンボルとして仰ぐところに日本の進むべき道のあることをはつきり銘づることが出来た。陛下あつてこそ日本の黎明の訪れることを強く信じた……深い反省の下明日に希望を求めつゝ、平和な国家として文化の国として世界にその名に恥じざる歩みを続けなければならない[34]。

　民衆は自分たちと天皇との接触の向こうに、「文化平和国家」という「新生日本」の新たな国家像を想起していった。皇居勤労奉仕は国家再建の意識を生じさせ、民衆が「文化平和国家」建設を目指す契機となったと言える。そして、天皇を中心とした新たな国家を再建していこうとする意識が皇居勤労奉仕には存在していた。民衆は天皇を国家の中心と思考する意識に、「文化平和国家」の表象という新たな意義づけをしていった。
　勤労奉仕団はこの他にもう一つの効果をもたらした。奉仕団員は皇居を直接見て「意外な宮殿の戦災に驚嘆の目を見は」り［文化時評49・7・1］、「宮殿を再建して差上げなければならない」［文化時評48・8・1］と考えるようになった。こうした意識は、侍従が奉仕団の宿舎へ出かけ、天皇の清貧な日常生活ぶりや皇居の惨状について話をした結果生み出されたものでもあった[35]［文化時評48・8・1］。宮内府は天皇の清貧な生活像を奉仕団員に植えつけていったのである。この効果は大きかった。地元に帰った団員は地域のマスコミや講演会に登場し、皇居の様子を地域に伝播させる役目を担っていく［文化時評48・12・1］。このような奉仕団員による口コミによって荒れ果てた皇居の様子が各地に伝わり、第五章で述べる皇居再建運動の原動力となっていく。

遷都論と皇居移転論の提起

敗戦から二ヶ月後の一〇月、高松宮は次のような考えを木下侍従次長に話している。

国都のこと、皇城のこと、国土計画のこと。
国都については、奈良地方の御考えなり。少くとも、堀を廻らしたる城内に皇居あることを好ませられず［木下45・10・29］。

高松宮は、皇居が堀によって守られている「城」の中にあることを危惧していた。井下清東京都公園課長と会った際にも、堀によって物理的にも精神的にも民衆と天皇との距離を広げているとの危機感を有しながら、「宮城カラ御所ハ御出マシヲ可トスベシ[36]」と述べて、皇居移転論を主張したのである。三笠宮も「宮城が城と呼ばれ濠を周らすことにつき……御心配」［木下46・1・22］しており、高松宮と同様に皇居が城の中にあることを憂慮していた。彼らがこの時期に退位論を展開していたことは第一章で述べた通りであるが、皇居の問題も退位の問題も天皇制の維持のために、その「民主化」を表象させる必要からの提起であったと考えられる。

三笠宮はやや後年となるが日本国憲法の施行された一九四八年五月三日、京都の地域紙である『都新聞』のインタビューで次のような意見を披露している。

宮城の奥深くには現在なお旧套を脱しきれない……陛下の御生活のごとき、今となつてしまつては思い切つた改革は困難であろうが、あの濠をめぐらした昔ながらの御所の中に、いつまであゝして居られねばならないのか……私は陛下が宮城の外に私たちと同じような私邸を持たれたらいゝと思う、御本人の気持が明るくなるばかりか、国民の気持も朗かになるにちがいない、番人や役人の多い大げさな御門を通つて、奥深い御所をお訪ねするたびに私は何か圧迫を感じる、私でさえこんな気持になるのだから、一般の人々はさらに重苦しいものがあろう……宮城外に私邸をという私の意見は、こうしたところから出ているのだ［都48・5・4］。

三笠宮はここで、公式的な皇居は現在の位置にあったとしても、天皇は城の中にある皇居に住むのではなく外に私邸を持って皇居に通うべきだと主張する。天皇が城の中にある皇居から離れることで民衆との距離が接近し、日本国憲法の精神に適合した天皇像へと変化すると見ていた。城の堀を物理的な隔てとしてだけではなく、心理的な隔てとしても捉えていたのである。三笠宮の主張は、天皇制が新たに生まれ変わったことを表象する空間の形成を目指し、それによって象徴天皇像の内実を伴わせようとするものだった。

話を一九四五年後半へ戻そう。遷都や皇居移転を支持する意識は皇族だけではなかった。宮中でも具体的な内容は不明だが、鈴木一内匠頭が宮内省事務調査会において遷都論を提案し、木下はそれに対して「研究に価するものなり」と評価している［木下45・11・26］ことから、宮中・宮内省の中で遷都論や皇居移転論が現実性をもって捉えられていたことがわかる。CIEのダイク局長も「政治に遠ざかる意味で」京都への遷都を考えており［木下45・12・30］、GHQ内部にも遷都論が存在していた。これらが、皇居が東京の旧江戸城にあることに固執していないことは注目すべきだろう。皇居が現在の空間にあることの意味がそこには存在していないのである。

こうした遷都論・皇居移転論は民間においても主張された。前述した「みくに奉仕団」に記録係として同行した木村毅は、「遷都して東京を去り、ふたゝび京都にお帰り遊ばされる事を以て更始一新とする……遷都はこれが懺悔を世界に向かってなすといふ意味で断行す」べきと投書している［朝日46・1・18投書］。木村は大久保利通の『遷都之儀』を引用して、明治維新後の東京奠都は「積弊一掃」して神から人間へ天皇を戻す意味があったのだが、いつの間にか官僚などが天皇を「現御神」にしてしまったとの歴史解釈を示す。そして天皇を「再び元に還す」ために京都への遷都を主張した。木村の中には、大日本帝国憲法制定後の近代天皇制を批判的に見、それ以前の姿に立ち返るべきだとの認識があった。それは遷都をすることで近代の「積弊」を「一掃」するとともに、天皇が戦争責任（懺悔）を取ったことを内外に示し、近代天皇制との遮断を図ろうとする試みでもあった。

こうした遷都論・皇居移転論は、天皇制の本質が古代にあることを説く象徴天皇制擁護論とも重なり合う。文芸評論家であった亀井勝一郎は日本国憲法公布直前、次のような遷都論を主張している。

天皇は、古の飛鳥京、あるひは京都に遷都されるべきである。明治天皇を幕府の遺構たる江戸城にお迎へしたのが既に誤りであつた。天皇は政治の地より離れ古典の地に在して、我が美と信仰のなつかしい思ひ出として御存在あそばさるべきである……更に古の大和の地に在して、諸々の尊き遺品遺地を擁らせられ、飛鳥の里の辺りに、古さながらの相聞歌を詠ぜられんことを。嘗てありし日の天皇のごとく、自由なる人間として、美と信仰の現に在す古典的存在として、民の親愛を受け給はんことを。(37)

「日本回帰」を思考していた亀井らしい遷都論である。亀井は日本国憲法第一条の象徴天皇条項を本来の天皇制の姿に回帰したものと捉えて評価した。近代天皇制は政治権力に天皇が「利用」されたものであると批判し、「古」の天皇制こそが理想形であると亀井は考えた。「古」の文化的な天皇こそ「自由なる人間」であり、民衆からの「親愛を受け」る存在であると思考した亀井は、前述のダイクと同様に天皇を政治から切り離して文化的な存在とするため、「古」の都である京都や飛鳥への遷都を主張したのである。

こうした意見に対して『時事新報』記者であった後藤武男は、「東京を依然として日本の首都たらしめ政治、経済、文化の中心として戦災後の新生再興を期するのならば、『天皇』が東京にいますことは決して無意義なことではあるまい」と反論する〔朝日46・2・18〕。後藤は「現在の宮城を東京の『二重橋公園』として開放し、又新しい史蹟として国民に展覧させることを最も適当だと」述べる。そのため戦災で焼失した宮殿は「再建を中止して史蹟として保存」し、「『われらの陛下』を赤坂離宮に御転居を御願ひして……国民に親しましめ陛下の御姿や皇后陛下の玉容をバルコニーに拝することが出来るやうにしたら国民の欣喜是に過ぎるものはあるまい」と、赤坂離宮への皇居移転論とそこでの民衆と天皇との接触を主張した。後藤は一九二一年の裕仁皇太子訪欧時に同行した記者であり、その時に裕仁と接触した経験から、彼の気持ちを代弁するかのように皇居移転論を主張している。皇太子は外遊で見学した諸侯の「小さい住居」を心に「深く深く刻」み、関東大震災後にそのような住居を望んだがかなわなかった。今こそそうした、大正期に裕仁が欧州から持ち帰ろうとした「開かれた皇室像」を展開すべきだと後藤は主張する。遷都ではなく皇居移転論を後藤が主張した背景には、国家の表象である天皇を政治・経済・文化の中心地である東京に置くことこそ「新生日本」の出発には不可欠だと後藤が考えたからである。一方で後藤の論の根底には、皇居が現在の空間になければならないという認識はなく、民衆との結びつきのためには移転してもかまわないという意識が存在している。皇居の空間的な意味は敗戦直後、揺れが生じていたと言えるだろう。

この後藤の投書は天皇も読んだようで、「宮城を放棄せられ、砧又は白金の御料地に御移居の御考」を木下に話している［木下46・1・28］。天皇も後藤の意見を受け入れ、皇居移転を考え始めた。砧・白金案は広さの問題もあってすぐに不可能と判断されたが、天皇の意向を受けて宮中においても遷都・皇居移転に関する具体的な検討が行われた。この検討の結果が木下の『側近日誌』に文書の形で記されている。それによれば、赤坂離宮は「対空防備力の薄弱」などが、京都御所は「政治上の不連絡」などが大きな理由となり、「結局宮城を皇居と定めざるを得ず」との結論が出された(38)［木下46・1・30］。警備上の問題や政治との関係から現在地にとどまざるを得ないとの決定であった。天皇と政治との結びつきには考慮されたが、必ず現在の空間に皇居がなければならないという積極的な意識はここにもなかった。

そしてこの文書では城の中に皇居があることに関して、「本丸を開放して皇居が濠を廻らす城の感を減ず」と、開放が強く意識されていることに注目すべきであろう。一連の遷都・皇居移転をめぐる動きは、民衆と天皇との距離感をいかに短くし、結びつきを強めていくかということが念頭に置かれながら進行していた。様々な理由から遷都・皇居移転は実現しなかったが、ここでの考え方は一九四八年一月の皇居における一般参賀、七月一日の宮城から皇居への名称変更へと繋がった。そしてそれは、一九六八年一〇月からの皇居東御苑開放の源流に位置づけることができる。

第三章　象徴天皇像を描く者たち

1　皇室記者は何を描いたのか

戦前の皇室記者たち

明治維新後の文明開化によって、日本にも欧米に類似した新聞が多数刊行され、政府もそれへの対応を迫られた。宮内省もマスコミに対して便宜を図り、皇室情報を流す仕組みを整えていた[1]。情報を発表して、それを受け取る探報記者（通信員）のために宮城（皇居）への通行証を宮内省は発行していたようである。そうして天皇制に関する報道をする仕組みが整えられた。天皇制とマスコミの関係はここから始まった。

マスコミは日清・日露戦後の資本主義化によって急速に発達していくが、同時期には嘉仁皇太子の婚約・結婚、明治天皇の容態悪化・死去という天皇制をめぐるニュースも多く、新聞はこぞってそうした皇室記事を掲載していった。日露戦後から第一次世界大戦後、通信技術などの発達によって人々に同じ情報をより速くより多く伝達させることが可能になり、民衆の「知りたい」要求もより高まっていく。いわゆる萌芽的な大衆社会がこの頃に成立したのである。そうした状況の中で、マスコミはニュースとなる素材を探しており、皇室記事もその例外ではなく記事として掲載された。

こうした明治末期から大正期にかけて、マスコミは公的機関の取材を一手に引き受けていく記者倶楽部を各省に誕生させていく。宮内省には、一九一二年の明治天皇の死去時・大正天皇即位時に「菊花クラブ」ができた(2)。一九一五年に京都で大正大礼が行われたときには、マスメディアは「大礼謹写団」なる組織を組むことが求められ、それに加入しなければ大礼の撮影は認められなかった(3)。宮内省の下にマスコミは統制され、そしてその中で皇室に関する報道がなされたのである。

後に『毎日新聞』の皇室記者として著名となる藤樫準二は、一九二〇年に『萬朝報』の記者として宮内省担当になった。「菊花クラブ」ができて、まだ数年後のことである。その後、藤樫は『東京日日新聞』へ移籍した後も宮内省担当を継続している(4)。彼によれば、戦前の皇室記者は宮内大臣とも正式な会見の機会はなく、ましてや天皇と直接会って話す機会も皆無であった。「いくら申しこんでも『ふーん新聞屋か。』といった調子で、秘書官からかるく鼻であしらわれるのが関の山であった」、観桜観菊会において記事を書くために門前に行くと「それさえも〝お目ざわり〟といったいやな顔つきをされた」という。藤樫はこうした宮内省の態度を「秘密主義と慇懃無礼な態度にはいささか憎悪さえ感じたほどだ」「〝車夫馬丁、ならびに新聞記者〟といった思想から、要監視人扱いだった(5)」とまで戦後に言い切っている。森暢平が指摘するように、この表現は回想ということもありやや割引いて考える必要があるが(6)、藤樫のこれらの言葉からは戦前の宮内省の記者への扱いがあまり良くなかったことを想像できる。便宜を図って情報は流しつつも、敗戦後に見られるようなマスコミと協調して新たな天皇制を構築しようとする意図は宮内省にはなかった。こうした戦前における両者の関係を変化させるのは、敗戦という危機を待たなければならなかった。

とはいえ、マスコミも宮内省から与えられた情報ばかりを報道していたわけではない。むしろ積極的に新たな天皇像を打ち出そうとしたこともある。それは一九二一年の裕仁皇太子のヨーロッパへの外遊が契機であった。(7) マスコミは「我国に於いては皇室は国民と隔絶して神秘の雲に鎖されをるを以て国民は十分に皇室と接触することが出来なかつた傾きがある」〔東京朝日21・8・24〕というように、報道の中で積極的に民衆と皇室の結びつきを強調した。そして、「皇室は常に宇内の大勢に順応し、率先して進取の大国是を定め、之に準拠して進み給ふの大御心である」「皇太子殿下は実に明治大帝の残し給へる異国文明摂取、我国文化開発の大業を大成すべき資質を備へさせられることを明かにし給うた。これは我国民の至大なる光栄であり、励みであり、喜びである」〔読売21・9・8〕と、「宇内の大勢」すなわちデモクラシーに対応した天皇制のあり方への変容を求めた主張を掲載していた。大正デモクラシーの世にあって、マスコミはそれに適合した天皇制を構想し、それに基づいた報道を重ねていった。外遊後も、マスコミの積極的な報道によって、民主的な皇太子像が民衆に広まっていったことは既に先行研究が明らかにしている。(8) こうしたマスコミの動向は、デモクラシーに対応させることで世界的な君主制の危機から天皇制を守ろうとして宮内省の動向とも軌を一にする。(9) ただし、マスコミの報道が宮内省の手の内の中で繰り返されていたものではなく、これまで述べてきたようにその宮内省を民衆と天皇制を隔てる存在として批判し、より民主的な天皇制を構築しようとしていたことは、敗戦後のマスコミの動向とも通底するものとして捉えることができるだろう。

記者たちと天皇との接触

アジア・太平洋戦争における敗戦は、天皇制とマスコミの関係性を変えた。一九四五年一一月八日、宮内省は新聞記者を宮城内に入れ、空襲で被害を受けたその様子を彼らに見物させた。新聞各紙は翌日、「荘厳な宮殿今はなし」との見出しを掲げ、宮城の荒廃を伝えている〔朝日45・11・9〕。それは『朝日新聞』のような全国紙のみならず、『京都新聞』などの地方紙などでも掲載されており、全国各地に広くその様子が伝わるように、多くの記者が宮城内の見学を許されたことがわかる。

第二章でも述べた『朝日新聞』に掲載された「戦災後の宮城拝観記」は、宮城宮殿が焼失し「かつての荘厳な宮殿がいまは一目に入る広場と変わつてゐるのだ」と評する。つまり、何も無くなってしまったというのである。また、焼け砕けた石が雑然と残っている様子も紹介する。つまり、焼失した宮城宮殿の片付けがなされていないことを印象づける記事である。また、「再建の議は当分御沙汰あらせられずと承る」と述べているように、こうした状況がしばらくは改善されないことも伝えている。『朝日新聞』に限らずこの日の多くの新聞の記事はこのような論調で構成されており、宮内省が新聞記者を宮城内に入れたのは、こうした宮城の惨状を見せ、それを記事にさせることで民衆にアピールするためではないかと推測できるのである。マスコミの影響力を宮内省が取り込もうとした瞬間であった。

では、なぜ天皇の住居が民衆のそれと同様に荒廃していることを示す必要があったのだろうか。繰り返しているように、敗戦は天皇の戦争責任が追求されて制度廃止へと向かう可能性も想定される、天皇制にとって未曾有の危機であった。それを回避するための施策の一つが、宮城内へ記者を入れ、記事を書かせることだったと思われる。天皇が直面している困難さ、窮状の様子をマスコミによって世間にアピールし、天皇への同情を集め、責任追求の動きを和らげようとしたのではないだろうか。これが、敗戦後の天皇制とマスコミの関係を構築する第一歩となった。

そして、戦前は天皇と接触することができなかった皇室記者たちが、天皇と会い話をする機会が生まれる。その様子は、側近たちの日記には次のように描かれている。

本日、宮内記者会員十七名に霜錦亭附近にて、生研への御往途、聖上、拝謁賜わる［木下45・12・22］。

九・四〇　宮内省記者クラブ員十数名
霜錦亭前にて拝謁、田中徳に御下問あり、罹災者ありや、食糧は如何。⑩

これらの記事に示される「拝謁」は、天皇制にとってもマスコミにとっても画期的な出来事となった。戦前の状況では考えられない、「異例」の「拝謁」だったからである［読売報知46・1・1］。その様子を、毎日新聞社内で発行されていた『毎日新聞社報』によってより詳しく見てみよう。

初めて新聞記者に拝謁があるといふ朝、宮内省記者室は異様な緊張に包まれてゐた。宮廷記事報道を担当し見て来たやうに儀式等の様子を書き続けてきたわれわれも龍顔を拝したことも、玉音に接したこともなく、内廷の様子もたゞ話に聞くのみだつたがそれが今朝、目の前に繰届けられるといふのだ［毎日社報46・1・10］。

ここで示されているように、天皇と会うことになった記者たちは朝から「緊張」していた。今までに会ったことがなかったからである。ただし、この天皇と記者との初会見は、天皇が皇居内の生物学研究所へ出かける途中に偶然記者たちと出会ったという設定で行われた。それはこの『毎日新聞社報』で描かれている様子とは異なる。記者たちは事前に会うことを知っていたからこそ、朝から「緊張」していたからである。つまり設定はあくまで民衆向けのものであった。おそらく、天皇側が戦前では接してこなかった皇室記者を呼んでマスコミ・世論対策をしたということを世間に知らしめたくなかったのだろう。たまたま出会ったというフィクションは、天皇の権威を傷つけないようにするためでもあり、天皇制が危機ゆえにマスコミにすがったという印象を与えないようにするための方策だったのではないか。

この会見では、特に宮内省担当であった『毎日新聞』の藤樫準二と「共同通信」の田中徳に対し天皇から直接言葉がかけられ、一〇分ほどで終了した（つまり会見とはいえ、記者からの質問はなかった）。藤樫と田中については長年の勤務から、直接会ったことはなかったが天皇も特に親しみを持っていたようである。その点は後述する。

記者たちは「お会いして初めて知った人間天皇だった」と後に回想していること[11]からも、彼ら自身が天皇と初めて会って「現人神」でないことを実感したようである。ここで彼ら皇室記者は後述する全国巡幸で天皇と対面した民衆が洩らすような言葉を同じように述べており、この会見で極めてプリミティブに「民主化」や「人間天皇」を体験し内面化したと言える。その経験こそが、そうしたイメージの天皇像を民衆に伝える記事の量産へと繋がっていったのではないか。皇室記者たちは天皇との会見を「心暖まる思い」と表現しつつ、天皇の「和やかなお顔は、深刻なほどおやつれで、厳しかった戦時中のご心労、戦後の苦しいご生活をおしのびしないわけにはゆかなかった」と言う。こうして危機の中での天皇の苦悩を読み取り、その姿を描くことで責任追及を回避する役目を担っていったのである。天皇の神格化は「天皇を取り巻く軍国主義的、帝国主義的軍閥や官僚の中にあった、そして天皇を神と教え込まれた国民の心の中にあったのだ」という文言からは、昭和天皇個人を救い出そうとする意識がこの会見で記者たちの中に醸成されたことを示している。天皇と初めて会見した記者たちはこうした感情の下に、その後記事を執筆していく。

この皇室記者と天皇との短い会見に関する新聞発表は、「外国人記者への影響を配慮し、翌年一月一日まで延期され[12]」たと言うが、それゆえに大きな効果をもたらした。翌年の一九四六年一月一日の新聞各紙面には、天皇の詔書いわゆる「人間宣言」が発表されたからである。『毎日新聞』は記事（藤樫執筆）の中で、「平和的、民主的」な天皇の側面を強調している［毎日46・1・1］。また『読売報知』は、天皇の「御顔に拝す労苦の跡」との見出しを掲げ、天皇が復興のために努力していることを強調し、それとともに天皇の「人間」性を会見の様子から描いた［読売報知46・1・1］。新聞社にとって画期となった「拝謁」という出来事は、「人間宣言」と同時に発表されることで相乗的な効果を持ち、新しい天皇像を伝えるのに十分なものとなった。

また、「人間宣言」を伝える新聞記事には、背広姿の天皇と三女の孝宮とのツーショット写真も同時

天皇と三女孝宮［読売46・1・1］

に掲載され、天皇の家庭的な像からの「人間」性がより強調された。「人間宣言」の意義を視覚的に印象づけるための写真が同時に掲載されたと見てよいだろう。『朝日新聞』や『毎日新聞』にはこの写真の他に、皇后と孝宮、四女の順宮、五女の清宮の写真も大きく掲載されている［朝日46・1・1、毎日46・1・1］。北原恵が指摘するように、この写真には女性皇族によって天皇の家庭的なイメージを付与するねらいがあったと考えられる(13)。つまりそれは、象徴天皇制における女性皇族の重要性を表象的に示した写真と言えるだろう。そしてそれ以上に、年頭の詔書のイメージを形成するにあたって、マスコミが大きく寄与したこと

を示している。ゆえにそれは、その後の象徴天皇像の展開過程の中でのマスコミの役割を決定づける事実でもあった。

以上のように、「人間宣言」や皇室記者と天皇との会見を描いた記事が一九四六年一月一日に集中して掲載され、民衆に新たな天皇制・天皇像をアピールしていった。一九四五年八月に敗戦という危機を迎え、天皇制は一一月一二月にマスコミを使ってその危機の克服を試みた。天皇制とマスコミはその後、共同歩調を取りつつ報道を展開していくことになる。その第一歩が皇室記者と天皇との接触であり、「人間宣言」をめぐる報道であった。

「人間宣言」の定着

いわゆる「人間宣言」が発表された時、どのマスコミもその名称を使用していなかった。「人間宣言」という言葉を最初に世間に認知させたのは、管見の限りでは、一九四六年六月に発行された藤樫の著作『陛下の〝人間〟宣言』だと思われる。藤樫はこの中で、「〝自然人〟としての『天皇裕仁』を真実に描写」[14]することを執筆の目的としており、神格化を否定するため、天皇が積極的に詔書を発表しようとした経緯が強調している。目次には「陛下自ら〝神秘〟の扉を開く」「万事世間並みのご家庭生活」などの文言が目立つ。この藤樫の著作によって詔書を「人間宣言」と呼ぶことが次第に定着し、その内容によって「人間」としての象徴天皇像を民衆に印象づけていったと思われる。「人間宣言」の内容を広く伝播したのは、こうした皇室記者によって執筆された記事や著作が発表されたからであった。それとともに、『陛下の〝人間〟宣言』の目次には、「『無私』の境地で〝救脱〟を実践」「それほど陛下は良心的で律儀な人」「使命を自覚、深く健康にご留意」「苦悶の一昼夜」「何事も所管の責任者を絶対信頼」「さすがに激怒〝二・二六〟事件」という文言も並んでいる。昭和天皇が極めてまじめで律儀な性格であること、また戦前においては基本的には政治に関与しなかったことを強調することで、戦争責任を回避するような試みもなされているのである。

そして重要なのは、この藤樫の著作が宮内省の意思によって書かれたものではないかと推測されることである。藤樫は晩年、高橋紘に対して、「この本は、四六年一月まで宮内大臣を務めた石渡壮《ママ》太郎の秘書官、鹿喰清一氏が金策をして同和書房を設立し、私に書かせたものだ」と話したという。[15] つまり、天皇の戦犯指名回避に向けての宮内省の戦略として、天皇の「人間」ぶりや天皇の政治関与を否定する著作の出版が目指され、藤樫にその役目が担わされたのである。そして完成したのが『陛下の〝人間〟宣言』であった。

「人間」という概念を強調したのは藤樫だけではない。他紙の記者たちもこぞって天皇の「人間」性を表出させる著作・文章・記事を執筆していった。『朝日新聞』の皇室記者であった藤井恒男もその一人であった。藤井は天皇の日常生活に注目し、「嵐に立つ天皇」という文章を執筆している。[16] その中で藤井は、「人間天皇」という概念を繰り返し強調し、天皇も自分たちと同じ人間だと評価する。彼は天皇の日常生活を詳細に紹介することで、天皇の「人間」性を描くことに務めた。藤井は「神秘的な天皇観を、民主的な天皇観におきかへる」必要があり、それはまず天皇を「人間天皇」と認識することだと主張して文章を結んでいる。『読売新聞』[17]の皇室記者であった小野昇は『人間天皇』という著作の中で、やはり天皇の日常生活に注目している。小野も天皇の家族を描き、家庭人としての天皇像をアピールする。こうして民衆には自分たちと変わらない人間天皇像を印象づけた。また、「平和愛好の文化人」としての側面や「鉄骨仁風の御性格」を強調するのは、藤樫同様に天皇が戦争責任を追及されるのを回避するための意図だと考えられる。彼らのように皇室記者が伝える天皇の日常生活や性格によって、「人間天皇」という概念が民衆に定着し、象徴天皇制へとスムーズに移行する素地となったのである。

ところで、「人間宣言」を伝える『朝日新聞』には高松宮のインタビュー記事も掲載されている［朝日46・1・1］。その中で高松宮は、天皇の「曲つた事がお嫌ひ」な性格や日常生活について紹介している。それとともに、天皇が常に平和を意識している点や民衆の生活を考えて心労を重ねている点を強調している。このように高松宮も皇室記者たちと同様に、「人間宣言」を定着させる役割を担ったのである。天皇に近い弟宮がマスコミに登場することで、天皇の「実像」が描き出され、「人間」性がアピールされた。第一章で見たように退位論を主張していた高松宮も、ここでは天皇制維持のために「人間天皇」像を展開する人物の一人であった[18]。

そして、一九四六年二月から実施された昭和天皇の全国巡幸も「人間天皇」をアピールするのに充分な効果を持った。藤樫は巡幸を「陛下の〝人間〟宣言地方巡幸」と評価しており[19]、「人間宣言」の延長としての巡幸として、積極的にそれを押し出す記事を執筆していた。小野も天皇を歓迎する民衆の姿に注目し、「このやうに国民が陛下をお慕ひする感情は、これまでのやうな強要された崇拝、観念だけの『忠』の中からは決して生まれて来ない」「陛下と国民との間に、じか《ママ》に血の通つた人間的な温い繋りを身近に感ず」る、「今や陛下はわれわれと共に在られる」と述べる[20]。『朝日新聞』では藤井が執筆した「行幸メモから拾つた〝人間天皇〟」という記事を掲載し、天皇が一人称を「私」と述べて自分たちと同じ言葉を話していること、いつも同じ服装で帽子を無造作に扱うことを紹介して、天皇が自分たちと同じ「人間」であることを強調している［朝日46・6・17］。この記事では、天皇の声が「女性的」などとも書かれており、そこには戦前のような天皇の権威性は見られない。つまり、「大元帥」として軍事をリードする天皇の姿がかき消され、戦争責任を回避しようとする意図がここにも見られるのである。マスコミは巡幸における民衆と天皇の接触を大々的に報道し、その行為を新しい天皇制のあり方として高く評価した。藤樫・小野の著作、藤井の記事はまさにそれを広く伝播させるために書かれたものだった。

巡幸はマスコミの力によって、その効果をより高めたとも言えるだろう。こうして、マスコミには「人間天皇」像が溢れ、皇室記者によって書かれた記事や著作によって「人間宣言」はその内容とともに、名称も定着していった。こうして天皇制は敗戦という危機を脱していくことになる。

皇室記者たちの動向

皇室記者たちは自社の新聞記事のみならず、様々な媒体に天皇関係の記事を書き、著作を執筆した。八一頁からの表はその一部である。彼らは中央のマスコミだけではなく、敗戦後に数多く生まれた地域のマスコミにも積極的に記事を掲載し、地域に新しい天皇像を伝える媒介者となっていた。

皇室記者たちは積極的に新しい天皇像を求め、伝えていこうとしていた。その点について、藤井が次のような回想を残している。

私は、新憲法で新しく位置づけられた〝象徴天皇〟を浮きぼりにした『人間天皇』を書きたいと思い、構想をねった。それにはまず、どうしても陛下の素顔を語らねばならない。

ところが、陛下の素顔を語るには材料が不足である。もっと伺いたいこともあった。そこで、忘れもしない四月三十日の夜、加藤進宮内次官を紀尾井町の官舎に、ひそかに訪ね、私の考えを述べた。五月三日新憲法施行の日に〝象徴天皇〟の横顔を書き、新しい天皇に対する読者、国民の理解を深めるデータを提供したい。そのために、明日にでも陛下との記者会見をやって欲しい、と進言した。[21]

ここからは、一九四七年五月三日の日本国憲法施行に向け、「人間」としての象徴天皇像を描きたいという藤井の意思が伝わってくる。宮内省側もそれに応え、天皇と皇室記者たちの会見が行われることになった。それは、一九四五年一二月の初めての「拝謁」以来の会見であった。この間の様子について、「昭和天皇実録」は「この度、新憲法施行を機に各新聞社等よりインタビューをお受けいただきたいとの要望があったが、外国新聞社との均衡上実現困難なため、御苑散策中七名と偶然お会いになるという形で、初めて記者に対してお話になる」と記している。[22] 個々の新聞社とのインタビューは、日本のマスメディアだけではなく外国のそれも考慮しなくてはならないため、調整が困難になるために受け入れられなかった。そして、この時も宮内省庁舎から吹上御所に帰る昭和天皇が、たまたま皇居勤労奉仕団を見学していた皇室記者たちに気づき、声をかけたという設定で行われた。[23] 天皇の権威を保つ意味があったのだろう。会見に臨んだ皇室記者は田中・藤井・藤樫・小野・『東京新聞』の木屋和敏・『時事新報』の大野光茂・『北海道新聞』の鈴木正人の七人［入江47・5・1］。この会見では、記者たちから天皇にインタビューがなされる形式が初めて採られ、健康、巡幸、生物学研究、美術、スポーツの問題が話題となっている。

そして新聞各紙は、その様子を日本国憲法施行の日の紙面に掲載した。天皇も「所々非常におくつろぎの御様子で御鄭重にお答へ遊ばす。非常に感激して夢見心地で、後から何と仰せられたかよく分らなかつた位であつた」と、会見に満足していたようである［同前］。

そのためか、天皇と皇室記者たちの会見の場はその後、たびたび設定されていく。一九四七年五月二〇日に『時事新報』が「人間皇后との一問一答」という記事を掲載した［時事47・5・20］。しかしこれは、皇后に直接インタビューなどなされていないでっち上げの記事であった。そのため宮内府は、急遽天皇皇后と皇室記者の会見を設定する。「時事の記事がい丶加減なものであつたといふことを立証する為である」［入江47・6・1］。これが皇后と皇室記者の初めての接触となり、会見では日常生活について話題が集中した。

主な皇室記者著作

田中徳（共同通信）

『皇太子さま』講談社、一九四九年

『天皇と生物学研究』大日本雄弁会講談社、一九四九年

「天皇陛下と宮城内の食生活」『にっぽん』第八号、一九四六年

「天皇の将棋：宮中秘話」『アンサーズ』第三巻第二号、一九四八年

「野草と天皇」『モダン日本』第一九巻第八号、一九四八年

「天皇陛下と生物」『済寧』第二巻、一九四九年

「天皇大いに笑わせる」『女性の友』第二巻第九号、一九四九年

「天皇陛下と美しい生活」安倍能成編『天皇の印象』創元社、一九四九年

「天皇の生活と心境を語る」『話』第一〇巻第一号、一九四九年　小出英経元侍従や藤樫準二との座談会

「天皇御一家」『日光』第二巻第三号、一九四九年　藤樫、木屋和敏との座談会

「御前会議秘録と人間天皇を語る」『ユーモア』第一三巻第九号、一九四九年　佐野恵作元宮内省大膳課長や藤樫らとの座談会

小野昇（読売新聞）

『人間天皇』一洋社、一九四七年

『皇太子さま』書房白雲堂、一九四八年

『天皇の素顔』双英書房、一九四九年

『若き皇太子　記録写真と文集』第一出版社、一九五二年

『天皇記者三十年』読売新聞社、一九七三年

「生物学者―天皇」『国民科学』第九巻第四号、一九四七年

「若き憧れの象徴皇太子さま」『スクープ』創刊号、一九四七年

「天皇陛下と少年少女」『少年読売』第二巻第一号、一九四七年

「世界からみつめられた天皇陛下」『座談』第二巻第六号、一九四八年

「天皇の御愛情」『婦人世界』第二巻第一二号、一九四八年

「皇太子さまと絵」「われらの〝憧れ〟皇太子さま」『少年読売』第三巻第八号、一九四八年

「われらの皇太子さま：新日本の少年少女から愛敬のまと」『少年世界』痛快感激面白ずくめ号、一九四八年

「天皇陛下と未亡人」『母』第一巻第五号、一九四九年

「大いなる母〝皇后さま〟」『母』第一巻第六号、一九四九年

「カメラの宮城探訪」『月刊読売』第七巻第六号、一九四九年

「あこがれの皇太子殿下」『日本の窓』第二巻第一号、一九四九年

「妻として母としての皇后さま」『婦人世界』第三巻第三号、一九四九年

「皇太子とヴァイニング夫人」『改造』第三一巻第二号、一九五〇年

藤樫準二（毎日新聞）

『陛下の〝人間〟宣言　旋風裡の天皇を描く』同和書房、一九四六年

『皇室の栞』桜菊書院、一九四八年

『われらの象徴民主天皇』東光協会出版部、一九四九年

『皇太子さま　絵本』永光社、一九五〇年

『千代田城』光文社、一九五八年

『天皇とともに五十年　宮内記者の目』毎日新聞社、一九七七年

「宮中秘話」『文藝春秋』第二四巻第三号、一九四六年

「天皇陛下の御日常」『民衆大学』第二巻第七号、一九四七年

「若い希望の象徴：わたくし達の皇太子殿下」『婦人の国』第一巻第四号、一九四七年
「天皇の御日常：藤樫宮中記者にきく」『東北文庫』第二巻第八号、一九四七年
「世紀の謎：天皇のお胸のうち」『政治』第一巻第一号、一九四八年
「家庭の中の皇后様」『博愛』第七一〇号、一九四八年
「陛下は南京豆がお好き」『話』第九巻第五号、一九四八年
「皇太子さま」『少年世界』第一号第一巻、一九四八年
「天皇と将棋」『サンデー毎日』一月二、九日倍大号、一九四九年
「新春の天皇ご夫妻」『婦人の国』新年号、一九四九年
「花に親しむ皇后さま」「天皇皇后さまの新婚生活の想ひ出」『新婦人』第四巻第六号、一九四九年
「天皇と宗教」『ニューエージ』第二巻第一号、一九五〇年
「皇太子ありのまゝ」『サロン』第五巻第一号、一九五〇年
「皇太子さまの御成年と立太子式について」『国民』第六〇五号、一九五一年

木屋和敏（東京新聞）
「最近の天皇陛下」『月刊岡山』第三巻第一一号、一九四七年
「民主化と最近の皇族」『ぱらだいす』第二巻第三号、一九四七年
「天皇と子供たち：巡幸に随行して」『女性ライフ』第二巻第三号、一九四八年
「天皇御一家の人人」『淑女』第一巻第二号、一九四八年
「天皇家の女官たち」『社会の動き』第四巻第八号、一九四九年
「教養知識：天皇家の女官たち」『婦人画報』第五三八号、一九四九年

藤井恒男（朝日新聞）
「嵐に立つ天皇：日常の御生活をめぐりて」『民主文化』第一巻第八号、一九四六年
「秩父宮御夫妻の愛情物語」『家庭生活』第五巻第九号、一九四八年
秋岡鎮夫との共著
「蔭膳にもの言いかくる二十余年：亡き天皇に純愛を捧げる：皇太后さま」『婦人生活』第三巻第三号、一九四九年
「天皇御一家のこのごろ」『週刊朝日』第五四巻第一・二号、一九四九年　荒垣英雄（編集委員）、大島泰平、秋岡鎮夫、小池信行（元宮内記者）らとの座談会

小池信行（朝日新聞）
「宮家の財産調べ」「皇太子殿下の家庭教師ヴァイニング夫人」『アンサーズ』第三巻第二号、一九四八年
「家庭の奥様としての皇后さま」『主婦と生活』第三巻第三号、一九四八年

秋岡鎮夫（朝日新聞）
「皇太子さん」『青鉛筆』第二巻第一号、一九四九年
「第二部何を読むべきか：皇太子と読書」『自由国民』第二二号、一九四九年

その後、巡幸を機会にして天皇は皇室記者たちとの接点を持った。一九四七年八月の東北巡幸では、藤樫・田中・木屋・鈴木と会見し、巡幸中に炭鉱に入ったことの感想、食糧事情については「しっかりやってもらいたいと思う旨」、水害についてなどを話し、これらの感想が「共同通信」を通じて発表された[24]。そして全国各紙に掲載されたのである。

一九四九年五月から六月の九州巡幸では、終了後に藤樫・田中・秋岡を皇居内の花蔭亭に招き、特別座談会を行った[25]。すでに彼らは巡幸終了後に田島道治宮内庁長官や三谷隆信侍従長らと九州巡幸について話していた［入江49・6・28］が、天皇ともそれを行ったのである。入江は天皇と皇室記者たちの座談会を「皆非常に難有がり、い丶会であつた」と評価している［入江49・6・28］。皇室記者たちにとってこのような会見の場は、天皇の肉声を得る絶好の機会であったと思われる。一方の天皇側にとっても、その場で語ったことが新聞紙上に伝えられることを承知した上で、発言をしていたのではないだろうか。このように両者の共存関係を前提として、天皇に関する報道があったという事実は重要であろう。皇室記者たちの報道は、宮内庁の手の届く中でなされていたとも言える。一方皇室記者たちにとっては、戦前ではあり得なかった天皇と直接触れ合う機会を得、「民主化」を自ら体感したはずである。先述した藤井の回想は、記者がこうした自らの体験を読者である民衆に伝える使命を持っていると認識していたことを示すだろう。

では、皇室記者たちは具体的にどのような天皇像を伝えたのだろうか。まず、生物学者としての天皇像が強調されていたことを見ておきたい。すでにこの像については戦前から盛んにマスコミで報道されていたが[26]、敗戦後になって再び伝えられるようになった。

田中の著作『天皇と生物学研究』に代表されるように、天皇の趣味である生物学研究[27]については、趣味を越えて科学者レベルであることが盛んに描かれ、学者らしい真摯な態度が強調された。この真摯という語は、昭和天皇の性格を語るキーワードの一つとなっている。

生物学者としての天皇像はいくつかの特徴を有していた。第一に、生物学者としての像から天皇の性格に言及している点である。


陛下のお気持の中には、心から自然がお好きで、生物を愛し、いたわられる優しいお心があることが窺われるようである。それは心から平和を愛されるお気持とともに陛下の本質的な御心情であるにちがいない。[28]

ここで述べられているように、生物学者として自然に接する天皇の姿が伝えられていく中で、その性格も優しいに違いないと推測される記事が多数見られるようになる。生物学者としての天皇像は、学者としての真面目さや厳格さだけではなく、自然や植物を愛する優しさを併せて持つ存在であった。雑草に目を向ける天皇の様子もたびたび言及されたが、それも天皇の配慮や優しさを強調する例となった。また、皇居内の庭が荒れ果てていたことについても多くの文章で指摘されている。それは庭の手入れよりも他に人員を割くよう天皇が命じたこと、また天皇が人工的な庭を好まず自然のままの庭を求めたことが理由であるが、それが「合理的な生活の簡素化の実践」を天皇が行っていると語られていく[29]。

また、優しい性格という側面から、天皇が平和を愛する気持ちを持っているとの言及へも発展する。自然を慈しむ天皇が平和の思考を有しているに違いないとの論理である。このように第二の特徴は、生物学者としての平和な天皇像である。戦前は次第に「神格化」が進むことで生物学に取り組むことはできなくなったが、それが敗戦後になって再び研究できるようになったと強調される[30]。つまり天皇が生物学の研究をできること自体が、敗戦後の平和や「民主化」の表象となっているのである。

しかも興味深いことに、戦前から天皇が生物学を研究していたことに言及がなされる中で、戦前から天皇は平和を愛好し、「人間」的な生活を送っていたのであり、その立場や性格の内実には変化がないこと、そして戦時中がいかに特殊であったかについて論が展開された[31]。「陛下は平和と民主主義と文化のシンボルでもあらせられる」と田中は強調し、天皇の生物学研究を平和や民主主義・文化といった概念に結びつけた[32]。彼は皇居内の庭が戦時中から作られたことに関しても、「陛下が自然を愛し平和を愛されるというお気持ちのはけ口」だと語っており、やはり天皇の生物学研究と平和という概念を同列にして論じている[33]。小野も天皇が生物学研究をしている姿を見せることは、「〝強要された崇拝〟、〝信仰としての天皇観〟とはまつたく違つた文化人としての共感のなかから、ホノボノと湧きあがつて来た新らしい〝陛下への敬慕〟」を人々に感じさせることができると述べた[34]。同じく木屋も「陛下が生物学をお研究するになったことが、文化国家としては非常によかったと思いますね」と話し、「文化平和国家」と天皇の生物学研究を結びつけている[35]。

つまり、生物学者としての天皇像は、戦前（特に戦時中）と敗戦後の天皇制および天皇の地位や国家の変化を表象するものだったと言える。このように生物学者としての天皇像が伝えられることで、優しい性格を有し、平和を求め、民主主義や文化といった敗戦後の価値観に適合的な象徴天皇像が定着していくことになる。

この生物学研究以外の天皇の趣味に関しては、将棋についてが盛んに取り上げられている。藤樫は「娯楽方面では将棋が唯一のご慰安と聞くから〝人間天皇の持ち味〟もまたほほえましい限りである」と述べ、天皇と将棋の関係を描いている[36]。この中では、生物学研究が専門に特化した趣味であるのに対し、将棋は一般の人々も同じく好むものであり、「人間天皇」にふさわしい趣味と強調されていた。しかも天皇の将棋は我流で実力も七級程度と言われ、生物学研究に比べむしろ専門的ではないことが紹介さ

スポーツマン"天皇"

野球ファンの陛下

テニスに結ぶ御親子の情愛

游泳は抜手がお得意

「スポーツマン“天皇”」［毎日47・8・2］

れており、身近な一人の「人間」としての天皇像を描くのに有効な事象であった。

そしてこの将棋への言及からは、天皇と皇太子との親子関係も描かれる。家族の団らんの一つとして天皇と皇太子が対局し、それは和やかな家庭の風景として、「人の世界の共通事」と語られる[37]。天皇の家庭的な要素とともに、将棋を通しての天皇と皇太子の親子の交流の姿が描かれた。このように将棋は、天皇が自分たち民衆と同じような「人間」であることを印象づけるエピソードだったとも言えるだろう。

天皇の趣味では、スポーツについても多く語られている。天皇は一九四七年八月三日に『毎日新聞』主催の都市対抗野球を皇后と観戦しているが、その前日に藤樫が執筆した「スポーツマン〝天皇〟」という記事が掲載された［毎日47・8・2］。この記事では、天皇のスポーツへの関心と理解が強調され、自身もスポーツマンで、乗馬や水泳が得意であることが紹介されている。ここでも天皇と皇太子らがテニスをすることで、「御親子の情愛をスポーツが結」んでいる状態が描かれた。藤樫は最後に、「これからの皇室は文化国家建設の一助としてスポーツ方面へは積極的に進出されるであろう」と述べて記事を結んでおり、スポーツという文化と天皇像の密接な関係を彼ら皇室記者が望んでいたことがうかがえる。このように、スポーツは象徴天皇像の定着の重要な要素となっていた。この点は第五章で詳しく論じる。

皇室記者たちは天皇だけではなく、その家族も積極的に取り上げた。中でも、皇太子に関する記事は特に多い。

昔のような東宮御学問所を設け帝王学などという堅苦しい特別教育を受けられず、民主主義的な集団教育を基礎に知識よりは見識、教育よりは教養に重点を置き、専ら人格の錬磨につとめ、やがて新日本の理想的な民主天皇としての〝人間皇太子の完成〟に万全を期してゐる。[38]

このように、将来の象徴天皇としての期待とともに、民主主義に適合的な「人間皇太子」としての教育を受けていることが強調された。それは、「象徴」として新しく生まれ変わった天皇像に皇太子の存在が欠かせなくなりつつあったことを意味しているだろう。

このような皇太子像はまた、子ども向け雑誌に数多く書かれていることも特徴である。そうした記事は小野や藤樫が積極的に執筆しているが、内容は基本的には大人向けのものと変わらない。皇太子と同じ年代の読者に書くことで、皇太子への共感をより身近なものとして捉えさせようとしたのだろうか。また、妻としての、母としての皇后に関する記事も多い。[39]それは、家庭的な天皇像を示すエピソードとして紹介するのに欠かせない存在だったからである。

以上のように、天皇の性格や家族との生活を描くことで、「人間」としての天皇像を強調し、敗戦という危機を克服して象徴天皇制を強固にしていくという役割を皇室記者たちは担っていたのではないだろうか。[40]

最後に、苦悩する天皇像について言及しておきたい。一九四七年八月の東北巡幸中、通常の巡幸の記事とはやや色彩の異なる記事が掲載された［毎日47・8・15］。執筆したのは藤樫である。その記事の中では、終戦から一年経った一九四六年八月、天皇が吉田茂首相や宮中側近を集め、茶会を催した時の様子が描かれている。席上で天皇は、終戦記念日にあたって皇太子時代に見学した太宰府の水城を思い出したと語り、その後天智天皇が行った「国内整備、いわゆる文化国家建設の片鱗をしのびたい」と述べた。このエピソードはすでに一年前に報道されていた［毎日46・8・14］。しかし一年経った後に、なぜまた同じ話が掲載されたのだろうか。

記事にも見られるように、天皇は白村江の戦いで敗れた天智天皇と自らの姿を重ね合わせている。敗戦という困難を乗り越え、国家の再建に尽くした天智天皇を思い起こし、自らも退位せずに同様に再建に取り組むことを茶会の場で宣言したのである。記事は、東北巡幸はその一環として、「民衆的な文化国家再建に指導者のら針盤として奮闘されている」と、天皇が戦災者を励ますために実施されたと書かれている。藤樫は自身のメモの中でこの記事について「天皇御留意を折り込む」と書いており、[41]天皇退位論を牽制する意図から執筆したと思われる。退位論はこの時期収束していたが、藤樫は再びそれが現れてくることを警戒し、天皇が退位しない決意をして巡幸に臨んでいることを強調したのだろう。

しかし翌一九四八年になると退位論が再燃する。それに対し皇室記者たちは、天皇の苦悩と留位を積極的に伝える役目を担っていく。その先駆は藤樫であった。『毎日新聞』は「平和国家建設の責務／留意して達成せん」との記事を掲載した［毎日48・11・20］。その中では天皇側近から得た情報として、天皇は自身の戦争責任について悩み反省と考慮を重ね、退位では自身の責任を償いきれないと考えて進んで留位を決断し、平和国家建設に果たしたいとの信念に達したと述べられている。藤樫は、巡幸も天皇が

「国民にわびる」ために行っていると感じていた。記事は「全国民が退位を希望するならば何時でもいさぎよく位を退かれるであろう」と結んでおり、天皇が常に民衆のことを考え、苦慮している姿が強調される構成となっている。

これを受け『読売新聞』でも小野が同様に、天皇は苦悩した上で退位せずという決断をしたと報じ〔読売48・11・24〕、『朝日新聞』でも秋岡が「再建の十字架になう」との題を掲げ、公人として感情に任せて行動すべきではないと天皇が考え、民衆とともに国家を再建することが必要だとして退位しない決断をしたと書いている〔朝日48・12・24〕。この退位論をめぐる報道を通じて、天皇の「人間」的苦悩を皇室記者たちは伝えていた。それによって、退位という危機から天皇を救おうとしていたのである。

報道を注視する天皇

昭和天皇が新聞各紙を毎日読んでいたということはよく知られている。「国民の中にはあゝいう考えのものがある、ということをはじめて知ることが出来て良かつた」との天皇の言葉[42]が伝えられるように、天皇は政治・社会に関する情報を得るだけではなく、自分の言動をどのように伝えたのか、民衆にどう捉えられているかについての情報を新聞から得ていた。天皇が皇室記者と面会したことがなかった時期からすでに、「この記事はA記者が書いた…これはB記者かね？」と側近に話しながら新聞を読んでいたエピソードも紹介されている[43]。おそらく、相当に注意深く読んでいたからこそ記者の名前を記憶し、その文体などから執筆した記者を推測できたのだろう。天皇は、その記事の中で自分の動向や言説がどのように伝えられているのか注目していた。

ところで、藤樫のメモには「天皇から褒められた記事」との文言がある[44]。これは、天皇が新聞で伝えられる天皇像を注視し、それに満足していた証拠であろう。天皇がほめたというのは、『毎日新聞』一九四五年一一月一日一面の記事である［毎日45・11・1］。この記事は、天皇が敗戦の報告をするために伊勢神宮や明治天皇陵などを訪れることを伝えるために書かれたものである。しかし『毎日新聞』は、そうした日程を伝える以上に「御手持の宝石類を／食糧輸入の代償に／民草の上に畏き御内意」との見出しを大きく掲げ、それに関する内容を詳しく伝えていた。記事は主に四つの部分に分かれている。

第一に、天皇は常に民主主義を実現させることを考え、協力していることが述べられている。「国民の声　輿論の代表機関たる新聞」を収集し、「戦後の国務御総攬の上に一般と民衆に御留意あらせられてゐると洩れ承る」と述べる。

第二に、天皇が民衆の幸福をひたすら念願していることが描かれる。これまでの天皇による救恤の歴史を述べられるとともに、戦災者を心配して自らも「国民と辛苦を共に遊ばされる御日条生活」が強調される。そして敗戦後の食糧危機に対して、アメリカからの食糧輸入の代償の一部として皇室財産を提供してもよいとの天皇の意思が紹介され、「国民を餓死させてはとの聖慮にほかならぬ」と述べられている。ここでは、民衆の生活を思う天皇像が展開され、それを救済する具体的な行動が明記されていた。

第三に、天皇の「民主化」方針によって、次の巡幸から警備の簡素化が図られ、民衆との接触がより密になることが強調されている。ここでは、従来も天皇が厳格な警戒を批判していたことが紹介されているが、実際になるかどうかは「思召のほど那辺にまで遵奉するか」、つまり地域で簡素化が徹底されるかどうかは不明と述べ、やや曖昧な書き方になっている。つまり実際に簡素化されなかったとしても、それは天皇のせいではないと主張したかったのだろう。

第四に、平和を決意する天皇の強い意思が強調される。敗戦時の天皇の「聖断」を評価し、「平和国家新日本の完成と国民の幸福」を念ずる天皇の姿を描いて記事を結んでいる。

この記事は敗戦から約三ヶ月を経た時期に書かれたものであり、時あたかも天皇制廃止論や退位論が

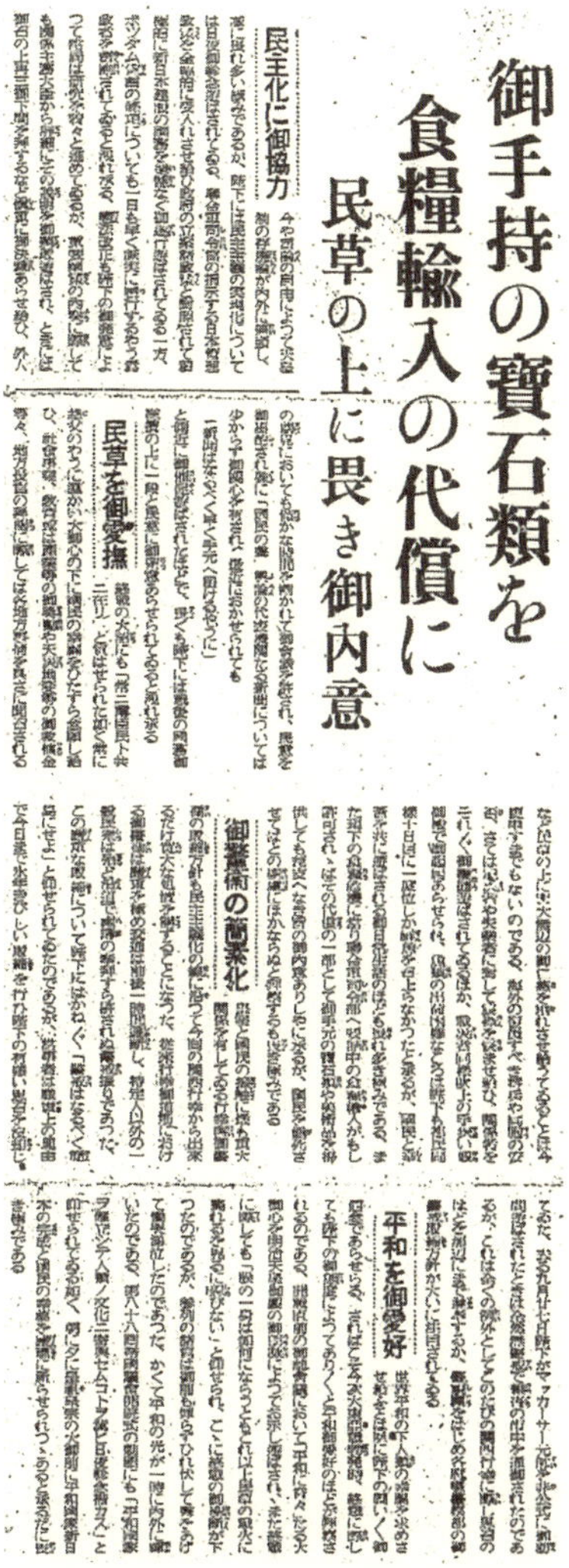

藤樫の「天皇から褒められた記事」[毎日45・11・12]

論じられ、大日本帝国憲法の改正も話題となっていた頃である。まさに天皇制の最大の危機のまっただ中であった。それゆえに天皇制がいかに民主主義に適合的で、天皇は常に民主主義を信奉し、平和的であるかを強調することで、天皇制の擁護・天皇の退位防止を意図して書かれたのではないかと推測できる。前述のような天皇と皇室記者の接触前から、こうした記事が執筆されていたのである。

天皇は側近を通して藤樫のこの記事を「褒め」た。おそらくは、民主的・平和的な天皇像とともに、民衆のことを常に思考し、そのために財産を供出することを自分が決意していると書かれたことに満足したのだろう。天皇自身もそうした皇室記者が描いた天皇像を受容し、認証したのである。宮内省や皇室記者と同じように、天皇も敗戦という天皇制の危機を克服するために協調していた。だからこそ、どのように伝えられるのかに注目していたのである。

天皇はまた、新聞だけではなく皇室記者の著作も読んでいた。先に引用した田中『天皇と生物学研究』を読んで、「田中の著書に三つの誤りがある」と侍従に指摘している。[45]田中はそれを聞き絶版にすることを侍従を通して天皇に伝え、天皇からは「そんなに固く考えることはない、機会があったら訂正したらよい」と言われたようだが、結局その本を絶版にしたという。田中の実直な性格を表すこのエピソードは、一方でマスコミの影響力の大きさを強く感じ、天皇が常にそれを注視していたことをも示している。おそらく、多くの報道に目を通し、側近を通じてそうした感想が皇室記者たちに伝えられた。藤樫や田中の反応は、天皇のコメントに一喜一憂する記者たちの本音とも言える。彼らは敗戦後、天皇と会うことができるようになって「民主化」を実感しつつも、一方で天皇に権威を感じながら記事を執筆していたのではないだろうか。

2　文化人的天皇像

「天皇陛下大いに笑ふ」

一九四九年六月の『文藝春秋』に次のような記事が掲載された。「天皇陛下大いに笑ふ」[46]。仏文学者の辰野隆、俳優・漫談家の徳川夢声、詩人・作家のサトウ・ハチローが天皇と会見した時の様子を対談している記事である。彼らと天皇の会見は二月二五日に行われた。なぜ彼らと天皇の会見が実施されたのだろうか。辰野は次のように語っている。

宮内府で、陛下が国民と親しまれる方法をいろいろ考へましてね、民衆に親しまれてる人達を陛下がお話をするやうな機会があればいいなァといふわけで、わたくしにお話があつたんです。誰がよからう、徳川夢声氏どうだらう、サトウ・ハチロー氏どうだらう…。[47]

このように、会見は宮内府側からの提案であったことがわかる。天皇が民衆に親しまれるために、文化人との会見が設定されたのである。一九四九年は皇居に学士院・芸術院の会員、文化人などが招かれ、食事や懇談するということが積極的に行われたようである。[48] 辰野ら三人と天皇との会見もその一環であった。会見の内容は多岐にわたるが、「一時間半といふもの陪席の次長、山田、予三人とも笑いづめ、お上も近来になくお楽しさうで大いにお笑ひになつていらつしやつた」［入江49・2・25］。しかしこの会見は、天皇を楽しませるためだけに設定されたのではない。「陛下が国民と親しまれる方法」が設定されていた。それが、この『文藝春秋』に掲載された「天皇陛下大いに笑ふ」だと思われる。辰野らは対談の中で、天皇の真面目な性格にたびたび言及しつつ、よく笑う「人間」性も強調している。また、徳川夢声は天皇の印象について次のように語っている。

我てえものがないんですよ。どこを探しても我がない。それでゐて、やつぱり日本なんですナ。陛下即ち日本なんですよ。さういふ感じですね。だから、誰が選んだ文字か知らないが、憲法の中の〝象徴〟といふ字は正にさうなんです。シンボルですナ。陛下は日本てえものを人間にしたやうなもんですね。日本のいい所だけ集めて、ですよ、うん。正にシンボルです。[49]

ここでは、日本という国家の「象徴」として天皇の存在を認め、象徴天皇制への支持が明らかにされている。辰野・徳川・サトウともに、天皇と直接会ったことで、こうした認識をより強めたと発言していた。このように、文化人を通しての象徴天皇像の定着が図られようとしており、天皇との会見はそのために実施されたのではないだろうか。

文化人と象徴天皇

このような文化人と天皇との接触は、すでに一九四七年から少しずつ見られ始めていた。関西巡幸途中、京都御所に作家の谷崎潤一郎、歌人の吉井勇、川田順、言語学者の新村出が呼ばれ、「天皇と同じお茶お菓子を食べながらうちくつろいで語るという型破りの」座談会が行われた〔朝日47・6・11〕。彼らの文学論に対し天皇は微笑しながらうなづいたと紹介され、記事は「陛下をかこんでこんなうちくつろいだ文学放談ができるなんて隔世の感がある」と結んでいる。文化人と天皇が接触し、くつろいで座談するという行為が、天皇像の「民主化」を表象していた。新村はこの時の様子を「風薫る京の大宮御所」という文章にし、『文藝春秋』に掲載しているが[50]、後に文藝春秋社はこの新村の文章を含めた『天皇陛下』という著作を出版している[51]。この中には、徳川夢声「聖天子と不良三人」、吉井勇「陛下笑ませ給ふ」、鏑木清方「靴の音」、久保田万太郎「九月二十八日」、宇野浩二「御前文学会議」が収録されている。いずれも、天皇と会った文化人がその時の様子を文章や短歌にしたものである。その中では、会見時の天皇の反応などが詳細に描写されるとともに、天皇の性格や「民主化」された像も強調されている。

この『天皇陛下』と同じ月、『天皇の印象』という著作も出版された[52]。この中には、作家の長与善郎、辰野隆、田中徳ら一八名らの文化人・新聞記者らの文章が収録されているが、いずれも天皇と会ったことが話題となっており、天皇との会話の内容が事細かに記されているのが特徴である。冒頭に収録された安倍能成学習院院長は、「かうしてわりに自由な気持で陛下の御ことを書けるやうになつたにつけても、時勢の変化を思つて感慨実に無量である」と書き始めている。安倍は、天皇と直接接触できること、そしてそれを文章にできることが「民主化」された天皇像を示していると強調していた。そして、彼らの文化的素養を理解することができる天皇を「人間」として「敬愛する」と述べた。彼らがこのような文章を執筆することで、天皇の文化人的側面が表出され、文化的な象徴天皇像が形成されていく。『天皇の印象』に収録された辰野隆「身にあまる事ども」[53]によれば、天皇と文化人を積極的に会見させたのは、田島宮内庁長官、三谷侍従長、そして安倍であった。彼らは文化人との交流によって、文化という概念を象徴天皇像に組み込んでいった。そして文化人が天皇との会見の様子を文章化することで、そのような天皇像が広く伝わっていくことになる。

第四章　揺れる象徴天皇像

1　天皇権威の再編成とそれへの反発

一九五一年一一月一日、京都大学

「はじめに」で述べたように、日本国憲法では天皇は「象徴」と規定されたものの、明確な定義づけがなされなかったため、その概念に込められたものは様々だった。一九五一年一一月、その様々な象徴天皇像が相剋となって表出する事件が起きた。京大天皇事件である。本章では事件を詳細に検討することで、一九五〇年代初頭の象徴天皇像を明らかにしたい(1)。

まず最初に、事件の象徴的な出来事である一一月一二日の京大での学生の行動を示しておこう。京都・奈良・滋賀・三重巡幸中の天皇は一二日に京大を訪問した。正門には何本かのプラカードが立ち、約二〇〇〇人の見物人が集まっていた。その大多数は「誰だつて天皇の顔がみたい(2)」というように、興味本位で集まっていたと思われる。午後一時すぎ、『毎日新聞』の車が「君が代」を流し始めたため、見物していた京大生らは刺激され、一部が「平和の歌」(「平和を守れ」とも言われる)という歌を歌い、列を崩して天皇が到着した大学本部玄関に向かって殺到し始めた。天皇はそのまま大学内に入り、学生は

京都大学を訪れた天皇と、とりまく学生（京都大学大学文書館提供）

一度は沈静化したが、警官が大学に進入したことで再び刺激され、一部による歌は多数による合唱へと発展していった。三時すぎ、予定を終えた天皇が車に乗り込んだ時も合唱は続いていたが、その進路を妨げるような行為はなく、天皇は何事もなく京大を後にした。「平和の歌」を歌い、一部が警官と小競り合いをしただけの出来事であった[3]。

天皇に対して何らかの危害が加えられたわけではなかったが、翌日の新聞や国会で学生の行動が大きく取り上げられ、京大生は「不敬」「極左」と批判されることになる。なぜ京大生は批判されたのか。前後の状況を解明すると、その原因が象徴天皇像の相剋にあることに気づく。

吉田茂内閣の皇室政策

相次ぐ共産主義国の誕生・朝鮮戦争勃発・現実味を帯びる片面講和独立という状況は、吉田内閣に対して、共産勢力などの国内統治における不安定要素の除去、占領終了後のGHQに代わる統治権威の必要性という課題を突きつけた。吉田は象徴天皇制の権威を再編成することでその課題を克服しようと試みていく。

吉田は「皇室を政治、宗教、文化など、社会のあらゆる方面における精神的、道徳的中心[4]」とするために、皇室儀式を「国民の祭典」にすることで皇室を民衆の中心に位置づけ、権威づけようとした[5]。こうした民衆と皇室との関係については、吉田内閣の中でも特に天野貞祐文相が活発に構想を示している。天野は共産党の勢力の拡大の原因を愛国心の欠如と考え、日の丸・君が代の復活、道徳教育推進を計画した。そして「国家の道徳的中心は天皇にある」と発言し、愛国心教育の中心に天皇を据えるため、「国民実践要領」の作成を発表する［参本会議51・10・15］。

天野は、日本が歴史的に「同じ皇室を戴き」一つの民族を形成してきた「運命協同体」だと規定し、共同体＝国家の価値は「国民の持つ道義性と、文化の創造力」によって決定されると主張した。そして、天皇は共同体を民衆に見せる「感覚的存在」だと言う[6]。第一章で検討した象徴天皇制擁護論と同様の意見展開である。また、天皇と国家を文化という同じ価値基準で論じて、独立後に目指す国家像と象徴天皇像をリンクさせ、共同体＝国家を「身体で表している」天皇に対する敬愛へと直接的に結びつけた。天皇を国民・国家道徳の中心に置き、ナショナルアイデンティティーを体現する存在にしようとしたのである。

吉田も、歴史的・伝統的に皇室と民衆は「一体不可分」で、そうした関係こそが「国家秩序の根源」であると主張する[7]。吉田と天野は天皇を中心に民衆がその中に包摂される秩序枠を形成し、天皇の精神的影響力＝天皇権威の内部に民衆を位置づけようとした。それは、敗戦後のシステムに適応するような形（日本国憲法の理念の具体像である「文化平和国家」の道徳秩序の中心）として、天皇権威を再編成しようとした結果であった。天皇の権威を背景にして内閣が他の権力機関に対し優位を保ち、安定的な統治が行われていた大正期の政治システムを理想としながら、軍部の独走を許してしまった経験から、天皇に権威も権力も集中することは危険視し、天皇の権限＝権力を戦前のように復活させる憲法改正には消極的であった。

天野の構想は、天皇が国家規範の中心となり得るような位置づけを与え、「国民実践要領」という具体的な徳目の形式で天皇の地位を規定するものであり、人々に敗戦前の教育勅語を想起させた。こうして国民実践要領は、「再び天皇を神格化す《ママ》一歩手前」〔読売51・11・23投書〕と反発され、吉田内閣の推進する政策は逆コースとして批判されることになる。

京都への巡幸の意味

次に、京大来学を含む関西巡幸について考える。この巡幸は元々、「戦災地に重点をおかれ、また日本再建に働く人々と直接言葉を交わ」す〔朝日51・5・15〕全国巡幸の一環として六月に予定されていたが、五月の貞明皇后死去により延期になった。それが一〇月になると急に一一月実施の方針が報道され、閣議決定される。京都府では一〇月から急ピッチで準備を進め、宮内庁による下検分も慌ただしく行われた[8]。巡幸時は未だ貞明皇后の喪が明けておらず、正式決定から約一カ月という短期間での実施は異例であった。なぜそのように急いで、それもこの時期に、巡幸を実施しなければならなかったのだろうか。

この巡幸には人々を激励するという本来の目的の他、京都府関係者が「講和を機会に各地に新生日本への激励のため、まず京都を行幸する」〔学園51・11・5〕[9]と述べたように、講和独立という視点が加わっていた。サンフランシスコ平和条約は同年九月八日に調印されて国会では批准審議が行われており、巡幸中の一一月一八日に条約は批准され、翌日の奈良で天皇は「〝歴史的〟認証」〔東京大学学生51・11・22社説〕を行った[10]。講和批准に皇室の発祥の地をめぐる巡幸を付加することで、「『タイムリー』な対国民的効果」を持つことになったのである。関西巡幸によって、日本という国家のルーツを体現する存在として天皇をアピールするとともに、日本を新たに出発させたのも天皇だと印象づけた。

また、巡幸が「政治的背景」[11]を持った「全国的に強い京都の平和勢力を粉砕するためのデモンストレーション」［学園51・11・12］だとする考え方も広まっていく。京都は社会党・共産党を中心とした民主戦線統一会議が一九五〇年に蜷川虎三知事・高山義三市長を当選させるほど革新勢力が強く[12]、市役所職員などの労働運動、京大を中心とした学生運動も盛んだった。そのためにこうした意識はより強くなっていったのである。巡幸に政治的意図があったかどうかはわからないが、重要なのはそのような意図があると受け取られたことだろう。その素地は充分にあった。例えば一九年ぶりに天皇を迎える事になった舞鶴地方では、訪問場所が市役所の他、飯野舞鶴製作所に限定されていた［京都丹後版51・10・23］。飯野は造船という先端産業を担っていたため、その見学を目的とした天皇の訪問は妥当である。しかし労組の勢力も強い会社であったため、訪問先が飯野に限定されたことで、その運動を潰すために天皇訪問が利用されるのではないかと受け取られた。

そしてこの意識により拍車をかけたのが巡幸の準備風景だった。天皇訪問予定場所の壁の塗り替えや道路補修・清掃が「お化粧」と称して各地で行われた[13]［京都丹波版51・11・7、同51・11・23］。蜷川知事は天皇の視察コースを訪問予定時間通りに辿る予行練習を行い［京都丹波版51・11・6］、奉迎者に「礼を失しない」ような服装を求める心得を出す［京都丹波版51・11・3］など、行政は万全の態勢で準備を進めていった[14]。警備も強化され、京都中が過剰とも言えるような雰囲気の中で天皇を待ち受けていた。

しかしこの万全の体制こそ、まさに敗戦以前の天皇制を想起させるものであった。騒動後に京大生を激しく批判していく『京都新聞』でさえ、「必要以上に形式ばった奉迎の準備と目に余るような過度の警衛がなされている」と指摘し、「それが行過ぎてウソをお目にかけるのはよろしくない」と行政の準備態勢を批判していた［京都51・11・10社説］。行政の対応は逆コースの政治状況と重なり、次第に敗戦前の「天皇の名」による強力な国家統制を思い起こし、巡幸自体に対しての批判とともに天皇制への批判へと拡大していく。

学生による象徴天皇像と公開質問状

敗戦後の学生運動にとって、一九五〇年の朝鮮戦争勃発が与えたインパクトは計り知れない。敗戦後を民主的で開放的な雰囲気だと認識していた京大生は、朝鮮戦争が「暗い時代」へ逆戻りするきっかけになるとの危機感を抱くようになった。しかし占領下のため、彼らはＧＨＱを批判するような運動を展開できずにいた[15]。このように行動を制約された状態は、彼らに敗戦前の社会を想起させ、不満や危機感を募らせていく要因となる。

また片面講和では東西対立に巻き込まれ、その時自分たちが徴兵されるのではないかと危機感を持ち、再軍備問題に大きな関心を示すようになった。当時の大学生の中には軍隊に従軍していた者も多く、再び天皇の軍隊が作られることへの強烈な拒否感が存在していた[16]。だからこそ天皇権威再編成と再軍備が同時進行する現状を見、「今日の日本再武装と軍国主義復活の『象徴』としての任務を与えられ、有効な役割を演じつつある[17]」と、天皇を逆コースの表象と捉えていく。

そして、天皇が巡幸にやって来ることは逆コースそのものがやって来ると捉えられた。京大は一九三三年の滝川事件の影響から自治会である同学会を中心に大学自治への関心が強く、それまでにも何度か大学当局や警察との衝突を繰り返していた。こうした事実から、天皇が運動を潰す「政治的背景」を持って京大に来ると考えるようになるのは自然なことかもしれない。しかし、天皇来学の知らせを受けた京大の学生自治団体である同学会は、天皇を「歓迎もしなければ、拒否もしない」、「一個人として迎え、大学と学生生活のありのままの姿を見て貰う」との方針を打ち出し[18]、象徴天皇をあくまで一人の「個人」として扱うことにした。

同学会は一方で、天皇への公開質問状の作成を試みる。この公開質問状執筆の動機は京大共産党細胞（京大における共産党の支部）によるもの[19]だが、執筆者の同学会執行委員中岡哲郎は当時共産党員ではなかった。質問状は天皇来学以前から公表されており、これまで学生が漠然と抱いてきた不満や恐怖感を明確な言葉で文章化した「切実な訴えでもあり決意」として、学生の精神的支柱化していた[20]。その文面は、吉田内閣の天皇権威再編成政策の問題点を痛烈に批判するにとどまらず、天皇制という制度自体が持つ問題にも鋭く切り込み、それを世に問おうとしている。前文は次のような言葉から始まる。

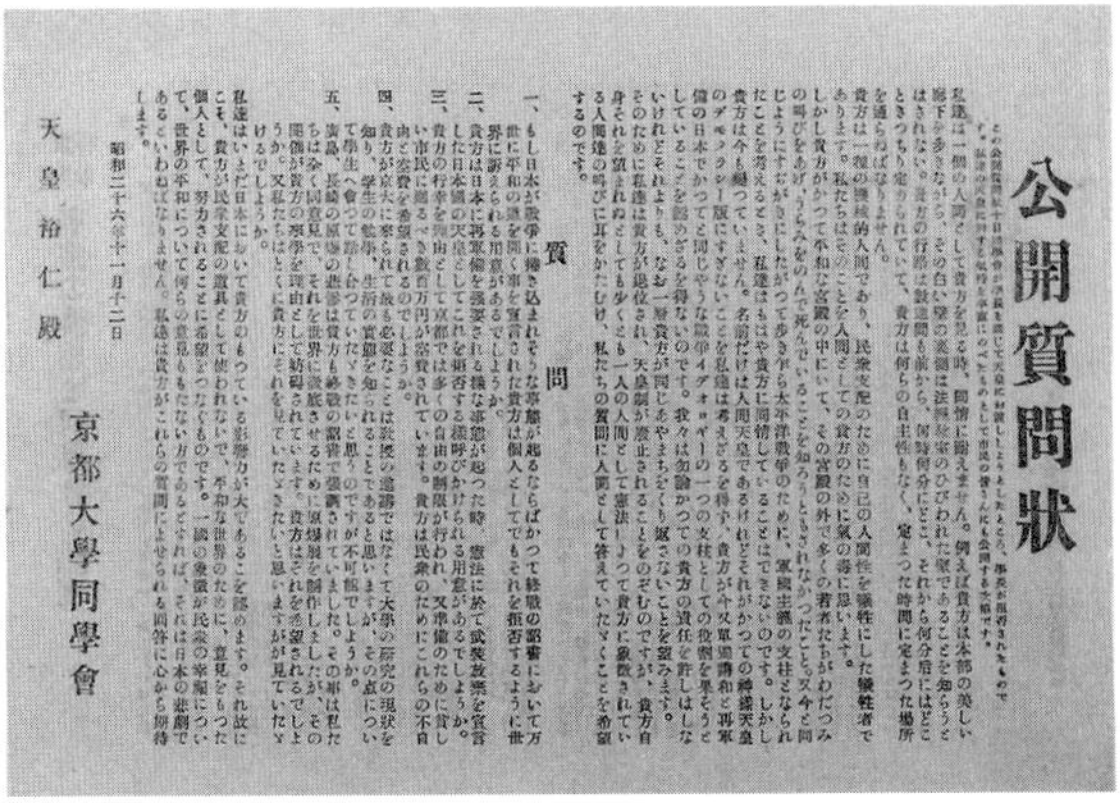
公開質問状

この公開質問状は十日同学会が学長を通じて天皇に対談しようとしたところ、学長が拒否されたものです。私達の天皇に対する気持を率直にのべたものとして市民の皆さんにも公開する次第です。

私達は一個の人間として貴方を見る時、同情に耐えません。例えば貴方は本部の美しい廊下を歩きながら、その白い壁の裏側は法経教室のひびわれた壁であることを知ろうとはされない。貴方の行路は数週間も前から、何時何分にどこ、それから何分后にはどこときつちり定められていて、貴方は何らの自主性もなく、定まつた時間に定まつた場所を通らねばなりません。

貴方は一種の機械的人間であり、民衆支配のために自己の人間性を犠牲にした犠牲者であります。私たちはそのことを人間としての貴方のために気の毒に思います。

しかし貴方がかつて不和な宮殿の中にいて、その宮殿の外で多くの若者たちがわだつみの叫びをあげ、うらみをのんで死んでいることを知ろうとされなかつたこと、又今と同じようにすおがきにしたがつて歩き乍ら太平洋戦争のために、軍国主義の支柱となられたことを考えるとき、私達はもはや貴方に同情していることはできないのです。しかし貴方は今も變つていません。名前だけは人間天皇であるけれどそれがかつての神様天皇のデモクラシー版にすぎないことを私達は考えざるを得ず、貴方が今又單獨講和と再軍備の日本でかつてと同じやうな戦争イデオロギーの一つの支柱としての役割を果そうとしていることを認めざるを得ないのです。我々は勿論かつての貴方の責任を許しはしないけれどそれよりも、なお一層貴方が同じあやまちをくり返さないことを望みます。そのために私達は貴方が退位され、天皇制が廃止されることをのぞむのですが、貴方自身それを望まれぬとしても少くとも一人の人間として憲法によつて貴方に象徴されている人間達の叫びに耳をかたむけ、私たちの質問に人間として答えていたゞくことを希望するのです。

質　問

一、もし日本が戦争に捲き込まれそうな事態が起るならばかつて終戦の詔書において万世に平和の道を開く事を宣言された貴方は個人としてでもそれを拒否するように世界に訴えられる用意があるでしょうか。

二、貴方は日本に再軍備を強要される様な事態が起つた時、憲法に於て武装放棄を宣言した日本國の天皇としてこれを拒否する様呼びかけられる用意があるでしょうか。

三、貴方の行幸を理由として京都では多くの自由の制限が行われ、又準備のために貧しい市民に飽るべき數百万円が浪費されています。貴方は民衆のためにこれらの不自由と浪費を希望されるのでしょうか。

四、貴方が京大に來られて最も必要なことは教授の進講ではなくて大學の研究の現状を知り、学生の勉學、生活の實態を知られることであると思いますが、その点について學生へ會つて話し合つていたゞきたいと思うのですが不可能でしょうか。

五、廣島、長崎の原爆の悲劇は貴方も終戦の詔書で強調されていました。その事は私たちは全く同意見で、それを世界に徹底させるために原爆展を製作しましたが、その開催が貴方の來學を理由として妨碍されています。貴方はそれを希望されるでしょうか。又私たちはとくに貴方にそれを見ていたゞきたいと思いますが見ていたゞけるでしょうか。

私達はいまだ日本において貴方のもつている影響力が大であることを認めます。それ故にこそ、貴方が民主支配の道具として使われないで、平和な世界のために、意見をもつた個人として、努力されることに希望をつなぐものです。一國の象徴が民衆の幸福について、世界の平和について何らの意見ももたない方であるとすれば、それは日本の悲劇であるといわねばなりません。私達は貴方がこれらの質問によせられる回答に心から期待します。

昭和二十六年十一月十二日

天皇裕仁殿

京都大學同學會

公開質問状（京都大学大学文書館提供）

一個の人間として貴方を見る時、同情に耐えません……貴方は何らの自主性もなく、定まつた時間に定まつた場所を通らねばなりません。貴方は一種の機械的人間であり、民衆支配のために自己の人間性を犠牲にした犠牲者であります。私たちはそのことを人間としての貴方のために気の毒に思います[21]。

ここでは、質問状が天皇に対して「貴方」と呼びかけていることに注目すべきであろう。敬称の「陛下」でもなく、揶揄する「ヒロヒト」でもなく、あえて「貴方」であった。

そうすることで、天皇が自分たちと対等な立場の人間であるという観点を徹底的に強調する。質問状は、「人間」である天皇が統治のために政治権力に利用され、人間性を犠牲にしていることに対して「同情」すると述べるが、次のように続けている。

太平洋戦争のために、軍国主義の支柱となられたことを考えるとき、私達はもはや貴方に同情していることはできないのです。しかも貴方は今も変わつていません。名前だけは人間天皇であるけれどそれがかつての神様天皇のデモクラシー版にすぎないことを私達は考えざるを得ず、貴方が今又単独講和と再軍備の日本でかつてと同じやうな戦争イデオロギーの一つの支柱としての役割を果たそうとしていることを認めざるを得ないのです……そのために私達は貴方が退位され、天皇制が廃止されることをのぞむのですが、貴方自身それを望まれぬとしても少くとも一人の人間として憲法によつて貴方に象徴されている人間達の叫びに耳をかたむけ、私たちの質問に人間として答えていたゞくことを希望するのです。

この前文の後、天皇に五つの項目を質問し、「平和な世界のために、意見をもつた個人として、努力されることに希望をつなぐものです」と文章を結んでいる。

中岡はなぜ、天皇が「人間」であることを強調したのか。その理由は二つある。第一に日本国憲法の影響である。人類普遍の原理として、学生は日本国憲法を理想化していた［学園51・5・21］。吉田内閣の一連の政策は戦前の社会に揺り戻すものだとの認識から、中岡はそれへの反省を踏まえた憲法の理念である「人間」という概念を強調することで天皇権威再編成政策を批判し、彼らの思考する憲法の理想像へと立ち返らせようとしたのである。

理由の第二は、中岡が突き詰めて考えた結果、天皇個人を一人の「人間」として取り扱ったからに他ならない。巡幸準備にあたって京都駅では天皇の通る道から見える柱の三面だけ塗り替えられ〔学園51・11・23〕、京大でも天皇訪問場所のみが修理されたことに対し、「表面糊塗」(22)であると批判した。それは、天皇を「虚飾をもつて迎えんと」〔名古屋大学51・11・25論説〕しているという批判にも広がっていく。こうした「表面糊塗」が、天皇は予定コースしか見学しないような「機械的人間」であると想定しており、「迎える人間に対して侮辱になってい」ると中岡は感じていた(23)。彼はそのように「自分たちが軽蔑している人間を戴いて、それで国を作ろうと」していることに疑問を持つ。だからこそ「天皇を徹底的にわれわれと対等の場所に置く、対等の場所において、対等の人間に対する呼びかけとして書く、それはある意味でぼくの天皇に対する敬意だという、そういう考え(24)」を持ち、天皇を「貴方」と呼びかけたのである。

そして権威を再編成していく天皇を自分たちと全く対等の立場の「人間」として扱うことで、天皇権威を受け入れる民衆から反発を浴びて「民主主義を標榜し、理性の旗をかかげる社会の中に、そこだけは理性の貫徹をゆるさない一角、それにふれたとたんさまざまな非合理な心情が一挙に噴出してきて、理性を恐怖にさせる一角(25)」が噴出するのを想定していた。そうすることで、吉田内閣の天皇権威再編成政策、そして天皇制の問題点を表出させようとしたのである。他の学生も天皇を「人間」として扱うことに対し、「たとえ国民の象徴といつても天皇は人間なんです(26)」という後の文章が示すように、多くが共感を持って受け入れていった。

大学当局は当然のことながら公開質問状の取り次ぎを拒否する。大学当局の対応や警察・行政へも「不満がもちあが」り〔学園51・11・12〕、「波乱を予想させ」た〔一橋51・11・10〕。こうして天皇来学の日を迎え、見物に来た京大生らを同学会がコントロールすることはもはや不可能であった。そして学生の行動は起こったのである。

2　象徴天皇像の相剋

天皇来学直後の反応と政治的利用の側面

天皇の京大訪問直後、同学会も大学当局も学生に責任はなく、偶発的に起こった出来事だとの見解を取った[27]。マスコミも当初、『毎日新聞』が「京大で急進学生がさわぐ」という記事で概要を簡単に説明する程度で何ら批判は加えておらず〔毎日51・11・12（夕）〕、『朝日新聞』にいたっては全国版夕刊ではまったく報道されなかった。しかし宮内庁関係者の認識は異なっていた。入江相政侍従は「予期してゐたことではあるが……馬鹿声でインターナシヨナルを歌ひ続けてゐる。低劣な事だ……今までに一度も起こらなかつた事」〔入江51・11・12〕と深刻に受け止めていた。田島道治宮内庁長官も最中に京大から内閣へ電話報告をし、夜になると「東京では大問題になってい」た[28]。

そして翌日の朝刊からマスコミの姿勢は一変し、学生を批判していく。一二日夜に学生の行動が「事件」化していく端緒となったのである。『京都新聞』は京大生の行動をセンセーショナルに取り上げ、日本国憲法制定によって「新しき敬虔の情」を持ってきた天皇に対して、「平安の都として皇室につながっていた美しき市民感情を汚損し」たと激しく糾弾している。そして、行動を起こした「学生の風上にも置けぬ」ような「左翼小児病的レジスタンス趣味の一部の学生」は「日本人でもない」とまで言い切った〔京都51・11・13社説〕。

政府でも吉田が天野らに対して今後の対策を指示し〔京都51・11・14〕、天野は衆院本会議で学生の行動の概要を説明した。それを受けて委員会レベルでも取り上げられていく。

一二日の京大での出来事は共産党の指導に基づいた急進的な大学生による行動と位置付けられ、共産党批判・取り締まり強化要求へと発展していく。翌日の新聞に掲載された京都市警情報では、「日共府委員会幹部と京大生との秘密会合がもたれ」た「計画的な」結果、京大生は行動を起こしたと断定していた［毎日大阪版51・11・13］。共産党による計画説が翌日にはすでに登場しているのである。学生批判の枠組みはこの記事によって形成された。共産党陰謀説はこの後、あらゆるマスコミで報道され、流布していくことになる。当時、共産党が掲げていた武装闘争方針も、陰謀説が広く伝播する原因となった。

新聞報道を受け、国会でも自由党の岡延右衛門が、京大生の行動は計画的で「単なる象徴たる天皇、すなわち政治に対して全然権限を持たないところの天皇に対して、そういつたような難くせをつけようというところに、共産党一流の暴挙」があると述べ、学生と共産党を結びつけて批判を展開した。岡は、南原繁東大総長らが提唱していた全面講和論が大学生を「アジつて」おり、それが学生運動の高揚や今回の出来事の遠因ともなったとして大学管理の強化を主張した［衆文部51・11・13］。彼は治安の維持を念頭に、つまり大学・共産党への管理を強化するために京大生の行動を国会で取り上げたのである。

陛下巡幸と京大生のデモ
市民から鋭い批判
礼儀わきまえぬ
一般庶民以下の行爲だ
あきれはてた行動
素直な気持で奉迎できぬか
エチケットを知らないね
非常に残念だ

学生を批判する記事［京都51・11・13］

第三倶楽部の世耕弘一もこの議論を熱心に展開した議員の一人であった。世耕は学生の行動を「国民の象徴が蹂躙された……憲法問題ではない……われ

入江相政

われ国民の体面問題」とし、「国際的に知れたときには、非常に治安に不安を感じさせる……対外的関係から見ても、日本再建に非常に思わしくない」と非難する。そして「非常識」な大学生、「いわくつきの大学」が起こした「計画的」で「政治的なもの、政治性を含み、思想的な行動であ」ったと糾弾し、共産党と結びつけて治安対策を進めようとした［衆法務51・11・14］。

これら国会での議論は新聞報道を基に展開されており、独自の調査を踏まえたものではなかった。以後も一三日に提示された共産党陰謀説による学生批判・治安強化要求が堅持されていく。京大での出来事をきっかけにして大学管理強化・治安強化を目指す動きが高まり、学生の行動は政治的な意図を持った犯罪事件として取り上げられていくようになる。

このように新聞報道しか情報のない状況の中で、共産党による陰謀説が国会において議論された一つの要因は、当時の政治状況からの要請であった。それまでも国会では国民実践要領や大学管理の問題、治安対策が議論されており、京大での学生の行動はこれらの問題を吉田内閣に対して有利に、そして早期に実施させるために利用できるものであった。天皇に対してデモを行った大学生・大学を自由にさせておくべきではない、その背後には共産党の影がちらついている、今後同様の動きを防ぐためにも大学管理・共産党対策を強化しなければならない。こうした結びつきを作るため、ほとんど情報のない翌日から異例の早さで学生の行動が国会で取り上げられたのである。彼らにとって共産党が本当に関係していたかどうかは、はっきり言えばどちらでもよかったのではないだろうか。その意味で天皇は「政治的に利用」されたのである。

国会での大学管理・治安強化を求める議論に対し、京大生は「滝川事件の二の舞をするな」「学園51・11・26」とのスローガンを掲げ、大学管理強化への抵抗は強くなった。しかしその瀧川幸辰は、大学の自治は「研究の自由」のみで、「天皇の大学訪問に際し……大学が警察の応援を求めるのは当然」と述べ、学生を批判した［中部日本51・11・26］。この滝川の態度は京大生からの失望を買ってしまい、それまでは「第二の滝川事件」と捉えていた京大生は、事件を総括するパンフレットの中で『幸徳秋水事件』を思い出」すと記したように[29]、大逆事件を想起するようになった。ここで京大生は「国体」について言及して弾圧された事件を自分たちの境遇になぞらえ、戦前の「国体」が逆コースによって復活してきている、自分たちへの批判はまさにその表れだと感じたのである。

ところで、学生の行動は本当に共産党の指導によるものだろうか。前述のように公開質問状執筆の動機を与えたのは京大共産党細胞だったが、それが共産党の党の方針と言ってしまうのは早計であろう。当時の共産党には分裂に伴う混乱から、党としてこのような行動を起こす決定力があったかどうか、疑問が残るからである[30]。たしかに学生運動は共産党の影響を大きく受けていたが、京大は特に共産党からの自立化の傾向が強く、同学会役員も共産党細胞でないものが多数であった。京大共産党細胞は天皇訪問にあたってプラカードや赤旗を掲げる計画を立てていたようだが、実際には数本のプラカードにとどまったことから推測すれば、その影響力がストレートに繋がったと見るのは自然ではない。つまり党として「新攻勢」を仕掛けたと見ることも、京大共産党細胞による計画的な行動と見ることも難しい。前述のように吉田内閣による天皇権威の再編成・再軍備などの政策によって、それまで鬱積していた京大生の不安や不満が天皇巡幸時に突然流れた「君が代」をきっかけに表出されたのではないだろうか。

「伝統・慣習」による象徴天皇像

京大生の象徴天皇像について、『東京新聞』社説は次のような批判を展開している。「国務と神格から解放されて、公には国の象徴、私的には一世帯主になられた天皇」には権力がなくなった。質問状という「直訴行為」は「彼等が否定する天皇の権威を、彼等自身で増大する恐れをあえてして」しまい、民衆に「権限が天皇にあることを錯覚させる」行為になると［東京51・11・13社説］。『毎日新聞大阪版』社説でも、天皇は「天皇制そのものを議論する政治的地位におられるのではない」から、質問状を出すことは「余りにも非常識な、そして礼を欠いた仕草であ」ると展開された［毎日大阪版51・11・17社説］。

これらの議論は、日本国憲法制定によって象徴となった天皇には政治的判断を下すような権限はなく、ラディカルさを自負している京大生が公開質問状という行為によって天皇に何らかの決断を求める、つまり戦前の古い天皇観に基づいて天皇に権力があることを認めてしまっており、同学会の主張と行動は矛盾していると言う。しかし中岡がこうした批判を覚悟しており、まさに「権限が天皇にある」ようになりつつある危険性を表面に浮き彫りにするために質問状を執筆したことは前述したとおりである。

ところで『毎日新聞』社説が、象徴天皇に意見を述べることは「礼を欠いた」行為だと批判しているが、この「礼」とは何だろうか。

自由党の佐瀬昌三は、学生批判の根拠を「われわれ日本国のよい伝統と、しかして民族の確信に基くならば、やはり天皇の地位というものは、法以前のものとして国家的な確固たるものが存在されておる」［衆法務51・11・21］と述べ、天皇の存在は憲法の規定よりも、慣習的なものを優先させて考えるべきと主張した。民衆が天皇を敬うという歴史的伝統があるのだから、京大生は天皇を歓迎しなければならなかったと言っているのである。

しかもそうした天皇像は議員だけのものではなかった。参考人として国会に招かれていた服部峻治郎京大学長は、次のような興味深い発言をしている。

日本人である以上は、幾らがさが言うておつても、いざとなれば、これは陛下に対する適当な敬意を表するのとかたく信じておつたわけでありますが［衆法務51・11・21］。

どんな主義主張を持っていたとしても日本人ならば最終的に歓迎する存在、それが天皇であるという服部の感覚こそ、議員やマスコミが言う「礼」と同義ではないか。その根底には、慣習・伝統によって存在する天皇の地位が想定されていた。彼らにとって象徴天皇とは、佐瀬ら議員や吉田首相が主張していたような、法以前に歴史的に形成されてきた、民衆と一体不可分の存在だった。一体不可分の国家秩序の中心だからこそ、天皇は歓迎されなければならず、京大生は伝統を踏みにじった秩序の破壊者＝共産主義者として批判されたのである。

こうした一連の感覚に対して、「共産主義者の行われ《ママ》たことに対しましては、我々としても肯定できない」と批判していた右派社会党の伊藤修は、次のような鋭い指摘をする。

［一連の審議は］いわゆる神聖にして侵すべからずというような考え方の下に質問されている……日本の政治を行う中心のかたがたは、天皇をいつも利用しようとする考え方がある……［京大天皇事件に関する質問の］根底に流れる思想というものは、少くとも旧憲法時代の天皇というものに憧れている……［参法務51・11・15］。

伊藤は学生を批判する側の底に旧憲法の天皇像が流れていると指摘し、その意識の下に審議がおこなわれ、治安対策などが実行されていくことに疑問を呈した。実際、国民民主党の一松定吉は「不敬罪という犯罪の廃止されたからというて、我々の象徴である、日本国民の一番尊敬すべき、一番大切にすべきそのお方」に対して「こういう無礼な」行動をする大学生を取り締まるため、大学へのレッド・パージ徹底を主張するが［参法務51・11・13］、ここで一松が不敬罪について持ち出したことは注目すべきだろう。彼は象徴としての天皇の権威を維持するためには何らかの法的措置が必要であると考え、そこから戦前の不敬罪を導き出した。このように不敬罪を持ち出すこと自体が、「旧憲法時代の天皇というものに憧れている」と伊藤に批判されていたのである。

象徴天皇を自分たちと全く同じ「人間」であると言ってしまう公開質問状は、こうした感覚を残していた批判側の天皇に対する意識を逆撫でするものであった。だからこそ彼らは学生に対して猛反発し、学生の行動を大きく取り上げて事件化させ、権威ある天皇像を前面に出して治安対策を要求したのではないか。学生を批判する側はその根底で、象徴天皇には歴史的に培われてきた民衆への影響力＝権威が存在すると考えていたため、公開質問状が指摘した天皇権威再編成の問題には正面から取り上げず、憲法によって天皇には権限がなくなったと強調し、天皇を歓迎する根拠として伝統・慣習を持ち出した。そしてそれに基づく治安対策を主張していったのである。

権威のない象徴天皇像

これに対して、他大学生もそれぞれの学生新聞で京大生の行動・その後の反応を大きく取り上げた。それらの意見はおおよそ次の二つに特徴づけられる。

第一に、「実質的な象徴の権威の増大が一方ではかられており……象徴という非政治性に基礎をおいてもっとも政治的な役割を果たされることを恐れる」［一橋51・11・20論説］というような、吉田内閣の政策に対する批判である。彼らは一連の動きを「天皇をまつりあげることによって日本国民のイデオロギー的再統制をはかろうとする支配階級の企図」〔東京大学学生51・11・22論説〕であるとして、吉田内閣やマスコミを批判した。

第二に、「巡幸は決して国民の明るい面ばかりをみせるのが全てではない……大学は決して天皇のために存在するものではない」〔名古屋大学51・11・25論説〕というような、巡幸における虚飾を批判したものである。こうした虚飾が「『何か知らねどただありがたき…』という神格視する国民感情養成の訓練の一つ」〔立命館学園51・11・20論説〕になると、第一の批判に展開していく。

このように、彼らは吉田内閣の目指す象徴天皇像に危機感を持ち、そうした危機感が形となって表れたのが京大での学生の行動だとの認識していた。そしてその後の国会やマスコミによる反応こそ、天皇権威が再編成されている証拠であると考えたのである。

知識人からも歴史学者の林屋辰三郎が、「民主国家に於ける天皇に対する考え方に、相当大きなひらきがあるように思う……社会一般が、なお天皇に対して君主制的な考え方をしているのではなかろうか」と述べ〔立命館学園51・11・20〕、天皇観の世代ギャップを指摘するとともに、高い年代に見られる旧意識的な「君主」としての天皇という考え方を批判し、こうした意識の残存こそが学生の行動をセンセーショナルに取り扱った原因であると分析した。[31] このように京大生を擁護する知識人たちは、京大での出来事がなぜこれほどまでに取り扱われるようになったのかを考え始めていた。

末川博立命館大学総長も、「社会自体が天皇について、もっと冷静にならないといけない」と、こと天皇制の問題になると敏感に反応する社会の意識を問題視し、「陛下を神格化してかつぎまわるような印象を与える当局者も考えてほしい。ありのままをお見せして、なぜ悪いか、何かを隠してお見せするのは、かえって陛下をあざむくもので、本当の国民の態度とは言えない」と述べ、京大生の行動に理解を示した［朝日大阪版51・11・15］。

同志社大学文学部長の竹中勝男も「御視察の先々には不当と思われる虚飾がほどこされていた……これほどに気を遣って天皇をお迎えしている(32)」と巡幸の準備体制を批判し、民衆の天皇制への意識を問題化していた。

林屋・末川・竹中らの意見の根底には、吉田内閣及び学生を批判する側とは異なった象徴天皇像があった。彼らは日本国憲法の成立によってそれまでとは天皇の性格は変化した、変化しなければならないと考えていた。巡幸において天皇にありのままを見せるよう求めたのは、公開質問状のように「人間」として天皇を扱おうとしたからだろう。その根底には、憲法を始めとして占領初期の「民主化」を理想とする考えがあった。彼らの中には学生を批判する側のような道徳的秩序の中心としての象徴天皇像はなかった。彼らが天皇権威を利用して円滑な統治を進めようとする吉田のみならず、それを受容する民衆をも批判の対象としたことはそのためであり、公開質問状と同様の問題意識を持っていたのである。それは、天皇制という制度自体に向けられた批判でもあったとも言えるだろう。

これまで見てきたことをまとめれば、象徴天皇に権威を感じるか否かによって、学生を批判するか擁護するかの別れ道になった。一一月一二日以前における象徴天皇をめぐる葛藤は、学生の行動が事件として大きく扱われていく過程の中で対立点が明確となり、象徴天皇像の相剋としてはっきりと表出した。天皇に権威を感じない側は吉田内閣による天皇権威再編成政策やその後の反応を逆コースとして批判するが、天皇に権威を感じる側にとってはその政策はむしろ当然のもので、そのため公開質問状が指摘した権威の問題点には触れず、天皇に権力が無くなったことを強調したのである。

民衆の反応

ところで、学生の行動が社会にインパクトを与え、マスコミや国会などでそれが取り上げられて学生批判が繰り返されたこと、また後述するように学生を擁護する意見も展開されたため、民衆も刺激されていった。それを示す興味深い史料が投書である。京都大学大学文書館に所蔵されている「皇室関係書類」には大学側に送られてきた投書が、「京大天皇事件関係資料」には同学会・京大新聞社などに送られてきた投書が収録されている。(33) これらはハガキ・書簡・電報など様々な形式で送られており、文面も一言からかなりの長文まで様々である。学生の行動が社会にインパクトを与えた結果、様々な人々から大学側・学生に対してこのような意見が寄せられたと考えられる。

表1は『皇室関係書類』に収録されている投書七四通、表2は「京大天皇事件関係史料」に収録されている投書五〇通を一覧表にまとめたものである。全一二四通中、学生の行動に対して賛成・支持する投書は七一通（五七・三％）、反対・不支持は四九通（三九・五％）、不明・どちらでもないは四通（三・二％）となっている。全体としては、支持・不支持がどちらかに偏っていることはない。これを史料群ごとに区別すると、大学側に届けられた投書七四通中（表1）、学生の行動に対して賛成・支持を表明する投書は二八通（三七・八％）、反対・不支持は四五通（六〇・八％）、不明一通（一・四％）であり、同学会・京大新聞社などに送られてきた投書五〇通中（表2）、学生の行動に対して賛成・支持する投書は四三通（八六％）、反対・不支持は四通（八％）、不明・どちらでもない三通（六％）である。同学会・京大新聞社などに送られてきた投書で学生の行動に対して賛成・支持する率が高いのは、他大学の学生団体などから賛成意見が多数寄せられたからだと思われる。(34)

大学側への投書はその多くが一一月であり、学生の行動やマスコミによる大々的な報道が直接的な契機となって投書という行動へと結びついたものと考えられる。一方、学生側への投書は日付がはっきり

表1　「皇室関係書類」所収投書（学生の行動に対して支持・賛成：○　不支持・反対：×　どちらでもない：△）

番号	差出人	日付	賛否	内容
1	京都市上京区山田善吉	11.14	×	京大生の暴挙を許すべからず、国外へ追放したい、死刑に処してもあきたらない
2	京都市民代表者	11.14	×	京都大学は解散していただきたい、常識では考えられない学生がいる
3	京都市右京区上田耕字	11.14	×	非常識極まる京大学生のデモ事件、暴力行為を許すべきではない、陛下に対する挑戦は我々国民に対する挑戦であり放逆、学生を放学処分せよ
4	関西大学学生一同	11.14	×	学生の不祥事、「インター」を高唱・暴挙、もっての外、品位・理知という点に疑問が持たれる
5	無名	11.14	×	学問の自由を唱えるのは理性を持った行動を取らない連中、事件に対する調査・処置を望む
6	岐阜県揖野郡温和村天野竜二	11.15	×	学生を処分せよ、常識はづれ、計画的事件、残念で泣けてくる、学生に社会的批判を受けさせよ
7	尼崎市西難波真野進	11.15	○	言論思想の自由が暴力によって脅かされている、学生は戦争に駆り出されないよう行動した、感激
8	大阪南区藤井太一郎	11.15	×	国民の顔に泥を塗った京大生、日本国民にあらず
9	東京都学生自治会連合	11.15	○	天皇賛美は単独講和・再軍備への意図と重なる、同学会への寛大な処置を求める
10	左京区一条東山大和幹国	11.15	×	京都市民にとって自慢の大学であったのに残念、暴挙、学長の断を切に待つ
11	下京区一商人	11.15	×	国民の血税で食べる国立大学、天皇様への非礼は未曾有の醜体、納得できる措置を期待する
12	大阪市東区北村徳二郎	11.15	×	かつて無き大不詳事件、学生の退学は無論、法を以て最大の厳罰を、戦前ならば死刑
13	愛国青年	11.15	×	非国民極まる行動、不敬極まる、厳罰に処す可き、重刑に処せよ
14	無名	11.15	×	学生の善導を、赤い学生は京大から追っ払って下さい

15	若松市幡掛正浩	11.15	×	出身大の不祥事に遺憾、学生に対し処分を要求
16	加古川市重松景彦	11.15	×	遺憾、人道の為の善処を求む
17	東京都民	11.15	×	吾等の天皇への不敬、学生を残らず放逐せよ
18	京都市一市民	11.17	×	学生の不穏断、処分を願う、日本の将来のために
19	無名	11.17	×	デモ参加学生全部退校を命ぜよ、幸原教授の即時退職を要求（新聞発表がけしからん）
20	大阪市憂憤生	11.17	×	非礼、学生を放校・退学処分にせよ、服部学長は退職せよ、大学の自重・奮起を望む
21	京都市無名	11.17	×	無礼・非常識極まるデモに痛憤、学生を放逐せよ、これまでの対策を改めよ、国民は赤犬を飼うために血税を払って居るのではない
22	京都市一市民	11.17	×	血税にあえいでいる市民のことを学生は知っていない、京大を閉校・廃校にすべし
23	大分県別府市一市民	11.17	×	学生の行動は由々しき大問題、退学させるよう大勇断を望む
24	東京都芳井原賢之助	11.17	○	学生の公開質問状の内容は国民が最も知りたいこと、戦争はコリゴリ
25	和歌山石野佐計武	11.17	○	天皇は退位すべきだった、天皇を迎える態度として当然、学生に敬意を表す
26	岐阜県高橋只一	11.17	○	事件を侘びる必要はない、若者の天皇観を率直に現しただけ、平和の歌がなぜいけないのか、学生に対する処置に憤慨を感じる
27	港湾労働組合大阪	11.17	○	同学会の行動を支持、それに対する弾圧に反対、退陣せよ
28	大阪民同	11.17	○	同学会解散に反対、学者の良心に帰れ
29	大阪市城東区山田秀夫	11.17	○	学生が妥当で学校側が非民主的、天皇に戦争責任があるのは明白、学生の行動は天皇制廃止こそ平和の途を開くと考えたからではないか、民主主義を迫害しないために善処を希望【「日本の再建は天皇制の廃止から」という別紙を同封】

30	憤慨生	11.17	×	お召車を囲んだ非国民学生を学外に放逐せよ、貴学のとった処置は適当
31	住民	11.17	×	遺憾千万、野蛮行為、我々はそんな学生を造る為めに高い税金を払っては居ない、学生を粛正してほしい
32	福山市三吉町吉田太郎	11.17	×	国家のシンボルたる八千万同胞の尊敬と平和を守らせ給う天皇陛下、以ての外の行動、かかる生徒を造る為め苦しい中を重税を払って居るのではない、大学は責任回避すべきではない、廃校せよ
33	南朝正統天皇協賛会	11.17	○	学生の行動は当然、天皇には戦争責任がある
34	無名	11.17	×	皇室を何と考えているのか、不敬
35	金沢市京大同窓有志一同	11.19	×	学生は共産党の手先、共産運動に充当するため血税を払っているのではない、退学処分にせよ
36	広島県野崎折	11.19	×	京大は最高学府、厳重な処分を求める
37	和歌山県和大学生	11.19	×	狂徒の行動、未然に防止できなかった京大の無力を痛感、左翼大学
38	大阪府堺市永井房太郎	11.19	×	教員の指導力不足、辞職せよ
39	徳島県一愛憲者	11.19	○	集会言論の自由、学生を処分すべきでない、天皇は人間なり
40	岡山県赤木久次郎	11.19	△	文意不明
41	東京大学学生自治会中央委員会	11.19	○	学生の行動を支持、学長は講和に対する積極的意思表示をすべき、学生の行動は危機を認識したもので学生らしい知性と機知に富む、大学の措置は「不敬罪」復活に繋がる
42	松山市無記名	11.19	○	同学会解散に反対
43	大阪市無名	11.16	×	京大は共産党の卵を造る学校ではない、学生は国体を理解していない、学生をソ連へ送れ、処分せよ
44	盛岡市武林和夫	11.16	×	労働歌、不愉快極まる事件、断固たる退校処分を

45	盛岡市瀧石熊三郎	11.16	×	労働歌、憤慨、学生の本分を忘れた不敬行動は許されない、退校処分を
46	愛知県一憂青想農者	11.16	×	誠に残念、非国民の行動、今後のためにも断固たる処分を
47	神戸市無名	11.16	×	不良学生を放り出せ、納税者の気持ちを考えよ
48	茨木市無名	11.16	×	遺憾の出来事、子どもっぽい行為、赤の大学、責任を負い退陣すべき、同学会委員を退陣させよ
49	東京都渋谷区父兄同志会	11.20	×	大学が毅然たる態度を持たなかった、停学処分でも残念、国費で維持する必要なし
50	埼玉県熊谷市山口吉蔵外4名	11.20	○	学問の自由と平和を守った行動、京大の伝統を考えるならば学生を守るべき
51	滋賀県生野せいようどう	11.20	○	不当措置を取り消せ
52	神戸市遺族	11.20	○	天皇の名によって自分の息子達は亡くなった、今もそうなりつつある、純真な学生たちは私共の心を察して平和を叫んでいる
53	大阪市大竹作太郎	11.21	○	熱意による行動、平和を守ろうとする意識、天皇の神格化に対抗してほしい
54	宮城県黒川郡落合中学校山口好和	11.21	×	教育界の実状を憂う【別紙：暴徒、国家的恥辱、ただし学生ばかりを責められない】
55	埼玉県大宮市吉田八五郎	11.21	○	天皇に危害を加えたわけではない、学生処分は神格化・旧憲法へと繋がる
56	東京大学向学青年	11.22	○	当局は大学の真理を理解していない、天皇の美名に隠れて学生を犠牲にしている
57	広島県神林正人	11.22	×	学生の行動に憤慨、大学に愛想を尽かす、学生をソ連か中共地区へ送れ、日本人ではない
58	北海道函館学芸大	11.22	○	同学会解散絶対反対
59	吹田市無名	11.26	×	礼儀を失して秩序を乱した非難の対象
60	長野県南安曇郡豊科国民	11.26	×	遺憾、吾等の表象たる天皇に対する暴挙、愚劣極まる、共産党に踊らされている

61	大阪市住之江区山下春栄	11.26	×	厳罰に処さなければ禍根を残す、共産主義者の行動
62	京都市左京区法学部有志	11.27	×	一貫しない大学の方針が批判を招く、同学会の職業革命家の口車にもてあそばれるな
63	大阪市立大学二回生平和友の会	11.28	○	同学会に責任なし・処分撤回要求、天皇制復活に繋がる、反動戦争勢力に利用されないことを望む
64	東京都政界中庸生	11.30	○	学園の自由を守れ、学生を自由にし教養と知識を与えよ
65	横浜市磯子区市電職員組合	12.3	○	天皇にも責任がある、学生処分は大人げない、学生も次第に落ち着くはず、逆に共産主義に走らす
66	大阪市立大学哲学研究会	12.3	○	良識ある日本国民として当然の行為、学問の自由と学園の自治を破壊する処分に反対
67	文学部卒業生ねずまさし	12.5	○	外部の勢力に左右されることなく真相を公表することを望む
68	北海道網走郡津別町一市民	12.8	×	学生の行動に醜悪の感、反省を求む、ソ連へ行け
69	東京都文部省職員組合内山岡義男	12月？	○	当局の態度は学生の政治的人間的自覚を暴圧する行動で自重すべき
70	京都人文学園自治会	12月？	○	学生処分は人格人権無視、良心を失う行為、真相公開を望む
71	民主主義科学者協会地学団体研究部会札幌支部	12.14	○	同学会の行動に共感、大学の自由、日本の中で果たしている天皇の役割を見極める必要性、戦争への危機感
72	無名	12.19	×	入学に際し思想を重視せよ、国民の血税を補助とする国立大学に赤の学生は必要ない
73	九州大学文学部学生代表	12.20	○	昔ながらの形式での行幸への反発、再軍備の大義名分を明らかにするための天皇の神格化に他ならない、処分の撤回を要求
74	宮崎県南那河郡鉄肥町桑原奴郎	12.27	×	学生の行動は苦々しいこと

しないものが多いが、内容から推測すると一一月一二日からしばらく経過した時期に出されたものと思われる。これは、史料の性格もさることながら、学生が『平和を希うがゆえに』を出版したことに伴い、それまでマスコミではほとんど報道されてこなかった学生の主張などが公にされた結果であろう（前述した学生への投書で学生の行動を賛成・支持する率が高いのは、この理由も考えられる）。

投書の内容で目を引くのは、学生を「左翼」「赤」「共産党」と認識し、その行動を批判した投書である（表1－14・35・43・72など）。こうした認識はこれまで見てきたように、マスコミの間で盛んに取り上げられており、直接的にはそうした傾向に影響されたものと思われる。

そして、学生のみならず京大自体を「赤の京大」（表1－48）と見て、その廃校まで要求する投書も見られた（表1－22）。その背景には、「昔から左翼の大学と云えば京大が示されたが今回で確証された」（表1－37）という言葉が示すように、滝川事件などから続く京大の国家に対する抵抗イメージが人々に強く印象づけられていたことがある。国家への示威行動・抵抗がイコール「左翼」「赤」と認識されるのは、敗戦前からの意識の連続と見てよいのではないだろうか。また、京大が「国家の最高最大の学府」（表1－36）だという認識ゆえに学生への処分を要求したり、「私は今まで大いに大学生が好きでした。殊に帝大といえば私の一番好きな学校でした」（表2－12）、「私達京都市民として自慢」の大学（表1－10）と京大への尊敬・あこがれがあったがゆえに、学生の行動を批判する投書も存在した。天皇制に対する批判＝共産主義と受け取られたのである。

このようにして学生を批判する投書の中には、京大が国立大学ゆえに批判のトーンを高めているものもある（表1－11・21・22・32・35・47・49・72など）。「国民の血税をいやと云ふ程食ふ国立大学」（表1－11）、「我々市民は血税にあへぎ、再建日本の為め、のんきに勉学させてゐる学生」（表1－22）、「アソビ人ノタメニ税金ヲオサメテオラズ　納税者ノキモチヲ考ラレヨ」（表1－47）という文言が示すよう

表2　「京大天皇事件関係史料」所収投書（学生の行動に対して支持・賛成：○　不支持・反対：×　どちらでもない：△）

番号	差出人	日付	賛否	内容
1	府下何鹿郡中三木村宮下尊哉（綾部学校）	12.10	○	学校での取り組み、資料送付を希望
2	東京第一商業高校生	?	○	行動は当然、新聞が平和を守ることを共産主義と弾圧することに反対
3	北海道札幌市斉藤文伍	11.12	×	「狂大生の大馬鹿野郎」
4	上京区猪熊今宮下ル K.N.生	?	○	『平和を希うがゆえに』を読んだ感想、新聞への批判、学生の行動を支持、
5	愛媛県松山市山本貞臣	?	○	『平和を希うがゆえに』を読んだ感想、自身の軍隊経験
6	一職員	?	○	天皇を利用する政治家への批判、天皇に働きかけようとしたことこそ天皇に力のあることを示す、学生は行動してもよいが政治的であってはならない
7	大阪大学北畠寮平和を守る会	?	○	内外ファシストとの闘いに頑張っておられる諸兄、共通な学校破壊のやり方
8	歴史教育者協議会	11.30	○	学問の自由を弾圧する陰謀、平和を守るための健闘を願う
9	野間宏	12.7	○	学生が現状を鋭く見抜いたために行動したと評価、青年の理性を明らかにした行動、母校の処分を恥ずかしく思う、今後の団結を期待
10	福井大学学芸部学生自治会	?	○	学生の行動は処分に値するものではない、実状に関する資料送付を希望
11	茨教組山口正弘	?	○	【光の征矢、希望の樹という詩2編　おそらく学生の行動を評価した詩】
12	市内四条烏丸富士野ミネ子	?	×	貴方達は狂人ですか！！、陛下を純な気持ちで迎えられない様なら、そして不満ならば日本以外の好きな処へ行きなさい、帝大と言えば自分が一番好きな所だったのに腹立たしい

13	左京区坂口実夫（鴨沂高校補習科）	?	○	原爆展以来同学会の行動に尊敬、学校当局の処分に憤慨、同学会死守を切望
14	福知山市和田茂穂	?	○	実状に関する資料送付を要求、同学会解散に反対
15	名古屋大学経済学部自治会	11.30	○	学生の行動は「民主的平和憲法」下では当然、反動勢力による弾圧、戦争屋の「神聖な道具」天皇は平和の歌声を聞かねばならない
16	山田秀夫	11.15	○	学生の行動に敬意、戦争の責任から天皇制は廃止すべき【「日本の再建は天皇制の廃止から」「日本再建同志会宣言（案）」という別紙を同封】
17	大阪市大歴史研究会	12.4	○	真理を求める学生、封建的天皇制の圧力、軍事的圧力を除去するための活動
18	大阪市阿倍野区山本博子	?	○	『平和を希うがゆえに』を読んだ感想、新聞への批判、天皇制は必要ない、天皇を人間として扱うのは当然、戦争はもうこりごり
19	宇都宮大学学友会	11.16	○	学生への激励、実状に関する資料送付を要求
20	兵庫県多可郡西脇町中島徹	12.8	○	『平和を希うがゆえに』を読んだ感想、新聞への批判
21	京都市一女性	?	○	警察に力を借りた学校側を批判、平和を守るために大衆の意見を聞き運動を展開して欲しい
22	一主婦	12.11	○	『平和を希うがゆえに』を読んだ感想、新聞への批判、公開質問状への支持、天皇には戦争責任が存在している
23	京都外国語大学学友会書記局	11.19	○	学生に敬意、資料送付を希望
24	新潟県三条市五十嵐賢治	?	○	資料送付を希望→2通目：資料送付に感謝、大学の自由について戦っている同学会への支持
25	東京大学学生新聞伊藤稔	11.22	○	不当な圧迫に対して徹底的に反対してください、同学会の意見の送付を希望
26	在京先輩	?	×	非礼、国民の心情を刺激、軽薄な行動

27	下京区豊田亀之	?	×	学生としての良識を忘れた行動、ソビエトでも出て行け、恥を知れ
28	京都市伏見区正	11.30	○	『平和を希うがゆえに』を読む、当たり前のこと、天皇を神格化する人々・天皇への批判
29	山形大学文理学部自治会書記局　長谷川修	?	○	弾圧に反対、資料の送付を希望、当校でも弾圧を実感
30	亜細亜学生懇談会に集った一同	11.29	○	大学の自治・平和を守るため、天皇を道具から正しい人間として平和の協力者として導き出すことに努力、大衆と共にある大学のための闘い
31	東大千葉寮京大事件真相報告会参加者	?	○	激励文、学園自治を犯す勢力への抵抗
32	ある女	?	○	君が代を歌う気にはなれない、天皇の戦争責任、担ぎ上げる人々のみならず天皇にも問題、マスコミへの批判
33	民主主義科学者協会地学団体研究部会札幌支部	12.1	○	公開質問状への共感、戦争への恐怖、天皇の役割強化に対する批判、大学の自治が脅かされることへの心配
34	民主主義科学者協会大阪支部幹事	12.1	○	学生に責任なし、大学当局・新聞への批判、天皇の政治利用【「いわゆる「京大事件」についての声明」というガリ版】
35	一高校生	?	○	我等の象徴天皇になぜ「平和の歌」を歌ってはいけないのか、事件への弾圧はファシズム再現への一歩である
36	左京区一市民	?	○	京大生の行動を支持しているものは数多く存在、私たち戦争犠牲者の声を代表してほしい
37	J.旧二回生沢登俊雄	?	○	右旋回を感じた、学生の行動は法律を犯していない、政治勢力による干渉は戦時中を想起させる、不合理に立ち向かう学生の行動が重要であることを痛感
38	経済学部一回生	?	○	学生の行動は当たり前

39	農学部三回生	?	○	天皇の京都巡幸に違和感、好奇心から天皇を迎える、当日は警官と学生の揉み合いのみだったのになぜこのような事態となるのか
40	工学部三回生 羽田宏	?	○	感情的な反応に重大性と不安を感じる、それに「力強さ」があることの問題、天皇神格化と戦争反対が民衆の中で共存していることへの心配
41	村山生	?	○	責任者を表彰せよ、外部の指令が問題ではなく多くの学生が動いたことに注目すべき
42	左京区坂口実夫（京大受験者）	?	○	民族の独立と君主制の関係
43	工学部一学生	11.14	○	新聞記事に憤慨、学生運動に対する批判が生まれる事への危機感、真理探究のための学生運動の展開をアピールする必要性
44	宮高社研	?	○	弾圧に同情、署名運動を展開【ビラ添付】
45	学生？	?	○	騒動の要因は警察官の侵入、同学会は整理をしていたのみ
46	梶手敬礼	?	△	激励文と脅迫文を見せてほしい
47	九大第一分校学生自治会	?	○	弾圧に対して抗議、激励
48	広島県佐伯郡 栗田治人	?	△	京大同学会とはいかなる団体かを教示して欲しい
49	京大宇治分校 文学部一回生 江口圭一	11.29	○	学生の行動は個人としての行動であり同学会が処分されるのはおかしい、プラカードを持った一部学生が責任をとるべきである
50	宇治分校一回生吉田尚子	?	△	共産党に対して、平和に対しては同じように取り組むことが出来る、宣伝などに使うのは止めてほしい

に、京大には自分たちの税金が投入されているという意識の下に学生の行動は批判された。こうした意識の底には、敗戦後の経済が逼迫している中で学生が「のんき」に「アソ」んでいるという、大学・学生などの「エリート」に対する嫉妬や反発心のようなものが存在していたのではないだろうか。また、「国民は赤犬を飼ふために血税を払つて居るのではない」（表1－21）、「国費を共産運動に充当するため国民は血税を出してゐない」（表1－37）というように、自分たちが支払った税金が投入される京大で、国家に対する反抗や共産党の活動がなされることを許さないという意識があった。「北鮮へでもソビエトへでも出て行け」（表2－27）という学生への強い非難は、こうした意識が背景にあったからこそ出てきたものと思われる。これらは、天皇に対して権威を感じているがゆえの反応ではないだろうか。

一方、学生を擁護する意見の中には、「日本のインテリゲンチャが学問の自由と平和の規模を最後まで守らんとしている努力」（表1－50）と、「逆コース」という時代の中で、学生こそがそれを打破する存在であるとの評価がなされているものもある。そこには、「大学とは真の真理の伝導であり尊厳そのもの」（表1－56）との意識があった。学生・大学こそが「理性」を有した「真理の探究者」であるとの認識ゆえに、学生の行動もそうした「真理の探究」を表出したものと考えられたのである。作家の野間宏が「学生が現在の日本の動きをするどくみぬ」き、「じつに秩序をもつて青年の理性を明にし」たとして（表2－9）、学生の行動に高い評価を与えているのも、こうした認識からであった。

ところで、学生を「左翼」「赤」「共産党」と認識してその行動を批判する意見に対し、当の学生から反発の声が上がっている。「平和を唱える事すら、共産主義者として弾圧される」（表2－2）という東京の高校生からの投書、「学生が政治運動をしたと云えば、すぐあいつは共産党だと云ふ世の中なればこそこのようなあまりにも不合理な事［河西注—同学会への処分］が公然と行はれ得るのかも知れません」（表2－37）という意見からは、「逆コース」の風潮が進展し、学生運動を展開することが次第に困難になっている「自治」への危機感、そして戦前の天皇制に戻ることへの忌避感を読み取ることができる。敗戦前のある種の息苦しさのような感覚が学生の中にあったのではないか。

こうした感覚は、学生の行動には支持を示しつつも、共産党や細胞に対する批判を展開する意見へと繋がっていく。同学会に処分を下すのはおかしいと大学側の姿勢を批判している（表2-49）。そして、「プラカードを持ち、〝平和を守れ〟を最初に歌い出した一団の学生諸兄に一言したい」と述べて彼らの行動を非難はしないが、しかし責任は取るべきだと主張した。「無実の処分に付せられた同輩を見殺しにしうる如き平和への希求であるのならば、それは虚妄の正義である」と、発端の学生が名乗り出ず責任を取らないことに対する、江口の強い憤りのような感覚を見ることができる。江口は学生の中に「理性」がないことを批判したのである。ここでは共産党細胞という言葉は出てこないものの、その存在を前提としているのは明らかである。[35] そしてより直接的に共産党細胞に対して批判を展開したのが、「共産党と共産主義者へのお願い」という題名の文章を寄せた、同じく宇治分校一回生の吉田尚子である（表2-50）。吉田は、平和や全面講和を理想とする点では自分たちと共産党は同じだとしながらも、共産党の目的のために自分たちが使われることを拒絶している。吉田によれば、共産党の介入によって、平和を唱えることがイコール共産党であると認識され、その結果人々は平和を唱えることを回避してしまう。江口や吉田は、一般の学生と細胞とを峻別すべきだと主張したと言える。学生の行動が共産党細胞による指令、「左翼」「赤」による行動と世間で大きく取り上げられたことで、学生の中からは共産党と自分たちが同じようにカテゴライズされることへの反発意識が広がっていったと考えられる。学生の中でも、大学の「自治」や天皇制については強く自覚しつつも、急進的な学生運動に対する批判は存在していた。

事件はその後どのような展開をたどったのだろうか。大学当局は外部からの反応に押される形で中間真相発表を行い、原因は学生にあるとして、一七日に同学会委員八名に対して無期停学処分を下した。しかしこの処分が綿密な調査を踏まえて出されたとは言い難い。処分された八名の中には、一二日当日には逮捕されていたり、講義に出ていて現場にはおらずそこに至るまでの同学会の方針に関係していない者まで、同学会総務部所属というだけで一律に処分されたのである。[36]公開質問状を執筆して学生に大きな影響を与えた中岡は研究総務という役職であったために処分されなかった。[37]つまり関与の度合いとは全く関係なく処分が決定されたのである。学生に「天皇システムの残滓に［大学が］恭順を表するために、私たちを人身御供にした[38]」と感じさせたのは、まさにこの事実からであった。とにかく学生を処分したことを世間にアピールしなければならない大学は、学生にとって、天皇権威の呪縛から逃れられなかった存在と言える。

二七日の法務府特審局の最終報告書には「日共の新攻勢」と記され［毎日51・11・28］、学生の行動は共産党が引き起こした犯罪として再びマスコミで大きく取り上げられた。しかし一二月八日、警察による捜査は証拠不十分で打ち切られ、立件化は見送られた。これ以後、京大天皇事件は国会やマスコミでもほとんど取り上げられなくなる。確たる証拠もないままにまるで犯罪事件のように国会やマスコミで大きく取り上げられたことは、天皇への行動ということに刺激を受けた過敏な反応と見ることができるのではないか。

しかしマスコミで取り上げられなくなったとはいえ、事件は終わってはいなかった。処分された学生らは郷里に帰ると、家族とともに「村八分の状態」を経験することになる。[39]民衆レベルにおいては天皇は無条件に歓迎される権威として捉えられ、それに対して疑問を投げかけた学生は伝統秩序の破壊者として、共同体秩序からの排除という、より直接的・感情的な反応を受けることになった。中岡らが批判していた天皇への意識がまさに社会の中に広く残存しており、彼ら自身がそれに追いつめられることになる。

京大天皇事件は天皇権威再編成政策への反発を生む一つの転換点になった。吉田内閣はこれ以後も天皇権威を再編成するような政策を計画するが、それは京大生だけではなく次第に多くの民衆にも戦前の体制を想起させて逆コースとして批判を浴びていく。「国民実践要領」も撤回を余儀なくされるなど、その政策は必ずしも上手くいかなかった。しかし公開質問状が言うような権威のない象徴天皇像も、民衆の中に「理性を貫徹させない一角」が存在している以上、その実現は困難であった。京大天皇事件で提示された二つの象徴天皇像は結局どちらか一方が受容されることはなく、その対立点を止揚するような象徴天皇像が登場したと考えられる。第五章以降でそれについて考えていきたい。

第五章　「文化平和国家」の「象徴」として

1　皇居再建運動の展開と象徴天皇像

敗戦直後の皇居再建運動

第二章で述べたように、皇居宮殿は戦時中に焼失した。そのため、それを再建しようとする動きが敗戦直後からあった。その端緒は、一九四五年一〇月に天野直嘉前賞勲局総裁が起こした再建運動である。しかし宮内省は、「戦災者に垂れさせ給う畏き思召のほどを拝察し、宮城御再営は当分考慮されない方針」を採った[1]。ここでは、民衆の生活を思考する天皇の意思が皇居宮殿を再建しない理由になっていることに注目しておきたい。皇居宮殿の再建が民衆との関係の中で問題が考えられているのである。

その後も一九四六年八月に、「新憲法ニ於テ天皇制ノ存置既ニ確定セル今日……天皇邸ヲ造営スルハ新日本建築上必要」との請願が国会で採択された[2]。この請願のように、皇居宮殿は「新生日本」の出発にあたって必要な空間であり、敗戦後においても日本という国家のナショナルなシンボルとして認識されていたが、片山哲内閣は国家・国民の経済状態から再建の時期ではないと判断し、実現には至らなかった。

しかし講和独立が近づくと、独立後の外国使節との会見や立太子礼などの国家的儀式を執り行う空間の必要性が高まる。そこで宮内庁は一九五一年三月、庁舎一部を仮宮殿に改築する計画を発表した［朝日51・3・7］。宮内庁も外国使節に見せる空間を荒廃したままにはできず、天皇の意向を考慮に入れながら簡素な改築という妥協点を見出していく。

『毎日新聞』による皇居再建運動

このような玉虫色とも言える決着は、それでは不充分だとするグループによる大規模な皇居再建運動を起こさせる要因となった。きっかけは『毎日新聞』による次の記事である。

皇居清掃の勤労奉仕に参加した地方団体などからも宮内庁に対してたびたび皇居再建運動が持ち込まれ……日増しに再建の声と熱意が自然に盛り上がった……新宮殿は〝象徴天皇〟の晴れの国家的儀場……明治天皇時代の宮殿造営と同様に税金などの国費をあてず、国民各自の真心こもる献金にまつべしとの意見が多いようである［毎日51・10・3］。

『毎日新聞』はその後も皇居再建運動関連の記事を多数掲載した。そうした記事の中では、元貴族院議員で戦前の明治神宮造営時に内務省明治神宮造営局長であった松本学が、何度も宮内庁に対して皇居再建を要求する様子が紹介されている。松本は「独立後は外国使臣の接見もあることだし、批准を機会に国民運動として」皇居再建運動を起こしたと言う［毎日51・10・6］。『毎日新聞』の皇居再建運動に関する報道量は他紙に比べても圧倒的に多い。なぜ『毎日新聞』がこのように積極的に運動を展開したのかははっきりとしないが、いずれにせよ一九五一年に皇居再建運動が展開された要因は、『毎日新聞』

のようなマスコミが主体的に取り上げたことにあった。その意味でこの運動は、マスコミが積極的に象徴天皇像の内実を作り上げようとした動きと言える。松本と『毎日新聞』は連携して皇居再建運動を政治的な国民運動にし、講和独立を目前にして高まっていたナショナリズムに乗って皇居再建を図り、ナショナリズムをより高揚させようとしていた[3]。

『毎日新聞』は先の一面記事から数日後、各地方版に皇居再建に関する地域有力者などのインタビューを掲載している。このインタビューはパターンに基づいていた。第一に、勤労奉仕団員が皇居の荒れた様子を語ることで再建に賛成するものである［毎日群馬版51・10・4前橋市春山てるなど］。第二に、「講和をひかえ独立するにあたり、日本の象徴であられる天皇のおすまいにふさわしく復興される」べき［毎日静岡版51・10・4高見三郎副知事］、「悪夢のような戦争の古傷をぬぐい去り世界各国の仲間入り

皇居再建

痛ましき宮殿の焼跡

国民の眞心の献金にまつ

皇居再建を訴える『毎日新聞』［51・10・3］

をした新しい平和国家としての誇りを高めたい」〔毎日福島版51・10・5田中伸三白河市長〕と、自治体のトップが近づく講和のために皇居再建に賛成するものである。こうした意見の根底には、「新生日本」にはそれにふさわしい皇居が必要であるとのナショナルな認識があった。『毎日新聞』は地域レベルの身近な人物の意見を掲載し、皇居勤労奉仕団員などに皇居の惨状を話させることで、募金を出すのは当然であるとの世論形成を試みようとしたのではないか。

これらの記事と前後して各地に奉賛会ができ、宮内庁に現金が送られてくることもあったようである。[4]また全国町村議長会では「平和条約が締結された今日、皇居が荒れたままになっていることはきくにしのびない」と、募金運動を起こすことが決議された〔毎日51・11・10〕。そしてある勤労奉仕団が募金による皇居再建を求める請願を国会に提出し、これを紹介した自由党の庄司一郎は「講和条約を記念として……日本の皇室の威厳といいましてはどうかと思いますけれども、天皇御一家にふさわしいところの、憲法の上におけるわれわれのあこがれの象徴のその天皇のお住居を、ひとつ国民の力において再建してあげたい」と賛成の理由を述べている〔衆予算51・10・27〕。これも先のインタビュー記事同様、「新生日本」の表象としての天皇という認識から提起された意見であった。

ところでこの皇居再建運動では、元の空間に宮殿を再建することが自明の前提となっていた。つまり第二章で述べた遷都論・皇居移転論が浮上していた敗戦直後とは異なり、一九五〇年代初頭には明治以来皇居が存在していたその空間に再び意味が持たれるようになったのである。「国家として再出発するための皇居再建」という動機は、戦前の国家の威信を必要とさせたため、戦前と同じ空間が再建場所として考えられたのではないか。

その後、松本を中心とする皇居再建運動の世話人会が結成された。[5]そこには、金森徳次郎元国務大臣や一万田尚登日銀総裁、財界から藤山愛一郎、徳川夢声ら二〇名ほどが世話人として名を連ねている。

そして一〇月三〇日の第一回会合から計五回にわたって、募金問題が話し合われた。明治期の皇居宮殿や明治神宮外苑造営にあたっても募金が建設費用に充てられており[6]、松本らは敗戦前の前例に基づき皇居再建運動にも同じシステムを提唱したのである。ただ「下部組織に依る強制募金は避ける」と、画一的な徴収システムを採ることで戦前の天皇制を民衆に想起させることのないよう配慮を見せている。しかし田島道治宮内庁長官は「松本学氏　宮殿再建シツコシ……個人トシテモ時機未ダ熟セズ」［田島51・12・6、304］と考えており、田島の意向を受けた一万田が世話人を辞退するなど、世話人会は皇居再建運動の強力な推進力にはなることはなかった。

皇居再建運動を推進する人々は、独立して国際社会に復帰する「新生日本」には庁舎を改造した仮宮殿ではなく、それ相応の新たな皇居が必要であり、天皇は「新生日本」の表象であるからその立場にふさわしい皇居に住んでいなければならないとの意識を持っていた[7]。先の田中白河市長のように、皇居再建を推進することは日本の「文化平和国家」としての再出発を内外に示すことに繋がると考えられた。このように、皇居再建運動は「文化平和国家」としての「新生日本」の出発と連動していた。独立に伴うナショナリズムの高揚こそが、この時期に皇居再建運動が大規模な運動として展開された原動力になった。

皇居再建運動への批判

ところが、運動の根本とも言える民衆からの募金によって建設費を賄おうとする点が批判されていく。その批判は第一に、皇居は「一国の元首」の住居で「国民の名誉」に関わる「公けの建物」だから、建設費は税金で賄うべきとの批判である［中部日本51・11・11（夕）河盛好蔵「皇居の造営」］。「元首として外国使節などを迎えるための皇居、即ち日本国家の象徴としての天皇の公的『事務所』をつくることが必要」ならば「予算をとって堂々とつくるべき」［東京日日51・11・9大宅壮一「皇居」］と大宅壮一も同様の意見を掲載しており、この批判は広範囲にわたってなされた。ここでも、皇居が国家・国民の名誉であると強調されている。むしろ、だからこそ国費で皇居を建設し、「新生日本」の威信を示すべきだと主張されているのである。国家が復興したとの自尊心＝ナショナリズムが存在し、皇居が国家のステータスとして認識されていたからこそ湧き出した批判だった。

第二に、民衆の募金が「天皇の名によるときは、不条理のような気はしながら一概に拒絶するのも遠慮される」ような、「旧天皇観の残りの意識につけこんで無理に金を集める」ことになるとの批判である［河北新報51・10・10社説］。地域においては「天皇の名」が未だに戦前のような影響力を持ち、民衆を画一化する強制力があると考えられていた。強制手段としての天皇権威が未だに残存しており、募金を出さざるを得なくなるというのである。「一人残らず献金したい……十円出し切れぬ家庭には、隣り近所なり会社なりで立替えればよろしい」［毎日51・10・5投書］と再建募金に賛成する投書は、こうした心配をより助長させるものだった。三笠宮も皇居再建運動に「感謝」しつつも、募金が「組織的になると、必ず末端には強制的な影響力を及ぼす」と懸念していた［読売51・12・2］。

こうした批判からは、募金によって画一化された組織が地域において「選挙運動に利用されて折角のまごころが汚されるおそれ」があるとも指摘された［同前、朝日51・11・28］。天皇権威を利用した組織統合とそれに民衆が従わざるを得なくなることへの懸念が示されたのである。それは、天皇権威が民衆に大きな影響力を持っているという前提があっての批判であった。このことは、敗戦後も民衆の意識レベルにおける天皇像がそれ以前とドラスティックには変化していなかったことを示している。「新生日本」という概念はこうした意識を残しつつ提起されていたことに留意する必要があるだろう。

第三に、第二に関連して、「天皇陛下のためならば、という風潮を復興させて、再びこれを利用せんとする人間に対して絶好の機会を与えることになる」〔中部日本51・11・11（夕）河盛前掲意見〕との批判である。「募金方法が体裁のいゝ強制手段である……たゞ天皇の神格を盲信している大衆の愚直さに乗ずる募金だとすれば正に悲しむべき逆コースである」〔読売51・11・16社説〕と、募金が吉田内閣による天皇権威再編成政策に繋がることへの危惧を生んだ。

皇居再建運動の帰結

こうした動きを受けて政府は一一月二七日、保利茂官房長官の談話を発表した。その内容は、皇居再建運動に対する「全国民の熱誠に対しては深く敬意を表」しつつも、「国内戦災の復興の状況国家財政の関係などを考慮し」、政府として募金運動は実施せず、松本らの運動も認めないというものであった。談話は「陛下の思召もまた、ここに在るものと拝察する」と、天皇の許しが得られなかったことも募金運動を実施しない理由にあげていた(8)。しかし一方で将来の再建には含みを持たせたため、皇居再建運動はこの談話をきっかけに一旦は終息に向かうが、その後も再建を求める動きは続くことになる(9)。

ではなぜ、この皇居再建運動は結実しなかったのだろうか。その理由は第一に、前述の募金に対する批判である。第二に、日本国憲法第八条によって民衆からの募金は皇室財産への寄付となって国家の議決を経る必要があり、手続きが煩雑であったことである〔京都51・11・1〕。そして最大の理由かと思われるのが、官房長官談話にもあげられていた天皇の反対である。「陛下も国民が戦災で非常に苦しい生活をしているから、それが回復するまでは皇居の改造は絶対に必要の最小限に止めるお考えのようです」という三笠宮の談話〔読売51・12・2〕が示しているように、天皇はこの時期に自分の住居が再建されるのを望んでいなかった。しかしここで重要なのは、この天皇の反対ということが皇居再建を行わない理由として必ず登場し、強調されることである。民衆の生活を考えて自らの住居を我慢する天皇。

そうした天皇像が皇居再建運動中止を機会にマスコミを通じて流布していった。皇居再建運動が結実しなかったことで、民衆と天皇との結びつきが強化されるという逆説的な効果を生み出したのである。[10]物理的な空間建設という面では成功しなかった運動は、民衆と天皇との結びつきが強調されたために精神的な面では成功したと言える。

そして官房長官談話が運動趣旨自体を否定していなかったことは、皇居が日本を表象する空間との意識を政府も肯定したと見ることができる。実際再建は実現しなかったものの、運動が展開されている最中に宮中側近が天皇に再建を何度も進言し〔京都51・11・1〕、吉田首相も再建を天皇に訴えていた。宮内庁では一九五三年から再建に関する本格的調査を開始して再建計画を作成した。このように皇居再建運動後、政府・宮内庁は天皇の同意さえ得られればすぐに着工ができる段階まで準備を進めていたことから、皇居再建の重要性を認識し、運動の意義を一定程度肯定していたと考えられる。

皇居再建運動は近づく講和独立に伴うナショナリズムの高揚を背景に、対外的に目に見える皇居を国家としての「プライド」から再建しようとする運動であった。対外的な儀場としての皇居の空間的意味がクローズアップされる中で、皇居再建運動が巻き起こったのである。そこでは、国家のステータスを表象する天皇のための空間を建設することこそ国家が再建されたことを示し、「文化平和国家」としての「新生日本」の出発を示すと認識されていた。このように、象徴天皇を「文化平和国家」という新たなナショナリズムの表象に据えようとする動きが、講和条約前後に存在していたのである。そして民衆の募金によって皇居を再建することは、民衆と天皇との結びつきを表象するとも認識されていた。このように皇居は、象徴天皇像を表象する空間としての意味を有していた。皇居再建運動を通じて、「文化平和国家」の表象としての象徴天皇像が形成されつつあった。

2　皇室苑地の国民公園化

皇室財産の物納

天皇制がその経済的基盤を失い「民主化」されたことを示す点で、皇室財産の解体はGHQによる改革の中でも重要な政策の一つと言ってよいだろう。初期の対日占領方針にも皇室財産解体の方向は示されており、占領直後から皇室財産を確定する調査が行われ、その使用や下賜が凍結されることとなった[11]。GHQは皇室財産のうち、公的性質を有するものについては国家に移管し、私的性質を有するものについては財産税を課して解体を進める方針を採った。その結果、約三七億円と評価された皇室財産に対して九〇％の財産税が課せられ、一九四八年三月までに土地や森林、美術品など物納によってそれが支払われた[12]。この時物納された土地のうち皇居前広場・新宿御苑・京都御苑が後に旧皇室苑地と呼ばれ、国民公園として整備されることになる。

では、物納された旧皇室苑地も皇居のように象徴天皇像を表象する空間となることができたのだろうか。結論を先取りして言えば、敗戦後は物納されて天皇から切り離された空間だったとはいえ、認識レベルにおいてはこの空間と天皇像とは密接に結びついていた。例えば皇居前広場は「皇居の前庭」と、連続的な空間として捉えられた。そして、旧皇室御苑が天皇から物理的に切り離されたことは「民主化」を表象する事実として、象徴天皇像を定着させる積極的な価値を持った。この他にも旧皇室苑地の整備運営過程を検討することは、占領から講和独立を経て再び国際復帰する「新生日本」の目指した国家像と象徴天皇像の関係性を明らかにすることにも繋がるものと思われる[13]。

本書では特に、これまでの研究では使用されて来なかった国立公文書館蔵の厚生省行政史料や筆者が

「情報公開法」によって公開請求を行った環境省行政史料などを検討し、整備過程と空間的意味の変遷を丹念に明らかにしていく。なお、ここでは国民公園として整備された旧皇室苑地のうち、皇居前広場と新宿御苑について取り上げたい[14]。

旧皇室苑地の開放と整備理念の形成

片山哲内閣は一九四七年一二月二七日、旧皇室苑地を「平和的文化国家の象徴たらしめるため」、その整備運営方針を定めた「旧皇室苑地に関する件」を閣議決定した。片山哲首相が一二月二三日に厚生省の国立公園担当であった飯島稔課長を呼んで旧皇室苑地の整備と民衆への開放を指示するなど、この閣議決定の背景には首相自らが強いイニシアティブを発揮していた事実があった。ではなぜ、旧皇室苑地を東京都などへ移管して民衆に公開する方式ではなく、国が直接に管理運営する方法を採ったのか。片山は飯島に対しその理由として、皇居前広場は日本国憲法で日本の「象徴」と規定された天皇が居住する皇居の前に位置し、かつ「世界に誇りうる勝れた都市景観地域である」こと、新宿御苑は敗戦前から皇室の催しが行われた有名庭園ゆえ、将来的に国家的行事のための会場になり得ることを挙げていた[15]。皇室から離れたとはいえ天皇との密接な関わりの中で皇居前広場を整備しなければならないこと、そして社会党の首相である片山がその空間を国家の誇りとして捉えていたことに注目しておきたい。こうした認識の下、首相の指示から四日という異例のスピードで「旧皇室苑地に関する件」が策定され、閣議で決定されたのである。

このような片山首相の主導力の背景にはＧＨＱの影響があった。厚生省国立公園担当の係長であった石神甲子郎は、「その背後にＧＨＱのＧ２（情報部）セクションの指令があ」り、「担当の某少将が皇室苑地を取り上げて、国民一般に開放し、積極的に民主政治を進めたという、自己の功績を本国に報告するために、片山首相に指令したものであった」と回想している。[16]このようにGHQ参謀第2本部長のチャールズ・ウィロビー少将の強い意向によって、旧皇室苑地開放の方針が定まったのである。また、GHQ民間情報教育局文化財部の国立公園監督官ワルター・ポパム大尉からも厚生省に対して指導があったようである。[17]日本側が天皇・国家という概念の下に旧皇室苑地の運営を思考しているのに対し、GHQ側は民主主義を表象する空間として旧皇室苑地を捉えようとしていた。このような旧皇室苑地への認識の差異こそ、その後のこの空間をめぐる動向に様々な影響を及ぼしていくことになる。

さて閣議決定「旧皇室苑地に関する件」では、旧皇室苑地を「国民的利用に開放するため」、皇居前広場には「野外ステージを中心とする国民広場を設置」すること、新宿御苑は「国民庭園として一般に開放するとともに国民芸術の向上に資する諸施設を整備すること」が決定された。[18]そして旧皇室苑地は、厚生省が国立公園に準じて旧皇室苑地を管理するが、その運営は「平和的文化国家樹立の為」[19]、関係各省との連絡調整を図った上で具体的整備利用計画を策定することとなった。そこで一九四八年一二月二二日に旧皇室苑地整備運営審議会が設置される（この時、首相は吉田茂に交代していた）[20]。この審議会は安井誠一郎東京都知事などの行政関係者や造園・建築・文化・歴史・報道関係の有識者など三〇名によって構成されていたが、厚生省や文部省・大蔵省・建設院などの官僚が幹事として参考資料や意見書を準備し、彼らが審議会の議論をリードした。[21]旧皇室苑地整備運営審議会には旧皇室苑地が所管から離れた宮内府関係者も委員や幹事として加わり、その由緒沿革などで意見を展開していたことも興味深い。天皇制との関係性を考慮に入れた上で、この空間の整備が思考されていたことが窺える。

では、各省が提出した意見書はいかなる内容のものであったのだろうか。建設院（一九四八年七月から建設省）は閣議決定後すぐの一九四八年一月に「旧皇室苑地整備事業実施要領（案）」を作成し、旧皇室苑地整備に対して迅速な対応を見せていた。その中では、旧皇室苑地が都市の中央部に位置することを重要視し、「文化都市建設」という都市計画の中で空間整備を進めるべきだと強く主張している。具体的には、皇居前広場を「国民ノ一大集合広場」とするため、第一に地下道を建設することで地上中央部の道路を廃して広場スペースを確保すること、第二に広場に屋内集会場を建設することを計画している(22)。このように大規模な広場や集会場が求められた背景には、後述するようにメーデーなどの会場としてすでに皇居前広場が使用されていた実績があった。自由党の吉田内閣下においても、メーデーを保護するような政策が採られようとしていたことに注目しておきたい。新宿御苑について建設院は、旧御苑としての保存に重点を置きつつも、外国使節接待の場・民衆利用という両側面からの整備を主張し、後に次のような具体的整備計画を審議会に提出している。

　今や時代は移って平和文化国家として建設させ《マ》よ《マ》うとしている日本では、此処程国民公園として適当な処はないのであって、今こそ、以前とは逆に国民が我等の象徴（陛下）を御招待申上げて歓を共にし得る苑地としたい……平和的文化国家の象徴としての民主化教養場とする(23)。

敗戦前は民衆に非公開であった新宿御苑が開放されることこそ「文化平和国家」を目指す日本にとって必要であり、かつその空間に「象徴」となった天皇を呼んで民衆との結びつきを強化することでよりそうした国家像を表象させようと建設院は考えていたのである。そして新宿御苑が物理的に天皇から離れたとはいえ、精神的には天皇と分かちがたい空間であるという認識をも有していたと言える。建設院はこうした意識の下、具体的には農園・庭園の整備の他に「平和的文化国家の象徴としての民主化教養場」として平和国民館を建設し、その施設において民衆と天皇が一緒になって国際親善や平和に関する行事を開催することで「平和文化に貢献する」国家を目指すべきとの主張を審議会で展開した。今後目指すべき国家像としての「文化平和国家」に適合的な空間形成を志向し、そのための施設建設を掲げたのである。

文部省も皇居前広場については史蹟として指定することを第一に掲げつつ、国立劇場・国立野外舞台を建設することで「文化平和国家」の表象空間としての役割を付与しようと思考していた。新宿御苑についても庭園博物館・国立野外劇場・近代美術館の建設を目指し、そうした施設の建設によって「文化平和国家」構築の表象とし、民衆へのアピールを試みようとする意見を審議会に提出していた(24)。このように、建設院・文部省などは「文化平和国家」として再生する「新生日本」に適合的な施設を建設することで、旧皇室苑地をそうした国家像の表象する空間にしようとしていたのである。

こうした意見に対して厚生省は、一九四九年二月二一日に旧皇室苑地整備方針を審議会に提出した。これは、皇居前広場に対しては現状を保持するための維持管理を行って公開すること、施設整備計画は慎重な検討の上で策定することを目指していた。新宿御苑に対しては、必要最小限の施設を整備した上で一般に公開することを求めている(25)。建設院・文部省が提出した大規模な表象建築物整備の案に対し、厚生省は小規模な整備による早期公開の案を提示したのである。厚生省がこうした案を提出した理由として、公園としての由緒や現状を尊重したことが考えられる。新宿御苑については日本庭園としての由緒を高く評価し、そうした空間こそが「文化平和国家」に資すると考えていた。また皇居前広場については、後述するようにすでに広場として利用されていた現状を踏まえ、その補修程度の整備によって早期に利用されることを念頭に置いて計画を立てていた。大規模案の場合は計画から整備までに時間を要するため、厚生省はそうした建築案は将来の構想として退け、原状回復程度の整備による旧皇室苑地開放を提案したのである。

こうした各省の意見を踏まえて四月二〇日に出された審議会答申では、旧皇室苑地を「平和的文化国家の象徴として永久にこれが保存を図る」ため、各苑地の由緒沿革の尊重と原状回復・保存、特性を生かした整備運営が求められた。具体的には皇居前広場を「国民公園として公開」し、照明・管理所などを整備すること、新宿御苑は「国民庭園として、広く国民の利用に供する」ため、原状回復に努めることなどが記されている[26]。閣議決定「旧皇室苑地に関する件」では皇居前広場に「野外ステージを中心とする国民広場を設置」することとなっていたが、この答申では管理所などの整備にとどまっており、厚生省の主張する小規模整備早期開放案が採用されたのである。また大規模な建設物によって「文化平和国家」を表象させせようとするよりも、広場や庭園という空間を民衆に開放するという行為こそが「文化平和国家」に適合的であるとの意義付けを与えていく方策が採られたとも言えるだろう。この答申の後、旧皇室苑地は厚生省の管理下で「国民公園」として開放されて整備が進められることとなった[27]［読売49・9・28］。ここでは、国に物納されてから答申が出されるまでには様々な意見が存在したものの、皇居前広場・新宿御苑などの旧皇室苑地は一貫して「文化平和国家」の表象空間として語られていたことに注目しておきたい。

「全国民敬慕の地の前庭」

ところで、旧皇室苑地整備運営審議会において答申が出されるまでの皇居前広場は、実際どのような状態にあったのだろうか。敗戦前は軍隊観兵式や宮城遙拝が行われる空間であり、近代天皇制・天皇像を表象する権威化された空間であったと言える[28]。敗戦後に財産税として物納されて国有化されたが、実際はGHQの管理下に置かれて米兵が常駐し、米軍を主とする連合軍の閲兵式・演習のために使用されるなど、日本の「植民地的光景」を表象する空間になっていた[29]。また一九四六年の食糧メーデーに代表される労働運動や共産党などの反政府運動の会場としても使用され、「人民広場」と呼ばれていた[30]。広場の風紀は乱れ、ＧＨＱ兵士の他日本人も野外性愛の空間としたために、「桃色広場」［朝日49・9・23、読売49・9・28］と揶揄される。[31] このように、敗戦後一転して皇居前広場は国家のモラルや統制力、天皇制の権威が低下したことを表象する空間になっていた。

前述のように厚生省が皇居前広場の原状回復整備を早急に進めようとした背景には、このような現状があった。また第二章で述べた皇居勤労奉仕が、元々皇居前広場の清掃を企図していたのは、荒廃した皇居前広場を清掃することで国家の秩序を回復させようとしていたからであった。[32] そうした状況と審議会答申を受け、一九四九年頃から皇居前広場を保存しようとする団体の設立が活発化した。その端緒は、「皇居前園地整備奉仕協会」を設立して皇居前広場を整備しようとする動きである［朝日49・7・1］。この会は都内の美術工芸会社社長によって発案されたものであったようだが、皇居前広場保存運動を自社の「広告利用」に繋げようとする発案者の「下心もあ」ったようで、厚生省はその設立を許可しなかった。皇居前広場が広く民衆に注目される場所であったからこそ、広場保存の運動が広く報道されて自社の宣伝に結びつくことを期待した動きだったと言える。この後、皇居前広場保存のための組織として最初に発足したのが、一松貞吉前厚生大臣を名誉総裁とする「皇居外苑整備奉仕会」であった。この会は「地方に火災防止とか盗難防止とかいうような看板」を立てていた人々が、「皇居前にやはりベンチとか紙屑籠とかいうようなものを寄附」するために設立したものである。物品に個人名を記載して寄付することは広告利用に当たるとの厚生省の指摘を受け、組織化して会として取り組むことでその指摘をかわそうとし、厚生省に影響力のある一松を迎えて設立されたが［参厚生50・7・30］、活動は僅かな寄付と施設整備に留まったようである。

その後、一九五〇年五月には安井誠一郎都知事、高橋龍太郎日本商工会議所会頭（参院議員）を正副会長とする「皇居外苑整備保存協力会」が発足準備中であるとの報道がなされ［朝日50・5・28］、実際には七月に高橋を会長とする「皇居外苑整備保存協会」が発足した。この協会には厚生省の国民公園を担当する部長や課長らが理事・幹事として入会しており〔参厚生50・7・30〕、厚生省が外郭団体を設立することで皇居前広場の整備・運営の主導権を保とうとしていたと推測できる。

そして皇居前保存に関する団体の中で最も注目されるのは、反政府的な示威行動の高まりに対抗する形で一九四九年一一月一日に大隈信幸参院議員を総裁に据えて発足した「皇居前保存協会」である。[33] この会は名誉顧問として幣原喜重郎元首相ら議員が多数名を連ね、評議員には二三区の区長が就任するなど、衆参議員・都行政関係者中心に組織されていた。皇居前保存協会はその設立目的の中で、「国や首都の中心である皇居前が終戦後極度に荒れ果て、文字通り光りなき広場になった実情を見るに忍びない」と、国家の中心である皇居前広場が荒廃して、左翼運動に使用されている現状への不満を述べる。彼らは皇居前広場を「平和文化国家として新発足する日本国の進む道しるべ」、すなわち「文化平和国家」の表象空間にしようと考えていた。なぜならそれは、皇居前広場が依然として「国の『センタ』であり、政治、経済、文化等あらゆる国内的、国際的な中枢活動の中心」だからである。

皇居前保存協会は、「平和的文化国家の象徴として」皇居前広場の保存を図ることが「国民的責任」だと強調し、「物心両面に亘る社会的生活環境の混乱に統一性と秩序と勇気と光と信念とを与え……苑地内に於ける風俗、衛生的其他の社会悪の駆除となり、醇風美俗の風習を馴致す」ることを皇居前広場保存運動の目標として掲げた。広場をめぐる現況を批判するとともに、整備保存運動の展開によって皇居前広場のみならず国内の社会秩序更生までをも視野に入れていたのである。そのための事業として、皇居前広場への国旗掲揚塔建設や「崇高なる国民精神の涵養と情緒の育成」のための日の丸使用運動を計画した。皇居前保存協会は皇居前広場という国家の中心の秩序が乱れ、その威信が低下していることを国家全体の道義の低下や秩序枠の動揺の表象だと見ていた。だからこそ彼らは、国家を表象する空間からの安定＝皇居前広場の保存運動を思考したのである。皇居前広場という空間を整備保存することが、国民生活の安定に光をもたらす、その表象になると認識していたとも言える。

このように皇居前広場に三つも団体が存在したことは、それだけこの空間が人々にとって大きな意味を持っていたことを示している。しかし団体乱立が問題となり、厚生省がイニシアティブを取って三団体の統一化を図ることになる。その結果、一九五一年一〇月一六日に「皇居外苑保存協会」が発足した。会長に一万田尚登日銀総裁、副会長に石川一郎経団連会長、理事長に木下道雄前侍従次長が就任し、会のメンバーには議員・経済人・厚生省などの官僚・皇室関係者が名を連ねている[34]。

「公園とはいえここは国土の象徴とも申すべき地で皇室に対する国民感情の如実に現われる場所であります[35]」と、皇居外苑保存協会は皇居前広場を国家の状態や民衆の感情を表象する空間と捉え、「全国民敬慕の地の前庭」だと主張した[36]。「全国民敬慕の地」とはもちろん皇居のことであり、皇居前広場はまさにその「前庭」という認識であった。皇居前広場保存では常に「文化平和国家」概念が高唱され、広場は「新生日本」に適合的な空間で、国家や天皇が新たに生まれ変わったことを表象していると強調されていたが、そこには天皇を国家の中心であると考える意識が存在していた。その意識の下に運動が展開されようとしており、敗戦前との思想的な連続性を有していたと言えるだろう。

皇居外苑保存協会は広場保存を「単なる物質的問題ではなく、戦後萎縮傾向にある国民に対する一大精神運動」にしようと試みた。「国民の寄る所となる精神運動」としての保存運動、それはまさに運動を国内秩序の更生や社会生活向上の表象にしようとする皇居前保存協会の思想を受け継いだものである。皇居外苑保存協会が実施した事業の中にある「国旗頒布運動」は、「日の丸」の頒布によって皇居前広場整備のための資金を調達しようとした意図の他、皇居前広場が左翼運動に利用されて「赤旗」が掲げられていることへの対抗意識から計画されたものだった。その意味でもこの運動は敗戦後の皇居前広場をめぐる動向に対する批判から生み出されたものであり、皇居前広場保存運動はそうした意識と強く結びついていたと言えるだろう。保存協会は皇居前広場付近の企業から会費を集めるとともに、民衆からの募金運動を実施したり観光客からの協力金を徴収することで収入を得、皇居前広場の具体的な整備運営を計画・実行していく[37]〔読売51・10・9、朝日52・2・18（夕）、52・11・17〕。

これら一連の動きは、皇居前広場が民衆の感情の拠り所であるという意識の下に展開されたことに特徴がある。占領期の皇居前広場にはGHQや左翼の他に、ナショナルな意識を持って広場を取り返そうとする第三のグループが存在していた。彼らは天皇と切り離せない国家の表象空間を取り戻すことで国家秩序を再構築し、国家の中心地である皇居前広場を整備することで国家の威信を取り戻そうと試みた。その意識の背景には、天皇の住む皇居の「前庭」として皇居前広場を捉える意識が存在していた[38]。

国民プール構想

旧皇室苑地整備運営審議会答申において国民庭園としての開放が求められた新宿御苑は、いかなる経路を辿って整備開放されたのだろうか。敗戦前の新宿御苑は、皇族によるゴルフ大会や観菊会・観桜会（日中戦争によって中止）の会場として、また国際的な賓客の訪問場所として使用される重要な空間であり、対内的にも対外的にも著名な庭園であった。同時に宮内省へ納める蔬菜の栽培が行われるなど、皇室とは切り離せない空間であり、民衆の利用は制限されていた。そして敗戦直前に空襲の被害に遭ったが、敗戦後の宮内省の人員整理のために瓦礫の片付けが進まず、荒廃状態が継続していた[39]。一九四六年八月、東京都が一部を都立農業科学講習所として借地したいとの申請を提出して許可されたため、ここから敗戦後の新宿御苑整備が始まった。そして前述のように新宿御苑は国に物納され、一九四七年一二月の閣議決定「旧皇室苑地に関する件」によって整備と開放の方向へと進むこととなった。その後都立農業科学講習所は閉鎖され、旧皇室苑地整備運営審議会の答申を待たずして一九四八年四月から建設院によって公開のための整備が開始される。

旧皇室苑地開放にあたってGHQが関与したことは前述の通りであるが、新宿御苑開放に関してはより直接的な圧力が加えられていた。一九四八年一〇月にGHQ渉外局長のエコルズ大佐が新宿御苑の整備状況を視察し、吉田内閣に対して早期公開の催促がなされた。そうした圧力によって「新宿御苑の公開は整備の不備にかかわらず、促進せざるを得ない状態であった」[40]。GHQが公開を急いだ背景には、前述のように「民主化」を表象するツールとして新宿御苑の開放を思考していたからであろう。

その後、一九四九年四月の旧皇室苑地整備運営審議会の答申によって、新宿御苑は国民庭園として開放されることが決定され[41]、一九四九年五月二〇日より一般公開された〔朝日49・5・20、49・5・22〕。

新宿御苑にも皇居前広場と同様、厚生省の外郭団体として一九四九年七月一九日に高橋龍太朗参院議員を会長とする新宿御苑保存協会が設立された。この協会は敗戦前に御苑御用係であった福羽発三が理事に就任するなど、人事面において敗戦前との連続性が見られる。協会は厚生省の外郭団体として新宿御苑の整備管理を行い、先述した宮内庁への蔬菜納入も事業としていた[42]。開放を急いだために新宿御苑の整備は完全ではなく、その後も厚生省と協会は審議会答申中にある「施設整備」の具体的計画を練っていった。この中で登場したのが、新宿御苑西北端に二五〇〇〇人収容の一般レクリエーション用プールを建設しようとする「国民プール構想」である〔読売50・6・10、東京日日51・11・8〕。

なぜ新宿御苑にプールなのか。それは、敗戦前から深いことがよく知られているスポーツと天皇制の関係から説明することができる[43]。敗戦後も一九四九年七月に全日本選手権水上競技大会を天皇・皇后が観戦し、古橋広之進らを激励した。翌月の全米男子戸外選手権大会で古橋ら日本選手がアメリカ選手に勝利したことは国内で大きく報道され、民衆は国家を代表する選手を応援することで日本という国家枠を意識するとともに、「日本がアメリカに勝つ」という事実は敗戦によって傷つけられた自尊心を回復させ、民衆のナショナルな意識は高揚していった。[44] こうしたナショナルな意識を前提として、選手を顕彰するために計画されたのが国民プールである。前述のように敗戦前の新宿御苑は皇族のゴルフ場であり、スポーツと結びついた空間であったがゆえにプール建設用地として浮上したと考えられる。また、スポーツと天皇制の密接な関係や新宿御苑が旧皇室苑地であったことは、プール建設用地となる大きな要因となった。

この構想を推進するために一九五〇年七月頃に発足したのが、国民プール建設委員会である。これには超党派の国会議員一七九名の他、橋本龍伍厚生大臣ら一部閣僚も参加していた［毎日50・9・22、衆厚生51・7・21］。委員会は自由党の徳川頼貞参院議員・原侑元衆院議員が中心となり、プール建設要求の印刷物配布・厚生省への要望書提出・建設資金募金運動を計画している[45]［衆文部51・9・12、朝日50・11・16、東京日日51・11・8］。一九五一年六月には委員会を中心にして、「わが国青少年に水泳を通じて平和日本と文化国家の将来を背負う健全な国民として国際社会に勇躍させるため……国策的水泳プールの建築用地」を新宿御苑とするように求める請願が提出され、衆院文部委員会で採択された［第10回委員会議録付録］。ところが厚生省は、審議会答申に示された基本方針である「由緒ある沿革の保存」「原状の回復保存」という項目に合致しないとして、新宿御苑へのプール建設は適当でないとの結論を出すことになる［衆文部51・8・21］。

この決定に対して議員らは建設を求めて国会で政府を追及し始めた。この中で彼らが国民プール建設の必要性を強調するのに使った論理が、「文化平和国家」における民衆と天皇との結びつきだった。先陣を切った社会民主党の小林進は次のように言う。

軍国日本の時代には、軍隊が日本の象徴であった……天皇が［観兵式を］御親臨になつて、はなやかに国の姿を内外に示した。これが終戦後軍国日本という姿を払拭して、文化日本の姿を出そう……文化を象徴するスポーツというものを通じて―かつて軍隊を通じて天皇、皇室と結んでいたように、われわれはスポーツを通じて何とか皇室と親近感を持ちながら、スポーツ日本の姿というものを、ひとつ世界に示して行こう……皇室のその恩恵をわれわれ国民が感謝しながら、スポーツを通じて皇室との関係を続けて行こう……［衆文部51・8・21］。

小林の主張は明快であった。第一に、水泳を世界に誇ることができる日本の文化だと考え、プール建設によってそれを顕彰し、水泳の活性化＝日本の国力の回復を世界にアピールしようと試みたのである。第二に、旧皇室苑地という天皇の「恩恵」にプールを建設することで天皇と新たな国技である水泳とを接合させ、民衆がプールを利用したりすることで、自分たちの誇りを顕彰した施設のための空間を提供してくれた「民主」的な天皇に親近感を抱かせようとした。このようにして、国民プールの建設された新宿御苑を「国民感激の場」［同前］にしようと小林は思考していたのである。

こうした主張は小林だけではない。右派社会党受田新吉も、「新生日本」建設のために民衆と天皇を結びつけていこうとする意図を持って国民プール建設論を展開した。

皇室と民衆とを直結をする、すなわち皇室の御料地であつたが、国民はこれをこのように利用できるのだという、民主的国家の皇室への親近感を抱かせるという意味において、非常にいい意味の対象物……皇室を神がかりのような立場にしないで、今やまつたく民主化された皇室として、皇室と国民とが一体になつたという今日、御苑というものを高き雲の上に置くよりも……国民がレクリエーションの場所として使うというところに持つて行くことが、政治的な切りかえだと思う［衆文部51・9・12］。

これまで民衆から遠く離れていた新宿御苑にプールを建設することで、御苑が近づいてきたこと、つまりは「民主化」された天皇を民衆に理解させることができる。そうなれば民衆は天皇への親近感を抱くようになり、天皇との結びつきが一層深まる。受田は小林以上に民衆と天皇との結びつきの観点を強調し、プールが建設された新宿御苑を新たな国民統合空間にしてそれを国内外にアピールすることで、「新生日本」の出発を強固なものにしようと考えていたのである。

自由党の野村専太郎もプール建設によって「文化の高い国民の士気をいやが上にもあげ」［衆文部51・9・12］ると、文化概念の下でのナショナリズム高揚を目指した。与野党問わず多くの議員が国民プールを建設することで民衆と天皇との結びつきを強化し、それによって「国民の士気」をあげ、「文化平和国家」を目指していこうと考えていたのである。

以上の国民プール構想からは、次の注目すべき三つの点を見出すことができる。第一に、新たな民衆と天皇との結びつき装置を模索した点である。国民プールは、民衆が天皇と接点を持つようになったと感じさせるツールとして考えられた。民衆に天皇が近づいたことを味わわせる施設として捉えられていたのである。第二に、水泳選手の活躍によってナショナリズムが高揚し、彼らを顕彰して国家のプライドとすることでナショナリズムをより高揚させようとしていた点である。それに講和独立に伴う「新生日本」の意識が重なり合っていたことは注目すべきであろう。第三に、これまでの軍国日本のイメージを排除し、代わりに「文化平和国家」のラベルを「新生日本」に張り付けて世界へのアピールを試みようとしていた点である。国民プール建設運動では、これら三点が複合的に組み合わさって主張された。この構想では国家の誇りである水泳という文化と天皇が接合され、国家目標である「文化平和国家」の表象としての象徴天皇像はより強固になっていった。これまで「高き雲の上」にあった新宿御苑を利用することで、民衆は「民主化」された天皇との結びつきを感じる。それこそ新たに出発する「文化平和国家」に適合的な象徴天皇像だと認識され、国民プール建設運動は推進されたと言えるだろう。

前述の請願は、この「文化平和国家」の「将来を背負う健全な国民」育成のため、再出発する国家の構成員を作り出す試みとしてプール建設を要求していた。皇居や皇居前広場同様、「新生日本」の新たな国家像を表象する空間として新宿御苑は捉えられていく。それは同時に、象徴天皇制・天皇像を表象する空間とも考えられたのである。

では、国民プール構想はどのような結末を迎えたのだろうか。この構想には当事者とも言える水泳連盟が経費の問題から消極的で［毎日50・9・22］、特定の事業家や議員の利権と絡んでいるとの批判も絶えなかった［毎日50・9・25元審議会委員田村剛投書、東京日日51・11・8］。受田らが建設賛成理由として述べた民衆と天皇との新たな結びつきという理想に対し、国民プール建設運動の内実はもっと現実的な利権の問題としても動いていたのである。しかしこの構想が実現しなかった最大の理由は、新宿御苑が「保存さるべき貴重な記念物であり、その静寂優雅なふん囲気こそ、国民の休養と教養のために独自の存在価値をもつ」［同前］というように、その庭園としての価値を重要視してプールのような近代的な建築物を作るのは好ましくないとする意見であった。最大の対立点は、御苑として続いてきた歴史を尊重して「伝統的」な景観を残した上で開放するのか、新たなナショナリズムの動きに乗って景観を形成して開放するのかということにあった。厚生省は新宿御苑の庭園としての由緒を理由に議員らの抵抗を振り切った。結局国民プール構想は実現せず、その運動は終息する。しかし建設反対意見が国会で展開された民衆と天皇を結びつける議論までは否定せず、増田甲子七建設相も「新宿御苑は私は日本の誇りの一つ」［参建設51・2・22］と述べて皇室の「恩恵」としての新宿御苑を国の誇りと考え、庭園として開放することこそ民衆と天皇とを結びつけるとの思想を有していたことは注目すべきである。彼らにとっても新宿御苑は日本という国家を表象する空間であり、だからこそ伝統的雰囲気を残した上での民衆への開放を企図していた。そこからは、天皇の伝統的権威が尊重されている意識を見ることはできないだろうか。

その後の新宿御苑は入場者によって荒らされて閉園も検討されたが［朝日51・5・27］、庭園としての整備が進み、一九五一年秋からは敗戦前は天皇が主催していた「菊を見る会」が総理大臣主催として再開された。敗戦後の新宿御苑は、敗戦前の行事との連続性を有しながら一般に開放されたのである。ここには各界著名人や外国大使の他、皇族や臣籍降下した元皇族も招待され、内外に新宿御苑という空間がアピールされた。また一九五二年五月一日には天皇・皇后が出席した政府主催戦没者追悼式が行われた。これら二つの行事が開催されたことからは、新宿御苑が敗戦後も天皇と切り離せない空間で、日本という国家の伝統を表象する空間として世界に見せようとしていたとも考えられるだろう。敗戦後の新宿御苑は「文化平和国家」の表象空間としての意味を有する空間となって整備され開放されたのである。

皇居前広場をめぐる攻防

旧皇室苑地整備運営審議会の答申を受けて国民公園を管理することになった厚生省は、一九四九年五月三一日に国民公園管理規則を定め、その第四条で「国民公園内において、集会を催そうとする者は、厚生大臣の許可を受けなければならない」として、皇居前広場における様々な集会開催の管理を始めた。(46)敗戦後からその時点までは使用許可を出していたメーデーに対しても、「他に適当な場所があれば、そちらを使つてもらいたい」［朝日50・5・28］と考えるようになる。しかしそれは、メーデーで使用された時に特に広場の損傷が激しいからというような管理運営上の問題からの想起であった。事実この時の厚生省では、代替場所がない場合は皇居前広場でのメーデー開催を認めるとしており、その代わりに補修費用を主催者の総評に出してもらうことで決着させようとしていた［同前］。この時点では、皇居前広場からメーデーを排除しようとする積極的な意図は見られない。

ところが、それまでの皇居前広場使用の原則を劇的に転換させる事件が起きた。一九五〇年五月三〇日の人民決起大会事件である。事件は五月三〇日に皇居前広場で行われていた二つの行事――米軍のメモリアルデーと共産党などによる人民決起大会――の参加者間で衝突が起き、労働者ら八名がＧＨＱ兵士に対する暴行容疑で逮捕されたものであった。政府は事件を重く受け止め、それ以後皇居前広場における示威行動・集会の取り締まり強化に乗り出した。田中栄一警視総監は六月二日、「皇居前広場と、日比谷公園の二ヶ所に限り政治闘争の場にするのは面白くないので、関係各方面と連絡をとり、都民の健全娯楽および国民の祭典のほかはデモ、集会には一切使用させない方針」［朝日50・6・3］を採ると発表した(47)。この時の発表では、メーデーに関しては皇居前広場使用を考慮すると言及され、特別の配慮がなされていた。敗戦後の「民主化」を表象する行事であるメーデーの規制には、政府も慎重な態度を取らざるを得なかったのではないか。その後、厚生省は人民決起大会事件を直接の動機として「皇居外苑におけるこの種政治的集会に対する禁制が、総司令部及び国民一般の要望としてあらわれた」との見解を示し、六月二四日には国民公園管理規則第四条を改正して厚生大臣の許可を受けなければならない者の中に「示威行進を行おうとする者」という文言を挿入した。また政治的目的を有していたり、社会秩序を乱す恐れのある示威行動・集会を許可しない内規を策定し、このような措置を採ることであらゆる示威行動・集会を皇居前広場から追放しようと試みたのである。

翌一九五一年三月、政府は「メーデーの行事には政治的な含みがあるので、［皇居前広場での開催を］許可するのは好ましくないとの結論に達」する［朝日51・3・30］。メーデーに対しても強硬な態度を示すようになった背景には、メーデーが政治闘争化し、共産党の影響を受けた労働者が暴発するのではないかという認識が政府内で生じたためである[48]。

それに対してメーデーを主催する総評は、あくまでも皇居前広場での開催を主張した［朝日51・3・31、51・4・14、51・4・22］。四月二六日、岡崎官房長官は「昔の如く皇居前を美しく且静穏な場所として維持せんとする決定は国民全般の要望に添ったもの」との談話を発表し、代替会場として明治神宮外苑を示した[49]。この「昔の如く皇居前を美しく且静穏な場所」にすることこそ、皇居前広場保存運動が目指していたものであり、左翼・労働者から広場を取り返そうとする動きを政府も支持したと言えるだろう。こうした皇居前広場使用をめぐる攻防は、もちろん第一義的には逆コースの進展による政府と運動側の対立の意味合いが大きいと考えられる。政府への示威行動の一つであるメーデーに対して、また共産党の活動に対して政府が打撃を与えようとしたのである。しかしそれとは別に、皇居前広場と示威行動を引き離そうとする政府の意図を見ることができる。なぜならば、明治神宮外苑であればメーデー開催を認める方針を岡崎談話は提示しているからである。ここには皇居前広場は他の広場と異なり特別であるから示威行動を排除したいとの認識を見ることができる。それこそまさに、皇居前広場が国家の中心であるという意識が働いていたからに他ならない。「新生日本」を表象する空間での示威行動は国家の体面やプライドに関わる問題となり得る。そのため、皇居前広場を秩序ある空間に保とうとする力が働いたのである。その後、GHQ最高司令官のリッジウェイも政府の方針を支持したために総評はメーデー開催を断念する［朝日51・4・28］。しかし五月三日、皇居前広場において天皇・皇后出席の下に行われた憲法施行四周年記念式典で総評幹部らは広場使用禁止に対する抗議活動を行って逮捕され、政府との対立は決定的となった。

翌一九五二年は講和独立後初のメーデーとなるため、総評は皇居前広場での大規模な開催を強く要求していたが、政府は早々と皇居前広場使用禁止を決定する。これに対し総評は、この禁止決定は憲法違反であるとして四月四日、東京地方裁判所に提訴して抵抗した。この裁判では被告となった政府側が極めて興味深い主張を展開し、使用禁止決定の正当化を図ろうとした。そこからは、皇居前広場という空間への政府の認識を窺うことができる。

皇居外苑は、旧皇室苑地という由緒を持つ外、現在もなお皇居の前庭であるという特殊の性格を持った国民公園である。従って、これが一般の利用はその特殊の性格にふさわしい美観と静穏とを保ちうる方法により、広く国民一般の休息、散策、観光に供する如く管理する。(50)

このように、皇居前広場の存在意味・空間認識が皇居との関係の中で語られているのである。繰り返しになるが、「皇居の前庭」という意識は皇居外苑保存協会と軌を一にしており、政府も彼らと同様の認識を有していたと言えよう。政府は、皇居前広場は単なる広場ではないのでメーデーのような喧噪は除外すべきで、自然的な景観風致こそが必要だと主張していた。このように天皇の住む皇居の前庭だからこそ静穏で秩序ある空間として保たなければならないという意識は、その空間自体にある種の権威性を認証していると同時に、象徴天皇が権威性を有する存在であると認識していたからこそ想起されたものではないだろうか(51)。

こうした認識に対して東京地裁は四月二八日、政府の主張を退けてメーデーへの皇居前広場使用不許可措置は不当であるとの判決を下した[朝日52・4・29など]。地裁判決は、皇居前広場については「その由緒ある沿革を重んずる一方、平和的文化国家の象徴として、できるだけ広く国民の福祉に寄与するため、国民広場として一般公衆の共同使用に開放するということが、国の根本方針として確定した」と認定し、政府の使用制限措置はその方針と矛盾するものであると指摘している。[52] 日本国憲法の保障する勤労者としての権利、集会の自由を尊重してメーデー開催を認めるべきだと主張した判決であった。またその中では、皇居前広場を「何か侵すべからざる聖域であるかのように扱うことは相当ではないといわなければならない」と述べられており、政府の皇居前広場認識が痛烈に批判されていた。日本国憲法の理念から政府の措置を不当だと判断した地裁判決は、皇居前広場を「文化平和国家」の表象空間として憲法理念に適合的な空間と捉え、それに反する政府の認識や行動を認めなかったものと評価できるだろう。

この判決に対して政府は控訴した。その趣意書の中では、皇居前広場は「『日本国の象徴であり日本国民統合の象徴』(憲法第一条)である天皇の住居の前庭に位置しているという特殊の性格を有する公園」と述べて、従来通り天皇の住む皇居の前であることを強調し、それに加えて憲法条文を用いることで従来の主張が憲法理念に適合的であることを主張した。[53] また、「人々の大部分は静かで、美しい公園全体の環境の中に、日本的な苔蒸す石垣、堀と緑、そして二重橋を配した皇居を鑑賞し、気高い、心の緊張を感じて国民の誇りと自覚を覚えるといってもさして異論がないと信ぜられる」というように、国家・国民のプライドに関わる問題として、皇居前広場が静穏で秩序の保たれた空間であるべきだと強調することで、メーデーへの広場使用の不許可措置を正当化しようとした。

このように政府が控訴をしたために地裁での判決は確定せず、結局メーデーは明治神宮外苑で開催せざるを得なかった。[54] しかしメーデー当日の五月一日、会場からデモ行進を行った労働者は皇居前広場において機動隊と衝突し、有名な「血のメーデー事件」が起こることになる[55]［朝日52・5・2］。

旧皇室苑地と象徴天皇像

「民主化」されつつあった天皇から国家へ物納された旧皇室苑地は、敗戦後一貫して「文化平和国家」の表象空間としての整備運営が目指された。それまで民衆に閉じた空間であった旧皇室苑地が開放されることこそ、「民主化」を表象することに繋がると捉えられたのである。またそうした「文化平和国家」の表象空間に、「新生日本」のスローガンとも言える文化や平和に関係する施設を建設しようとする動きが、建設院から出された整備案であり、国民プール建設運動であった。旧皇室苑地は天皇から与えられた「恩恵」であり、民衆はそこを利用することで天皇との結びつきを実感する空間とも考えられていった。言い換えれば、皇居前広場保存運動・国民プール建設運動の展開は、敗戦前から生まれ変わった象徴天皇像を民衆に定着させる機会でもあった。

注意しなければならないのは、皇居前広場を皇居の「前庭」と捉え、秩序ある空間として整備運営しようとするグループの存在である。敗戦前の思考を色濃く残存させていた彼らの思考は、逆コースの進展によって整備運営を担当する政府の思考と同一化していき、メーデーなどの反政府的な集会・示威行動を皇居前広場から排除する動きへと繋がった。

ところが、皇居前広場は皇居前広場保存運動が目指したような「秩序」のみの空間ともならなかった。その後の皇居前広場について見てみよう。メーデーから二日後の五月三日には天皇・皇后が出席した「独立記念式典」が開かれ、詳しくは後述するように天皇はそこでそれまで噂されていた退位論に終止符を打った。一一月一五日には皇太子が出席した「立太子奉祝都民大会」が行われる(56)［朝日52・11・15］。GHQや共産党・労働者が去った後、皇族の出席を伴った式典が皇居前広場で開催されることになった。一九五三年一〇月一二日の明仁皇太子外遊(第六章で詳しく論じる)帰国時の『朝日新聞』に掲載された写真は、まさにこの事実を表象的に示している。皇居前広場において皇太子帰国を歓迎するために集まり、皇太子に注目する多数の民衆。彼らと皇太子との距離はそれほど離れておらず、皇太子は民衆とは何の障害も隔たりもないオープンカーで登場していた[57]［朝日53・10・12（夕）］。このように占領終了後、「新生日本」の表象である皇太子が登場してくることで、皇居前広場は皇太子や天皇と民衆との接触が図られる空間となった。民衆は積極的にこの空間での接触に参加していった。こうした動向は、秩序を形成しようとする皇居前広場保存運動の思想と全てが一致するものではないだろう。

またマスコミでは、皇居前広場は民衆の「憩いの庭」としてたびたび紹介されていた[58]。『読売新聞』社会部記者の加藤地三は一九六二年の時点で、皇居前広場が昼にはレクリエーションの場や観光客の休息所として利用されていること、夜には男女の集う場所として利用されていることを報告している[59]。ここでは、昼の民衆による利用がのどかで平和的なものとして、夜の風景は敗戦直後のような退廃的雰囲気ではなくて健全なものとして、むしろ好意的に捉えられていた。その意味では、敗戦直後よりも皇居前広場の「秩序」は保たれてはいたが、しかしそれは敗戦前の意識との連続性を有した皇居前広場保存運動とは必ずしも同一ではなく、むしろ異なった形で皇居前広場は利用されていたと言える。「文化平和国家」という概念によって、敗戦以前の意識を組み込みつつも、新たな意味をも「一致」させた空間となったのである。そして民衆は開放と秩序の意識をゆるやかに共存させて、皇居前広場を利用していったのではないだろうか。こうして皇居前広場は「文化平和国家」の表象空間となった。一九五〇年代初頭に見られた象徴天皇像の相剋は「文化平和国家」という国是と結びつくことで曖昧化し、「文化平和国家」の表象としての象徴天皇像が形成・確立されたのである。

3　占領期最後の天皇退位問題

退位論をめぐる社会的な背景

一九五一年から五二年にかけて、再び天皇退位論が浮上した。この時期に退位論が展開された要因として、次の二点が考えられる。まず第一に、元老西園寺公望の秘書であった原田熊雄の『西園寺公と政局』が一九五〇年より出版され始めるなど、政治家や軍人の日記や回想から、戦前の政治過程が次第に明らかになってきたことである。この講和条約期には、人々が戦前の天皇制を客観的に判断できる状況が生まれつつあったと言ってよいだろう。また占領期を総括し、それがいかなる意味を持っていったのかを考える記事も講和独立を機に多数のマスコミで掲載された。敗戦後一貫して主張されてきた天皇の道徳的責任論は、占領期に解消されずに人々の心に通底しており、マスコミや知識人などが戦前や占領期を問い直す中で、退位論が広範に議論される基盤が形成されたのである。「新生日本」としての出発を機に、これまでの歴史が再検討される中で退位論が起こったと言える。

第二に、明仁皇太子の青年としての登場があげられる。一九五〇年二月にソ連がアメリカに対して細菌戦計画の容疑で天皇を戦犯として裁判にかけることを要求したように、敗戦後時間が経過しても昭和天皇には戦争イメージが常につきまとったため、皇太子への期待が高まった。『毎日新聞』社説はソ連の裁判要求に対し、天皇には実質的な責任はないと弁護した上で、これからの「平和国家を建てるには、今日の天皇も何らかの形で役立つ」と主張し、天皇を裁判にかけたり天皇制を廃止することに反対する［毎日50・2・3社説］が、「現天皇が、自発的に譲位をするというならばまた別である。要はこの日本が、平和国家として世界の平和に貢献すればよい」と興味深い論理で社説を締めくくっている。天皇には戦犯として裁かれるような実質的責任は存在しないが、道徳的責任を感じての自発的な退位ならばそれを妨げないという選択肢が、一九五〇年に存在していた。そうしたマスコミを通じて人々にも退位の観測が伝わっていったと思われる(60)。

この社説でもう一つ注目すべきことは、「平和国家」という独立後の「新生日本」の国家像に関する視点を持っていることである。ちょうどその時、明仁皇太子も青年として表舞台に登場してきた。「文化平和国家」を目指す「新生日本」にとって、過去の問題と接点のない皇太子の存在はその概念に適合的であった。退位によって気分を一新し、「新生日本」の出発と象徴天皇制としての新たな出発とをリンクさせようとする思考が生まれていった。後述するように、講和条約期の退位論の多くが皇太子に期待する言説の中で展開され、彼の登場を天皇退位の根拠としている。このような近代天皇制の再検討・明仁皇太子の登場という二つの社会的な潮流が、講和条約期に存在していた。それこそが、この時期に天皇退位論が議論される要因となった。

再軍備論者による退位論の噂

一九五〇年六月の朝鮮戦争勃発を契機として設置された警察予備隊は、その組織をどのように再編成してまとめ上げていくのかを課題として抱えていた。こうした当時の政治課題の中で、天皇を警察予備隊や再軍備後の軍隊の精神的な中心に据えようとする言説が現れ、天皇退位問題も次第にクローズアップされてくる。

この問題を最も早く、そして詳細に伝えたのは、『東京リポート』一九五一年八月二六日付の一面記事である(61)［以下、東京リポート51・8・26］。記事によれば、講和条約を機に天皇は退位すべきであるという議論が再軍備問題と関連して「右翼方面」から起こっており、彼らは何よりもまず「建軍の思想をどこにおくべきであるか」という問題を提起していると言う。敗戦前の経験を踏まえて再軍備後の「軍隊の政治徒党化」の動向を抑制するためには、その中心に「最も正しい人」を得る必要があり、それは「天皇をおいて、他にはない」。ところが昭和天皇はアジア・太平洋戦争に対する「道義的な大責任者」であり、戦没者遺族などの感情を考えればそのままで再軍備を進めることは民衆の感情がこれを許さない。そこで講和条約を機会に天皇は退位し、皇太子が新しい天皇に即位することによって、この問題を解決しようという主張が表れていると言うのである。記事では天皇の命令が戦没者遺族を生み出し、民衆を苦しめたと述べられており、天皇の大元帥としての戦争責任が強く意識されている。戦没者遺族との関係を重視されている点は、当時それが大きな政治課題であったことと関係するだろう。

再軍備論者による退位論を報じる『東京リポート』
[51・8・26]

記事はこの退位論を主張した人物を「右翼方面」としか言及していない。そして「彼等は、もともと講和条約成立後の日本は、真に独立日本として、名実ともに新しく出発するためには、太平洋戦争の道義的大責任者である今上陛下が譲位されて、皇太子殿下を新天皇にむかえることが最善である、という政治的主張を持っている」と言う。このように「新生日本」のあり方を思考した時、再軍備を志向することは考え得る選択肢の一つであった。

有山鐵雄「楽園を夢みる吉田」によれば、こうした退位論を展開しているのは、「こんどは巣鴨のA級戦犯、旧重臣が口火を切つているという話。もちろん海外の声も反映してい」た(62)。しかし旧重臣らが再軍備と天皇退位を繋げて主張した事実は、管見の限りではない。また島崎光二「退位論のニュー・フェイス」によれば、「海軍においては対米協力派の野村吉三郎元大将《マ》陸《マ》軍は最後の陸相であった下村定元大将」によって主張されており、そのために皇室典範に退位条項を入れようと「前情報局総裁緒方竹虎、前同盟社長古野伊之助が、この一翼として、政界上層部を歩いていると噂されてい」た(63)。しかしその緒方は、一九五二年に『朝日新聞』紙上で行われた座談会の中で、「ロジカリー（論理的）にいえば御退位という意見も立て得る」としながらも、「日本の皇室はロジックで論ずるよりは、もっと大きな国民感情の中に根底がある」と述べて、民衆感情を理由に退位には否定的な見解を示していた［朝日52・1・1］。

確かに野村や下村は天皇を精神的支柱に据えた再軍備を計画していた(64)。しかし彼らの再軍備論が昭和天皇の退位を前提に考えられたものかどうかははっきりとしない。彼らが退位を公言することはなかったからである。このように再軍備論者の退位論は誰が主体的に主張したのかははっきりとせず、曖昧なムーブメントに終止していた。

しかしこの再軍備論者による退位論の噂は、一九五一年後半ごろからは他のマスコミでも取り上げられ、国会でも議論されるようになる。右派社会党の山下義信は「天皇中心でなくては国民に本当の自衛意識が昂揚して来ない」という話を最近聞き、「国民の中にはなんとなく天皇中心主義というものの復活が考えられているかのよう」だと警告した。そして「新日本の出発に当たりまして、条約の批准を待つて皇太子殿下の登極を希い、輝やかしき国民奮起の中心とすべきであるという有力なる説があると伝えられて」いると述べる［参予算51・11・13］。これに対し吉田首相は、退位の可能性を否定するが、その後も左派社会党の中田吉雄がその立場について吉田首相へさらに質問した。

［警察予備隊の］精神的支柱を求めることは極めて困難であります。そこで国民の天皇に対しまする忠誠心を利用いたします……併し現天皇の命令によりまして戦争に動員され、国民は多くの被害を受けていますので、今の天皇ではどうにもならない。そこで天皇は、条約の発効と共に譲位をお願いし、皇太子を擁立するという立場であります［参本会議52・2・6］。

吉田首相はこれに対しても、天皇を統帥権者とする憲法改正や皇室典範改正の可能性を否定することで退位に反対した。そして退位論の出自とされる「右翼方面」では、「『天皇が道徳的責任を感じて退位すべき機会はあつたが今ではおそい、天皇は〝統して治せず〟現行憲法の思想で十分だ』とする旧金鶏学院の安岡正篤氏らの考え方が支配的」との観測も出［東京52・4・23］、再軍備論が天皇退位とセットで議論されることはなくなった。

このような再軍備論者の退位論の噂が広がった背景には、敗戦前の歴史が問い直される中で、少なくとも天皇の道徳的な責任が解消されていないとの認識が存在していたからだと思われる。たとえ再軍備するにしても、「新生日本」においては皇太子のイメージの方がふさわしいと考えられた。この二つの要因によって、「新生日本」を見据えた再軍備論者の退位論の噂が現実味を持って人々に伝えられたのである。

木戸幸一による退位論──民衆との道徳的関係から

A級戦犯として服役中であった元内大臣の木戸幸一は、一九五一年一〇月一七日、松平康昌式部官長（木戸が内大臣の時の秘書官長）に天皇への次のような伝言を言付けた。

陛下ニ御別レ申上シタル際ニモ言上シ置キタルガ、今度ノ敗戦ニツイテハ何トシテモ陛下ニ御責任アルコトナレバ、ポツダム宣言ヲ完全ニ御履行ニナリタル時、換言スレバ講和条約ノ成立シタル時、皇祖皇宗ニ対シ、又国民ニ対シ、責任ヲオトリ被遊、御退位被遊ガ至当ナリト思フ……コレニヨリ戦没、戦傷者ノ遺家族、未帰還者、戦犯者ノ家族ハ何カ報イラレタルガ如キ慰ヲ感ジ、皇室ヲ中心トシテノ国家的団結ニ資スルコトハ頗ル大ナルベシト思ハル。若シ如斯セザレバ、皇室丈ガ遂ニ責任ヲオトリニナラヌコトニナリ、何カ割リ切レヌ空気ヲ残シ、永久ノ禍根トナルニアラザルヤヲ虞レル。[65]

敗戦前は政治の最も中枢部にいた木戸は、天皇には何らかの戦争責任が存在し、何も責任を取らないことは民衆の中に「何カ割リ切レ」ない感情を残すと考え、今後の天皇制存続のためには天皇が退位することでその問題を解消させる必要があると構想していた。

しかもそれは「陛下ニ御別レ申上シタル際」、つまり木戸と天皇が最後に会った一九四五年一二月一〇日には進言していたと言う。木戸は一九四五年末にはすでに退位の考えを持っていたのである。木戸は、講和独立が「新生日本」の国家としての新たな出発点であり、その出発点こそが新たな天皇への交代に最適かつ最終機会と考えたことから退位を主張した。敗戦直後の木戸は天皇の退位の意思を聞き、天皇制自体の存続が不透明な時期には「或は皇室の基礎に動揺を来したるが如くに考へ、其結果民主的国家組織（共和制）等の論を呼起すの虞れもあり」と退位に反対していた。[66] しかしこう言うならば、天皇制自体が存続を保障され、退位が動揺を生まなくなるようになった時ならば退位は問題ないことになる。むしろ講和条約期の木戸は、退位によって天皇が戦争責任を取ったことを明確に民衆に示すことで、「禍根」を残さないようにしようとしている。木戸は「新生日本」の出発にあたって過去を清算しようとしたのである。この時期ならば、今まで動揺を生み出す危険性のあった退位が、逆に天皇が責任を取るという道徳的振る舞いを民衆に示し、「好影響」を与えるものに転化されると考えたのであろう。

木戸はまた、元内大臣として天皇・天皇制に対する深い忠誠があったからこそ、退位を主張したと考えられる。講和条約調印時の日記に見られるように、「余ハ一筋ニ皇室ノ御安泰ト国体ノ護持ヲ念願シテ之ガ達成ヲ目標トシテ総テノ事ニ当ツタ……ラヂオニュースヲ聴イテ居ルトアナウンサーガ今日ノ陛下ノ御心持ヲ種々ト報道シテ居ツタ。陛下モ嘸カシ御安心ニナツタロウ《ママ》ト思ツタラ涙ガ出テ来タ」と天皇個人やその境遇に同情し、涙を流すほどであった[67]。こうした気持ちがあったからこそ、天皇個人には同情するけれども、ポツダム宣言が完全に履行されて訴追の心配がなくなった今ならば天皇への危害もないと考え、天皇制という制度を安定化させるために退位を主張したのである。

木戸の退位の提案に対して松平からの返答は、「御退位ノ御希望ハ陛下御自身ニモアリ……只吉田首相ニ至テ此ノ問題ニツイテ無関心ナル様子ナノデ苦慮シテ居ル」というものであった[68]。しかしこの一〇月の木戸による退位の提案以前に、吉田と天皇の間で退位なしの方針が確認され、宮中でも決定されていた[69]。それゆえ、この時点で天皇に退位の意思があったとは思われない。むしろ、元重臣の提案を無下に却下するわけにはいかなかったために、このように吉田の反対によって退位はできないと強調する返答をしたのではないだろうか。これを聞いた木戸は、次のように述べている。

実際ノ政治トシテ此ノ際、直ニ実現ガ困難ナルベキコトハ了解シ得ルモ、去リトテ、此ノ儘、荏苒時ヲ過セバモハヤ機会ハナク、万一、世論ノ変動ニヨリ種々議論セラレタル後、御退位ヲ余儀ナクセラル、ゴトキアリテハ、誠ニ遺憾ナリ。事実、思召ノアルトコロヲ明ニスル機会ハ講和成立ノ時ガ唯一ニシテ、最後ノ機会ナリト思フ。

ここでも木戸は、講和条約期に天皇が責任を示すことの重要性を強調する。「新生日本」の出発にあたって、天皇が民衆に対して道徳的な責任を示さなければならないとの木戸の強い意思が見える。木戸のこの提案より以前から、講和条約発効式典での天皇の「お言葉」の検討が始まっており、一九五二年四月四日には「天皇御退位ノ問題ニツキ、吉田首相モ漸ク納得シテ独立ノ記念日等ノ機会ニ陛下ヨリ其御意思ヲ仰セ出サルル様、考慮中ナルガ、何分国家トシテハ、御在位ヲ前提トシテ居ル為メ、発表ノ案文ガ中々書ケナイノデ行難ンデ居ルル」と、木戸に伝えられた(70)。「お言葉」の文言をめぐって宮中・政府では様々な模索があった。そして、講和条約発効式典での天皇は自身の戦争責任を明確に言及せず、今後も在位し続ける旨の「お言葉」を読み上げた(71)。

木戸がこの時期に退位論を展開したのは、天皇制が安定的に存続するための不安材料を解消するためだった。天皇が民衆に対する道徳的な存在であるからこそ、責任を取ることで民衆に対して「好影響」が得られると木戸は確信し、退位を主張したのである。

再び、矢部貞治の退位論

この時期、第一章で取り上げた矢部貞治が再び退位論を展開する。矢部は一九四八年にも退位が必要だと主張しており(72)、敗戦後一貫して天皇退位の考えを有していた。その矢部が、講和条約期になって再び大々的に退位論を展開したのは、一九五一年一二月二二〜二五日の『読売新聞』に掲載された「独立日本と天皇制」と題する座談会でのことである。この座談会は一九五一年一二月一九日に『読売新聞』の記者より電話があり、矢部は「天皇の退位問題だというので嫌だが、仕方なく出」たようである［矢部51・12・19］。ここで注目すべきは、『読売新聞』側が退位問題を話題とするように矢部に指定していることである。座談会の見出しでも、「譲位で新しい出発　国際的にも好影響を与えん」と矢部の退位論が大きく印象づけられており、積極的に退位問題をアピールしようとする『読売新聞』の姿勢がうかがえる。他紙に比べ『読売新聞』は退位問題を論ずることに積極的であった。講和条約期の退位論におけるマスコミの影響力の大きさと積極性を指摘できるのではないか。[73]

座談会で矢部はまず、「国家統合の象徴としてあるいは最高の仲裁者、調節者」としての君主制と民主主義とは矛盾しないと言い切った［読売51・12・23、以下この日の発言］。矢部によれば、民主主義は階級の問題などが噴出する。そこで「国家としての一つの統一を保つ」ためには「求心的な要素」が必要であり、日本においてそれは「国民の象徴という天皇」しか考えられないと言う。しかし、天皇制を維持するためには天皇は退位すべきだと主張する。なぜ退位が必要なのか。矢部は次のように説明している。

法律論や政治論上の責任論を別にしても、その何千年か続いて来た日本の国がこのような異常な状態にいまの天皇の代になったということはこれは法律上や政治上の責任論とは別に、そこに一つのやはり道徳的な問題がある。

矢部によれば、敗戦前の天皇には「憲法論としての責任はな」かったが、公開された『西園寺公と政局』や『木戸幸一日記』を研究すると（当時矢部は近衛文麿の伝記を執筆するためにこれらを読んでいた）、国家の様々な意思決定の場面や戦争・作戦の遂行時には天皇は指導的役割を演じる余地があった。にもかかわらず天皇がその役割を果たさなかったことは、道徳的観点から見るならば責任を問われるべきだと考えたのである。天皇は憲法で規定された権能からは責任が問われないが、国家の指導者として戦争そして敗戦を導いてしまったことに対する道徳的責任は存在すると矢部は問うた。つまり天皇は国家や民衆を現在の状態に陥らせた責任を取って退位すべきであり、しかもそのように退位しなければ、国家の求心力としての天皇制は維持できないと矢部は考えた。矢部は特に、国内外の世論などの圧力によって天皇が退位するのではなく、天皇自身の決断による「自主的退位」に固執した。それは、天皇が自ら責任を感じて退位するという行為こそが民衆に天皇の道徳的振る舞いを見せることになり、国家の道徳的模範としての象徴天皇像を示すことができると確信していたからであろう。こうした矢部の退位論は、民衆と天皇との関係を道徳に基づいて規定する木戸やそれ以前の退位論と同質の議論展開と言える。

では矢部の退位論の他のそれとは異なる特徴はどこにあるのか。第一に、天皇制が国家の求心力たり得るための条件を矢部が考察していたことにある。これは、共同体としての維持を第一義に考えていた敗戦直前・直後以来の考えに基づいているだろう。第二に、前述のように敗戦後に次々と公表された史料から近代天皇制の政治過程を丹念に検討し、その作業の中で考え出された道徳的責任を基に退位論を主張したことであった。そして第三は、矢部が講和条約期に再び退位論を提起した理由の中に示される。

いろいろ目の前にある心配がなくなって、それから平和条約もできて独立国として新しい気持で国際社会に出て行こうという時ちょうどはつらつとした皇太子も成年に達せられた時期であるし、こゝらで天皇が退位されて新しい皇太子を立てゝ行こうということは日本の将来という点からいって……考慮に値する問題ではあるまいかと考えております。

ここでは、独立と皇太子が退位を主張する重要な概念として登場している。これまでならば天皇が退位した後、成人していない明仁を誰が摂政として補佐するのかという問題が存在していたが、講和条約期には皇太子は成年を迎えたことからそれを心配する必要もなくなったと矢部は述べる。むしろ皇太子は、戦争イメージを有する天皇よりもこれから再出発する「新生日本」の国家像に適合的であった。だからこそ矢部は、講和条約発効を目前に控えたこの時期に、再び退位論を提起したのである。

青年中曽根康弘の退位論

この時期の退位論では、改進党の若手代議士であった中曽根康弘のそれが特に知られている[74]。中曽根の東大時代の恩師こそ矢部であり、彼は矢部の退位論をベースにして持論を展開したのではないか。一九五二年一月、中曽根は衆院予算委員会の中で次のように退位論を展開している。

> 現天皇が一貫して平和論者であつて、戦争の形式的責任がない……［しかし戦争についての］天皇の人間的苦悩が、外からの束縛によつてほぐされない状態であるならば、この束縛を解くことが、古くして新しい天皇制にふさわしい……もし天皇が御みずからの御意思で御退位あそばされるなら……最後の機会として、平和条約発効の日が最も適当であると思われる……皇太子も成年に達せられ、戦死者の遺家族たちにもあたたかい国家的感謝を捧げ得ることになつた今日、天皇がみずから御退位あそばされることは、遺家族その他の戦争犠牲者たちに多大の感銘を与え、天皇制の道徳的基礎を確立し、天皇制を若返らせるとともに、確固不抜のものに護持するゆえんのものであると説く者もあります……［衆予算52・1・31］。

中曽根は、「人間」である天皇は戦争責任について自ら苦悩を感じているはずであり、それを解放するために退位することは、生まれ変わった象徴天皇制にふさわしいと述べる。しかも退位することで民衆に「感銘を与え」ることができると言う。なぜなら、民衆に対して天皇は自分たちと同じ苦悩を感じる「人間」だということが強調され、より身近となった天皇像を印象づけることができるからである。そして、この時期に政府が準備していた戦争病者戦没者遺族等援護法などの戦争に対する国家補償の問題に中曽根が言及して退位論を主張していることは、彼が民衆と天皇との関係を重視していたことを示している。戦争の傷跡をいかに精算し、「新生日本」として再出発するかは当時の重要な政治課題であった。退位によって天皇が道徳的責任を果たしたことを示すことで、天皇の責任や過去の戦争を精算し、その上で国家としての再出発を図ろうと中曽根は考えたのではないか[75]。

そして天皇が自ら責任を感じて退位することで、民衆は道徳的存在として天皇を見、その姿に感銘を受け、より強固な天皇制へと生まれ変わると中曽根は考えたのである。彼の退位論は木戸や矢部と同様に、民衆との精神的紐帯を強化しようとするものであった。しかも講和独立・皇太子という概念が出て来るのを見ると、中曽根が師である矢部の退位論に影響を受け、参考にしたのではないかとの推測はより強くなる。

この退位論はまた、中曽根のナショナリスティックな考えを色濃く反映したものであった。中曽根は一九五〇年代前半、民族独立を唱えて憲法改正を主張した。その理由として日本国憲法はＧＨＱによる「押しつけ憲法」であると展開し、「老朽化した……日本民族の若返りと日本の新しい発展」のために改憲を主張する。中曽根は、「自主憲法」による天皇の地位は「政治的権限を現在以上に拡大しない……精神的な国民統合の中心として存在する」と留保をかけつつも、宣戦・講和・非常事態宣言及び緊急命令の公布、条約批准などの強大な権限を「外国に対する外交儀礼上の配慮から」持つ「元首」としている[76]。中曽根は吉田首相の進める対米依存方針からの脱却を目指しており、自立した強力な国家を建設しようとしていた。その表象的な存在として天皇の地位を改正しようと考えたのではないだろうか。そしてより重要なのは、渡辺治が指摘しているように、この元首化論が昭和天皇の下ではなく、明仁皇太子が天皇に即位したことを前提に想定されていたことである[77]。中曽根は自主・若返り（これは退位論でも主張されている）をキーワードとし、「新生日本」の再出発としての独立を機に、対米依存からの脱却と国際社会で発言権を獲得した上での復帰を目指した。中曽根にとって、昭和天皇よりも若くて清新なイメージの明仁皇太子の方が自らの構想する「新生日本」のイメージに適合的だった。だからこそこの時期に、中曽根は天皇退位論を主張したのである。

矢部・中曽根の退位論は、敗戦前の日本をイメージさせる天皇が退位することで「新生日本」の出発に適合的な天皇制に一新させることを目指したものだった。天皇が道徳的な責任を取ったことを民衆に示すことで道徳的な存在としての天皇像を強調し、国家の一体性を保持しながら、「新生日本」の出発を機に天皇制を再構築しようとする構想だった。そして矢部・中曽根による提起は、講和独立に伴うナショナリズムの高揚から「新生日本」を人々に強く意識させ、それに適合的な皇太子の存在が前面に押し出される契機となった。

市川房枝の退位論——再軍備反対の観点からの提起

この他に「新生日本」との関係で退位を主張した人物として、市川房枝がいた。市川は再軍備に反対する意味から退位を主張しているところに特徴がある。

市川は一九五〇年一〇月に公職追放が解除され、それ以後活発に婦人運動を展開した。その中で特に注目すべきは再軍備反対運動である。市川は女性の立場から、再軍備に反対する姿勢を示した。市川は、安保条約発効によって日本がアメリカから再軍備を強制され、再び戦争に巻き込まれるのではないかと予測していた。再軍備は「逆コースに拍車をかけ[78]」、戦前の状態に再び揺り戻されるのではないかとの危惧を抱いたのである。このように敗戦前の社会や戦争への鋭い批判の目が市川には存在していた。

そしてその延長線上で主張されたのが天皇退位論である。市川は一九五二年一月、自らが会長を務める日本婦人有権者同盟の機関紙『婦人有権者』の中で、「講和条約及び安保条約の発効を機会に、天皇に御退位を願い度い」との意見を発表した[79]。市川は「象徴としての現在の天皇制に反対するものではない」が、戦没者が多数出たこと・敗戦を招いたことなどから「天皇の道徳的責任を黙殺する事は出来ない」と主張する。そして「天皇がその責任を自覚して自発的に退位されるのは、此の度は最も適当な最後の機会だと思う」と述べる。戦死者の問題に言及するなど、民衆に対する天皇の道徳的責任を展開している点は矢部・中曽根らこれまで検討した退位論と同様であり、民衆と天皇の結びつきを重要視した考え方が市川にもあったのではないか。市川が講和条約期を退位の最後にして最適のチャンスと考えている点も矢部らと同様である。

幸い、皇太子も成年に達せられたのであるから、何の躊躇される理由はないと思うのである。これは独立日本の再出発に際して、国民の道義心を振起すると共に、戦争中の軍国主義への復帰を阻止するきっかけとなるだろうと思うがどうだろうか……私共は青年皇太子を象徴とする平和日本、独立日本の再建を冀《ねが》うや切である。

ここでも独立した「新生日本」を意識し、新たに表舞台に登場してきた皇太子への期待が語られており、その点では中曽根などと同じ意識を共有していたことがわかる。しかし市川の退位論の最大の特徴は、再軍備反対という立場から主張されたことにある。市川は、昭和天皇には戦争イメージ・大元帥イメージが残存しており、このまま天皇が在位し続ければ敗戦前の社会と連続性を有することになり、それがひいては敗戦前のような軍隊が復活する再軍備に繋がると市川は見た。戦争・軍国主義イメージのない明仁皇太子が天皇になれば軍隊とは結びつかず、再軍備へと向かう心配がない。そして天皇が責任を感じて退位するならば、民衆の「道義心」は「振起」されて「軍国主義への復帰を阻止するきっかけとな」り、再軍備反対の世論が高まると市川は考えたのである。

市川の退位論は再軍備に反対するがゆえに、戦争・軍国主義とは切り離れたイメージの皇太子を「新生日本」の表象にしようとするための退位論であったと言える。それは、清新なイメージを持つ皇太子の登場を背景に、「新生日本」を敗戦前とはまったく切り離したものとしようとする意図を市川が持っていたからこそ展開されたものであった。そして天皇の道徳的責任について明確に言及し、退位によって民衆の「道義心」を喚起しようとする点では道徳的責任論の系譜も継承しており、天皇が日本という国家の道徳を表象する存在であるとの認識が市川の根底にあったからこそ、彼女は退位を主張したのである。

退位論とマスコミ

講和条約期は、高い期待を持たれた明仁皇太子という存在を前提に、退位論が主張されていた。そのような「新生日本」の国家像に適合的な皇太子像を作り上げたのはマスコミであった。そして、そのマスコミの中からも天皇退位論が登場してくる。

講和条約期に天皇は退位するのではないかとの話がマスコミで登場したのは、管見の限りでは一九五一年九月に、政府が明仁皇太子の天皇即位のために予算を計上しているとの「東京来電」が台湾中央社で報道され、それが日本に打ち返されて報道された時が初めてである［沖縄タイムス51・9・20］。この報道に対し、大宅壮一はデマであろうとしつつも「しかし天皇退位そのものは、この際もう一度取り上げていい問題である」と主張する［東京日日51・9・30「天皇退位説」］。その理由について大宅は第一に、講和条約期は敗戦直後とは異なり天皇が退位しても天皇制廃止に繋がる心配がなくなったこと、第二に、天皇に退位の自由がないのは憲法の保障する基本的人権を認めないことと同じであるとの三笠宮の意見を紹介し、「天皇が今すぐ退位するしないは別として、こんな問題を国民にはっきり認識させて解決するには、今が絶好の機会ではあるまいか」と述べる。この時点での大宅は積極的な退位論を展開したわけではなかった。もし天皇に何らかの問題が起こった時のため、退位論が天皇制存続の問題とは切り離されるようになった今、議論すべきだと問題提起しているのである。

翌年になると大宅は積極的に天皇退位を主張するようになる。そのきっかけは、一九五一年末に新聞各紙が成年となった明仁皇太子を「新生日本」のホープとして描いたことだったと思われる。大宅は皇太子教育や結婚問題などマスコミが大々的に取り上げていた話題を紹介して皇太子に対する期待を述べ、同じ文章の中で退位論を展開した。

独立と同時に天皇は退位すべきであるとの説が有力になってきているが、私もこの説に賛成である。新憲法による天皇は〝象徴〟として何の責任もないことになっているが、前はそうではなかった。すべての権力には責任が伴うものであるという民主主義の根本原則を確立するためにも、この際天皇は退位すべきである。国民の気分を一新する上にも、それがもっとも効果的である［東京日日52・1・3「皇太子」］。

ここで大宅は、退位をめぐる社会的な雰囲気やマスコミで退位の噂がたびたび取り上げられていることを踏まえ、退位論が「有力になってきている」と把握している。そして、講和条約批准と天皇退位を「国民の気分を一新」させる事柄としてリンクさせた。先の将来の可能性のための退位論の論議という主張から、講和条約期に退位すべきとの主張に意見を修正したのである。大宅は「新生日本」の出発のためには、戦争の記憶の残る昭和天皇を退位させることが必要だと見た。敗戦前の天皇の言動には何らかの責任が存在し、「新生日本」の出発のためにはそれを解消する必要があるとの主張は、木戸や矢部・中曽根の退位論と同じ議論展開であろう。実際大宅は、中曽根の退位論に対する吉田首相の答弁を「暴言」と批判し、民衆が天皇を象徴と捉えることは権力により強制されるべきものではないと述べ、中曽根の退位論を次のように擁護する。

天皇退位論は、天皇制否定論とは別である。熱心な天皇制支持者の中にも、退位論者が少くない。講和発効と共に天皇が退いて皇太子に位をゆずるというのは、天皇制の存続強化のためにも役立つという考え方である［東京日日52・2・5「暴言」］。

このように、退位こそが天皇制存続・強化に繋がるという考え方が大宅にもあった。積極的な天皇制存置の意思を持っていたからこその退位論である。「人間」天皇だからこそ、退位する自由もある。象徴天皇であるからこそ、敗戦前は許されなかったような退位を論議する自由もある。大宅の中では、皇太子が成長して「新生日本」の表象として捉えられてきた講和条約発効という時期＝「新生日本」の出発の時期にこそ、「気分を一新」するために退位やそれに関する議論がされる必要があった。それは、講和独立に伴った皇太子への期待が述べられている同じ文章の中で天皇退位が主張されていることからも明らかであろう。

ただし、大宅ほど積極的に退位論を主張した者はマスコミの内部では他にはなかった。前述のように意図を持って矢部に退位論を展開させた『読売新聞』は、他紙に比べ積極的に天皇退位問題を扱っていたが、社としては退位論を主張していない。一方で『毎日新聞』は退位論にはほとんど触れず[80]、皇室記者の藤樫の影響からか、「人間」天皇像や清新な皇太子像を作り上げようとする記事を積極的に掲載していた。『毎日新聞』は講和条約発効式典の翌日の一面記事に大きく「陛下の決意を拝して」という特集を組み、天皇の在位を歓迎している政治家の談話を多数掲載していること［毎日52・5・4］からもわかるように、退位には消極的であったと推察される。このように退位をめぐってはマスコミは一枚岩ではなかった。

しかし皇太子への期待と天皇退位論の紹介が同じ文章の中で語られるのは大宅のみならず、多くのマスコミでも共通していたことに留意する必要がある。『週刊朝日』に掲載された『朝日新聞』（『読売新聞』ほどではないが退位論を紹介する記事は掲載されていた）記者による座談会では、皇太子の留学・外遊と退位問題がセットになって取り上げられた。ある記者は次のように発言する。

> 退位するとすれば、今年は二つのチャンスがあるんだ。第一は講和が成立して独立国になつた時、第二は秋に行われる予定の成年式、立太子式だね。ただ、ここに皇太子の留学問題がある……皇太子の地位ならばいいけれども、天皇となると国を空けることもむずかしくなる。そうなると、皇太子の留学が済むまで退位は見合せよう、ということもあるんじゃないかな。[81]

立太子礼や留学問題に言及されていることからわかるように、皇太子への期待が前提となって退位が議論されている。独立が間近となり、天皇ではなく皇太子こそがこれからの日本という国家を表象すると認識し、皇太子の人格を「新生日本」を代表する立場に涵養させるような留学が期待された。マスコミは積極的な意図を持って清新な皇太子像を作り出し、「新生日本」の国家像と接合させようとした。そのベースがあったからこそ、政治家や知識人が主張する天皇退位論が真実味・現実味を持って人々に捉えられたのである。

『東京新聞』のコラムでも天皇退位論と皇太子への期待が同じ文章の中で紹介される［東京52・1・2］。特にこのコラムでは、「こんどの皇太子妃は思いきつて〝平民〟の中から選んでもらいたい……天皇というものをもつと国民に親しみ深いものに」しようと主張していた。制度が象徴天皇制へと変化したことから、その内実もより親しみを持ち、民衆との結びつきを強めた象徴天皇像を実現しようという主張である。

この考え方は大宅も同様であった。大宅は中曽根の質問に対する吉田首相の答弁を、「せっかく〝人間宣言〟をした天皇をむりやりに神棚の中に押しこめてしまうようなもの」と批判した［東京日日52・2・5「暴言」］。吉田の答弁に対して、「新生日本」の国家像に適合的な象徴天皇像の実現という観点から反対意見を展開したのである。戦争の記憶が残存する昭和天皇では「新生日本」にふさわしくない。そのまま在位し続ければ民衆に対する責任を果たしていないと捉えられるおそれもある。マスコミは皇太子を「新生日本」のホープとして大々的に取り上げた。そしてそれが前提となって退位論が浮上する。講和条約期の退位論の多くが明仁皇太子の登場と期待を前提にして主張されており、象徴天皇制・天皇像の展開過程において、皇太子に期待を込めて積極的に報道したマスコミの影響は大きかった。

講和条約発効式典における「お言葉」

一九五二年五月三日の講和条約発効記念式典で天皇は次のような「お言葉」を述べた。

この時に当り、身寡薄なれども過去を顧み、世論に察し、沈思熟慮、あえて自らを励まして、負担の重きにたえんことを期し日夜ただおよばざることを恐れるのみであります。こいねがわくば、共に分を尽し、事に勉め相たずさえて国家再建の志業を大成し、もって永くその慶福を共にせんことを切望してやみません［毎日52・5・3（夕）］。

このように、「お言葉」で天皇は自らの戦争責任に直接言及することを避け、国家再建に伴う責任のみ主張している。つまり、明確な文言ではないにせよ、今後も天皇であり続けると述べていることになる。この「お言葉」を受け、「退位論に終止符」「陛下の退位説否定」と報道されていった［朝日52・5・3（夕）、毎日52・5・3（夕）］。

「お言葉」は式典以前にはマスコミに内容が漏れており［読売52・4・28］、それは意図的に流されたと思われる。(82) この記事では天皇側近からの情報として、天皇は民衆や国家に対して責任を感じて自分の身はどうなってもよいと考えているが、「退位の易きにつかず国民とともに慰め励まし合いながら国民の先頭に立って日本の再建と新憲法下の皇室の在り方の確立について努力」していると、あえて退位しない厳しい選択をしたのだと強調された。公式的に天皇の言葉で発表される「お言葉」では言及しないものの、側近という他者の言葉で語られる場においては、戦争責任を感じている姿が描かれるという使い分けがなされている。「人間」的苦悩や民衆の生活・国家再建を考えて行動する天皇像がアピールされることで、「お言葉」では曖昧化された責任をその後に責任論へ発展することのないように天皇自身が言及しない形に配慮して提示し、民衆との関係性を重視する象徴天皇像を印象付けようとしたのではないだろうか。

なぜ天皇は退位しなかったのか

ではなぜ天皇は退位しなかったのだろうか。その理由として次の二点が考えられる。

一点目は吉田首相の反対である。[83] 昭和天皇個人に対して尊敬の念を抱いていた吉田は一貫して退位に反対であった。冷戦が激化し、かつ強力な権力・権威を持ったGHQが去った後の安定的な統治が課題となっていたこの時期にあって、天皇退位は共産勢力を伸張させる危険性があるため、西側世界の一員として日本を国際社会に復帰させようとする吉田にとっては避けなければならない事態だった。前章で検討した京大天皇事件時、吉田内閣やその天皇権威に関する政策を批判的に見ていた京大生が公開質問状の中に退位を要求する文言を挿入していたことを見れば、もし天皇が退位したならば吉田内閣批判や天皇制存続の危機に向かう可能性も存在していた。安定的な統治を志向する吉田内閣にとって、退位は避けなければならない事態だったのである。

そしてより重要なのは、吉田内閣が天皇権威を再編成する政策を進めていたことである。吉田は、天皇の民衆への影響力・権威をさらに強力なものに再編成することで、天皇権威を背景にして内閣が安定的な統治を行う政治システムを目指そうとした。吉田内閣の目指す方向性は民衆と天皇の中間に内閣が位置することで安定的な統治を行おうとするものであった。退位は道徳的であるにせよ、天皇の戦争責任を認めてなされる以上、天皇制に対する民衆の権威が低下する可能性もある。それは吉田内閣の方向性と全く異なっていた。ただし、天皇権威を背景に軍部が独走した戦前の経験から、天皇を統帥権者に据えることには反対し、そのために天皇を退位させる再軍備論者の退位論も拒否したのである。

退位しなかった理由の二点目は、退位論の担い手と民衆意識の問題が考えられる。退位論を展開した人物は決して講和条約期の政治の中心的な担い手ではなかった。そのため退位論自体はマスコミなどで取り上げられてインパクトは大きかったが、吉田首相という政治の最も中枢にある人物によって阻止された。退位反対の考え方は吉田だけでなく、他の政治の担い手も同じであった。一九五二年の『朝日新聞』紙上での座談会の中で、民主党の芦田均は「御退位の問題は極めて一部の人が考えている程度」で、「御退位問題を取上げる必要はない」とし、右派社会党の河上丈太郎は「退位はそれほど政治的な意味がなくなっている」と述べる［朝日52・1・1］。この河上の意見にも見られるように、退位の時期はもう過ぎたとの消極的な退位否定の意見は多かった。例えば作家の長与善郎は「もし退位をなさるとしたら、新憲法の制定の前後、乃至は戦犯の判決当時にあつたと見れば見るべきで、今日となつては既に時機は去つてゐる」と主張する。(84) たしかに吉田内閣の進める天皇権威の政策に反対する意見は高まっていたが、それは戦前のような状態に戻すことへの反対であった。冷戦体制が構築されるにしたがって、国内では次第に戦争責任を曖昧化する動向が進展していた。(85) そして多くの人々は責任を一部の軍人に押しつけ、天皇を免責する方向性を認証し、天皇の退位は考えていなかった。(86) つまり、担い手の基盤の脆弱さが退位が実行されなかった原因の一つと考えられるのである。

退位論の意味

では、講和条約期の退位論はどのような意味を持っていたのだろうか。それは退位論の二つの特徴を見ることで明らかになる。第一に、敗戦後一貫して主張されてきた天皇の道徳的責任論を引き継ぎ、追及したことである。講和条約期になると戦前の政治過程が次第に明らかとなり、天皇には政治的責任はないにせよ、敗戦状態に陥ったことに対する道徳的責任は存在するとの責任論がクローズアップされた。この中では、天皇は日本という国家の道徳的存在と考えられた。戦争・敗戦に対する責任を自ら感じて退位するという道徳的模範行為を天皇が行えば、民衆はその姿に感動し、国家の一体性を保つ存在として天皇制はあり続け、象徴天皇制はより強力なものとなるとの主張であった。

第二に、講和条約発効によって「文化平和国家」として再出発する時、その国家像と適合的な皇太子の方が戦争イメージを持つ天皇よりも選択され、その結果退位が主張されたことである。皇太子が成長し、天皇となって国家の表象と成り得る年齢になったこと、そしてマスコミが清新な若いイメージで皇太子を捉えて大々的に報道した意味は大きかった。ここでは、「新生日本」の目指す「文化平和国家」という国家像と象徴天皇像は明確に接合されていた。だからこそ講和条約期が、国家としての再出発の時期であるから天皇制も再出発すべきであるとして、退位の最終機会でありかつ最適な時期に考えられたのである。マスコミの報道によって講和条約期に退位論が主張される土台が形成されたと言ってもよいだろう。

結局天皇は退位せず「文化平和国家」は再出発したが、退位論が広がる要因となった清新なイメージの皇太子の存在はその後も人々に期待を受け続けることになる。

第六章　青年皇太子の登場と象徴天皇制の完成

1　「文化平和国家」の出発と皇太子外遊

皇太子への「選手交代」？

退位論などに見えるように、講和独立を経る中で、天皇の代役として、皇太子の存在が前面に出てくる状況が続いた。このことを「選手交代」と表現する見解がある。(1)しかし本当に「選手交代」したのだろうか。一九五三年六月二日のエリザベス英女王の戴冠式に天皇の代理として出席することになった明仁皇太子は、その前後に欧米一四カ国を訪問した。(2)三月三〇日から一〇月一二日まで行われた皇太子の外遊はまさに皇太子人気のピークとなった。この外遊の前後を検討しながら、その問題に接近しよう。

立太子礼と皇太子像

明仁皇太子は一九五一年一二月二三日に皇族では成年となる一八歳の誕生日を迎える（皇室典範第二二条で、皇太子の成年は一八歳と規定されている）。マスコミはその皇太子を「日本の若きホープ」［朝日51・1・1］と期待し、多数の記事を掲載し始めた。なぜこのように皇太子への期待が高まったのだろうか。その理由は第一に、天皇が戦争という過去の問題のイメージを有し続けていたことが挙げられる。第二に、講和独立との関係が挙げられる。「新らしい世代に生きぬくためのモラルを探究される皇太子」は、「生れ変った青年日本をそのまま浮彫した」姿で捉えられた［毎日51・12・23］。青年として新たに表舞台に立つ皇太子の清新なイメージが「新生日本」の新たな出発点と重ね合わされ、期待感が醸成される。「文化平和国家」を目指す「新生日本」にとって、過去の問題と接点のない皇太子の存在はその概念に適合的であった。

天皇制の若返りを求めて皇太子に期待を寄せていた中曽根康弘は、「日本が独立したあと、皇太子が見聞を広めるために、世界を周遊なさるということも、大事なこと」［衆予算第一分科52・2・22］と、独立と外遊を関係づけた。それ以前から、学習院高等科卒業後の留学や外遊の可能性も報道されている［朝日51・1・1］。このように皇太子は、青年としての登場と同時に国家の再出発とリンクさせられ、知識を涵養するための外遊が期待された。

一九五二年一一月一〇日、立太子礼が行われた。同年四月二八日には講和条約が発効し、五月三日にその式典が行われる。立太子礼はこの後最初の国家的な儀式であった。この二つの大きな儀式の時期的符合が、国家と皇太子像の連鎖を創り出す言説を生むことになる。

「戦後の一切の記事を通じて、明らかに最大の記事」と翌年に清水幾太郎が評価したように[3]、立太子礼当日に向けて、皇太子関係の記事はますます増加していった。当日のマスコミは「若くりゝしい皇太子のお姿に、新生日本の清く正しく伸びてゆく力と望みを仰ぎ見」る［朝日52・11・10社説］と、「新生日本」の希望や再生の期待を皇太子の成長に見ていた[4]。

しかし立太子礼で吉田茂首相が寿詞を「臣茂」と結んだため、「いわゆる〝重臣〟の意識をもって、皇室と国民との間に隔てのかきねを築き、象徴を雲の上に奉」っている［朝日52・11・11］と批判が噴出する。すでに立太子礼前から、「儀式がすんだら皇太子さまはぼくたちより一段と遠いところへいくような気がする」［朝日52・11・8］といった皇太子と同年齢の一般青年の意見のように、儀式が皇太子と民衆との距離を広げてしまうのではないかとの危惧もあった。そのため、皇太子が立憲君主制の見本を実地で学んで旧習を打破し、象徴天皇像にふさわしい民衆と天皇との関係を構築する土台とすべきだとして、外遊への期待はマスコミや民衆の中に醸成されていった。

皇太子像と国家像

立太子礼終了後も皇太子への期待は続いた。その大きな要因は、エリザベス英女王の戴冠式への皇太子の出席が立太子礼前日に発表されたからである。

イギリスからの派遣招請は九月八日にあったが「新聞に知れたらウルサイと思」われるので、宮内庁・外務省は「当分は堅く外部に知らさぬ事にしてお」くよう決定した(5)。マスコミで様々な憶測がなされるのを警戒していることがわかる。一方で日本以外の国の招請が報道された場合、日本が招請を極秘にしていれば「差別的待遇を受けたとの印象を与える」という考えから、その時は発表するという決定も行っている。招請発表のタイミングがマスコミ対策と国家のプライドの点から考えられていた。

では他国で報道されなかった場合、宮内庁・外務省はいつ招請を発表しようとしたのだろうか。九月二六日、宮内庁・外務省間で皇太子派遣を前提とした外遊の調整が行われた。この時点で皇太子派遣は発表されてもいい状態にあった。しかし九月に招待状が届いたことが一一月初めになって報道されており［毎日52・11・3（夕）、朝日52・11・4］、九月の出来事が一ヶ月強も時期を置かれていたことになる。その後一一月八日に皇太子派遣が閣議決定され、翌日にはイギリスより了承電報が届いた［田島52・11・8、330］。日本側がいつでもできた閣議決定を一一月にしたのは、より大きな報道効果を狙うために発表を一一月の立太子礼直前にしたかったからではないだろうか。

その結果、発表翌日の『朝日新聞』一面は、「皇太子殿下を御差遣／英国女王の戴冠式に」、「あす立太子の礼」という二つの記事で独占することになる［朝日52・11・9］。

朝日新聞

皇太子殿下を御差遣

英国女王の戴冠式に

あす立太子の礼

加冠・宣制の御儀

型破り 各界代表も参列

中労委

一面を占める立太子礼と皇太子派遣の報［朝日52・11・9］

立太子礼直前の効果的な発表が、新たに登場してきた皇太子に日本の再出発を国際社会に示すための役割を負ってもらいたいとの意識に繋がった[6]。そして「すぐれた魅力ある男性の象徴として、世界に誇りたい[7]」と、皇太子をナショナルシンボルとして見、国際社会にアピールしたいとする意見も表出するようになった。

このような期待の中で迎えた外遊では、「明朗にして素直な、そして若竹のように若々しい」［中部日本53・3・30社説］皇太子像はより深化する。皇太子像が「日本に対する不幸な記憶を打ち消し」、「清新な日本を印象づけ」［朝日53・3・30社説］ようとする「新生日本」の国家像と結びついていく。外遊は独立後の「日本が敗戦からようやく立ちあがり、その動向が世界の注視をあびている」［同前］時期に行われた。新たな国家像に適合的な存在、それは清新なイメージを持った皇太子であった。「その一挙手一投足は新生日本の歩みをシンボライズする」［中部日本53・1・1］皇太子が国際社会の注目を浴びる戴冠式に出席することは、「多少の誤解なども消え去るであろうし、民主日本に信頼を呼び寄せて自然にこれら諸国とわが国との国交に大きく貢献することにもなる」［中部日本53・3・30社説］。過去とは生まれ変わった国家像を示すため、皇太子への期待が大きくなっていった。外遊中の皇太子は自らのイメージを見せることで、新たな国家像をアピールするという役目を背負っていたのである。

国家のステータスや「新生日本」の出発と皇太子を結びつけた言説が存在したことを示す興味深いエピソードとして、外遊の交通手段の問題がある。改進党の河本敏夫は「皇太子殿下が御渡欧せられるにつきましては、乗って行きます船もないというような、海運国日本としてはまことに世界に対してはずかしい」［衆運輸52・12・3］と述べ、往路では日本船を使用することを要求した。河本は、皇太子外遊を契機に、海運国としての誇りや復興状況を示そうと考えていたのである。

外交関係の構築と皇太子への教育的効果

ところで、なぜ他の皇族ではなく、皇太子が天皇の代理として戴冠式に出席し、前後に各国を外遊したのか。宮内庁では一九五二年の早い段階で皇太子の派遣が内定していたと推測される［田島52・2・13、3・11、307・309］が、決定的となったのは一九三七年のジョージ六世戴冠式に出席した秩父宮が、夏頃に皇太子派遣を田島道治宮内庁長官に勧めたからであった。秩父宮は派遣に皇太子が適役である理由として、第一に「東宮様はクインと同年代であられる点からも、将来両国の為、この機会にお会いになっておくことが大きなプラスとなる事」、第二に「前回参列の経験で、王国からは殆んど皇太子が見えていた事……それらの人々と一堂に顔を合わせて知り合う機会を待たれることは、又とない大きな意義があること」、第三に「戦争後まだ十年ならず、英国人の日本に対する感情も尚むずかしいものもあろうが、東宮様はお子様で戦争には何の関係もないこと明瞭ゆえ、これからさき各国と更めて友好関係を深めねばならぬ此の際、他の皇族は皆軍籍にあられたのと比べて、御名代としては最適であること」を挙げている。[8] ここからは、将来の天皇の披露・本格的な皇室外交の再開といった、日本の国家としての再出発を念頭に各国との友好関係構築を目指す秩父宮の意図が見てとれる。確かに「新生日本」の表象として国際社会の舞台に出席するのに最もふさわしい人物は、戦争をイメージさせない皇太子であった。

宮内庁では教育面から皇太子外遊を要望する声も存在した。松平康昌宮内庁式部官長は、社交的ではなく、自身の言葉で話すことができない皇太子の性格を心配していた。[9] 皇太子は西洋式の作法も完全に身に付いていないとも松平は認識しており、松平は皇太子の君主たるべき人物の社交術を涵養するため、外遊によって様々な社会的経験を積ませようとしたのである。海外での経験は皇太子にとって有益なものとなり、西欧の君主制の現状を学ぶことで帰国後の民主的な皇太子としての振る舞いも身につけることができると松平は考え、皇太子の外遊を推進していった。

この他にも、皇太子の英語の発音に問題があることが指摘されており[10]、外遊での実地訓練によってそれを矯正させようとしていたと考えられる。講和独立によって各国大使や国賓などとの面会の機会が増え、皇太子の英語能力向上は国家儀礼上からも重要な課題となっていた。このように宮内庁では、将来の象徴天皇として必要な知識や風格を皇太子に身につけさせる教育的効果からも各国への外遊が計画された。

私的交際と国家間交際のはざま

日本国憲法には天皇・皇族の外遊について規定した条文はなく、宮内庁と外務省の調整の中で「憲法第七条第十項の『儀式』を援用することは面白くないので、陛下が従来日本国の象徴として外国元首と御親電の交換等の事実上の行為をしておられるので本件を事実上の国務とする」と決定された。[11] 宮内庁・政府はこの項を「天皇の行う儀式という意味に解」し、「他国におきます儀式に出席され、あるいは名代を出されるということは、憲法上にいう国事行為ということには、該当しない」との解釈を採用する［衆外務52・12・3、宇佐美毅宮内庁次長］。しかし外遊をすべて皇室間の私的な交際にしようとは考えなかった。[12] 新憲法施行後に既に行われている親電交換や国会開院式への出席が「天皇個人という立場でなく、公の立場でなされることと考えまして、そういった公の立場でなさいます一つの事実上の行為」というものが存在し、今回の外遊も「一国の象徴としての行為」であると考えたのである。宮内庁・政府はこれまでなし崩し的に行われてきた、憲法には明記されていないが天皇のまったく私的な行為とも言えない「事実上の行為」、「国事行為以外の天皇の儀礼的行為」［衆外務53・2・18、高辻正巳内閣法制局参事官］をこの外遊の法的根拠とすることで追認しようとした。憲法の国事行為規定以外に天皇には公的な行為が存在することを、宮内庁・政府が明確化したと言えるだろう。

こうして「事実上の国事―公事」概念[13]が成立し、これがその後国事行為でもなく私的行為でもない中間的な行為である「公的行為」の原型となった。「公事」によって外遊を皇室のまったくの私的な交際とはせず、公的な意味づけを持たせることができた。また憲法に規定された国家機関としての天皇の国事行為としなかったことで、外遊が国家を代表する「元首」間の交際の意味を持ちつつも、それが憲法規定に反するか否かの厳格な判断は回避され、解釈の多様性が保たれた。「公事」は国事・私事のはざまにあり、それゆえに曖昧さを含み込んでいたのである。しかしその概念の曖昧さは疑問を生じさせないわけがない。自由党の中山マサは次のように述べている。

私としてはこれは国事にしてほしい、いわゆる国家の象徴で、おありになる皇室と、英国の皇室との御交際と見るよりも、むしろ独立した日本といたしましては、大いに国事としてお祝い申し上げたい……［衆外務53・2・14］。

中山は、清新なイメージを持つ皇太子だからこそ独立した日本を背負い、国際社会に「新生日本」をアピールすることができると考え、その効果を充分に発揮されるように国家を代表しての職務・行為にしようとしたのである。中山は、宮内庁・政府の解釈よりも国家間の交際としての側面をより強調した。こうした考えは中山だけのものではなかった。岡崎勝男外務大臣も「私の気持としては中山さんの同じように国事として取り扱いたい」［同前］と、意識としては外遊を大々的な国事にしたい本音を漏らしている。

西ドイツ訪問問題

当初、西ドイツは占領下にあり訪問の予定はなかった［朝日52・12・16（夕）］。それに対して異議を唱えたのが外務省の法眼晋作欧米局第四課長である。法眼は、現在の西ドイツは「昔日のドイツにあらずして西欧諸国と協力する確固たる意思を有し」ているから、「自由国家の一員として進んで日本からヂェスチュアーを示すことは決してその意義少しとしない」、つまり皇太子の西ドイツ訪問は「国家の大局上」必要だと述べる(14)。日本が西側世界の一員として国際社会に復帰したことを十二分に示したい外務官僚の思惑が見てとれるだろう。皇太子外遊はそれをアピールするためのツールたり得る、だからこそ同じ西側世界の一員である西ドイツを訪問をしないのはおかしいという論理展開であった。

ソ連を対象とする防共連けいはこれを否認する理由なきのみならず、将来ソ連の侵略を防止する観点からいえば、ソ連の西方国境に対する不断の圧力を必要とすることは自明の理であって、ここに将来の日独協力が意義を存する……殿下が西独のみを御訪せらせられぬことは、将来の対独政策に暗影を残すことを惧れるのである。

法眼は対共産主義対策として東西国境を挟み込む形での日独関係を想定していた。この法眼の意見に対して島重信参事官は「観念的には完全独立を達成していない国を御訪問になるのは如何か」としながらも、「日独間の関係においてはご訪問された方が好結果[15]」と回答し、この外遊に冷戦構造を前提とした今後の国家関係構築という意図を込めた。その後西ドイツからの働きかけもあり[16]、結局は翌年二月に訪問が決定する。

皇太子の西ドイツ訪問の結果は、随員の松井明が「官民を問わず日本人に対して親愛感が強く、殊に今次大戦に依り共に傷ついた国民であるとの共感が言外に表現せられ両国とも幾多の困難を克服して立ち上ろうとしている同じプライドを持つている態度が随所に於て感じられた[17]」と報告しているように、他国以上の歓迎だった。一九二一年の裕仁皇太子外遊時、第一次世界大戦の敗戦国であったドイツを訪問しなかったため、明仁皇太子訪問に対する日独両国の期待は大きかった。マスコミも皇太子の西ドイツ訪問を歓迎していたと思われる。例えば『毎日新聞』が皇太子と各国首脳の会見の模様を写真つきで一面に掲載したのは、アメリカ・イギリス、そして西ドイツの三カ国のみである[毎日53・8・8]。西ドイツの大歓迎を記者が目の当たりにしていたとはいえ、写真つきで、しかも一面というのは他国に比べ破格の扱いであり、マスコミの中でも西ドイツがアメリカとイギリスに次ぐ注目を浴び、その訪問効果を高く期待していたことがうかがえる。

このように皇太子外遊は一面において、冷戦構造の構築に影響された国際社会への日本の復帰アピール（特に西側への）、今後の友好関係構築の土台、対共産主義対策という政治的な側面が期待されていた。

皇太子外遊と昭和天皇

この外遊では、父である昭和天皇の皇太子時代の外遊との関係が盛んに強調されていた。まず同じ年齢で同じヨーロッパを訪問することが［朝日53・1・1、中部日本53・1・1など］、その後多くのマスコミで「私は西回り、東宮ちゃんは東回りで行って、やっと二人で世界を一周することになるね」という天皇の発言が紹介された［毎日53・3・28など］。この発言は二つの重要な点を含んでいる。第一にまったく同一の会話が多くのマスコミで伝えられたということから、この発言が宮内庁によって各マスコミに積極的に流された可能性が高い点である。宮内庁はこの発言が報道されることによって起こる効果を期待していたと思われる。その効果とは何か。それは第二になるが、天皇が東回り、つまり皇太子のアメリカ訪問を歓迎している点に関係がある。皇太子時代にアメリカを訪問できなかった天皇は、それが戦争へと繋がっていったかもしれないと悔やみ、皇太子に自らの願いを託したと伝えられていく［中部日本53・3・26、53・3・27、毎日53・3・28］。これに関連して『毎日新聞』は外遊出発日の社説で次のような論を展開させている。

父君陛下も、ちょうど皇太子様の御年頃の大正十年に、ヨーロッパ各国を訪問された……天皇は旅行から非常に民主的な影響をお受けになったのである。しかし、残念なことには、当時の日本の情勢が天皇のお考えをそのまま表明されることを許さなかった。皇太子様は、それがおできになる立場にある［毎日53・3・30社説］。

このように話題は皇太子に留まらず、天皇は元々民主主義の信奉者であったというイメージまでもが展開されるようになった[18]。天皇を「民主」的な存在と捉え、社会状況や天皇周辺の人々が天皇の「民主」

的な態度を阻んだから戦争に突入してしまったという考え。それはまさに敗戦直後より継続する天皇擁護の論理と通底する。

外遊と天皇との関係でもう一点強調されたのは、皇太子の様子を心配する天皇の父親ぶりである。準備段階から「可愛い子を『遠足』に出してやる親御さんの場合と、少しも変らぬ」［朝日53・1・1］と、自らの外遊体験を語りかけて皇太子の手助けをしようとする父親としての天皇像が盛んに報道された［中部日本53・1・1、53・3・27、毎日53・3・28など］。皇太子外遊中に天皇は誕生日を迎えているが、その記事も「陛下のお楽しみは何といっても皇太子さまの御成長……皇太子さまの御外遊については、陛下自身がかつて同じ経験をされているので、何かと細かい親心を示されている」［朝日53・4・28（夕）］と、旅先の我が子を心配する父親像が描かれる。まさに「世間の親と同じ」［毎日53・10・11］イメージで天皇が捉えられていた。こうした記事も各マスコミでまったく同じエピソードが報道されていることから、宮内庁によって一斉に流された情報だと推測される。

このように外遊では皇太子を媒介として、我が子を心配するやさしい父親としての天皇像が形成されていったことは注目される。民主主義者・理想の父親としての新たな象徴天皇像が、この皇太子外遊を通すことで創り出された。「文化平和国家」としての国際復帰のためには、日本は戦争イメージからの脱却が不可欠であった。だからこそ象徴となった天皇の大元帥像も戦前とは転換させる必要があった。

国内外のマスコミ対策

二月一日に本放送を開始したテレビでは外遊出発時、皇居前から横浜港までの道筋の中継を行い、天皇皇后もその中継を見ていた［入江53・3・30］。ラジオも特別番組を編成し、横浜港まで実況中継を行っている。その合間に札幌・名古屋・大阪など全国八カ所から皇室関係者により皇太子歓送メッセージ

エリザベス戴冠式の様子。下段中央が明仁皇太子（毎日新聞社提供）

中継を含めて二時間四〇分間、歓送ムードをリアルタイムで演出した。ＮＨＫではこうした大規模な多元中継は例がなく、民衆に対して「終始一貫した歓送に対する関心を高め、最後に最高潮に達した……光景まで連続していけ」るような意図を持って放送を行った[19]。番組の構成や演出によって皇太子への「関心を高め」させるような狙いがあり、情報をそのまま流すのではなく、それを操作して民衆の感情を一定方向へ向けさせようとする意図が存在していることに注目しておきたい。マスコミはそうした意図を持って、自らの期待する皇太子像・象徴天皇像を創り出していった。

宮内庁・外務省は皇太子の動向を伝える「報道の重要性を鑑み」、「政治的に言うならば外務省が抑えると云うことは極めてマズイ」と認識し[20]、規制をかけることによって皇太子や象徴天皇を民衆から遠ざけているとの批判が出ることを回避するため、マスコミへ協力する姿勢を見せた。そこで記者の随行について、「新聞通信社の良識に訴えて自発的に人数を削減する」よう各社に要望した[21]。自発性をうながす戦略を取ったのである。

では宮内庁・外務省は各社の判断に任せて後は自由に報道させようとしたかと言うとそうでもない。記者による皇太子への直接取材を禁止し、会見も予め用意された文章を読み上げて質問は受け付けない方針を打ち出した。随行員の松井らがプレス係となり、取材はその係に対してのみ許可することにした[22]。情報源を制限することでマスコミをある程度コントロールしようとしたのである。マスコミに何を伝えるのか、そこには随行員の意思が介在しており、外遊中の清新で親しみやすい皇太子像も彼らによって取捨選択された情報によって形成されたのである。その意味でマスコミを操作し、積極的に皇太子像を創り出そうとしていたのは宮内庁・政府だったと言えるだろう。マスコミ自身もこうした方針を受け入れて報道していったことから考えれば、皇太子像は宮内庁・政府、そしてマスコミによって創り出されたものであると言えるかもしれない。

外国マスコミに対しては対日感情を考慮してより慎重な対策が採られた。イギリスでは松本大使が中心となって「タイムス、ガーディアンの主筆欄に久しきに恆《ママ》り地味に我方の誠意を説明し」ていた。[23]これに応えてイギリス政府も、本来ならば女王も首相も会見の予定を当日でなければ発表しない慣例があるにもかかわらず、皇太子のイギリス到着とともにその予定を発表し、日本を重要視して皇太子を特別待遇に処している姿勢を国内外に見せた。[24]またチャーチル首相主催の昼食会にマスコミ幹部や野党党首を招待して、対日強硬世論緩和を試みている。

昼食会後に見送りに追ってきたチャーチルと握手を交わす皇太子（毎日新聞社提供）

しかしそれで反日感情がまったくなくなったわけではない。[25]民衆感情を考慮に入れるならば日本の戦争責任の問題に触れざるを得ない状況にあったが、いまさら戦争の問題を追及することは今後の友好関係に影響を残すことになる。そこでチャーチルは両国親善の必要性について言及し、戦争の記憶は残るけれども直接関係ない皇太子は未来志向にふさわしい存在だから歓迎すべきだとの論理を展開した(26)。その結果例えば『マンチェスターガーディアン』が、皇太子を「過去に起きたこととはほとんど関係ない」存在であると戦争の記憶から切り離し、訪英の目的は「西洋民主主義において立憲君主制がどのようなものであるか観察する」ことだから、「未来の日本の代表として歓迎」すべきと好意的な社説を掲載する［The Manchester Guardian 53・4・28社説］ほどマスコミの態度は好転する。

イギリスだけではなくアメリカでも、大使館の働きかけにより国務省がマスコミ対策に乗り出す。「殿下御来訪に先立ち国務省係官は新聞社の首脳部を集め consulted good will policy を期待する旨を述べ(27)」、アメリカのマスコミも皇太子の若さを全面に押し出し、その訪問を好意的に報道した。外国マスコミにおいても皇太子は清新なイメージで登場し、独立した日本との未来志向を各国が強調するための一役を担うのである。こうした英米の配慮は、冷戦を背景とした日本の戦略的地位向上の関係上、自国の対日強硬世論を緩和し、日本を西側の一員とするための戦略の一環であった。

創り出された皇太子像

マスコミは少ない皇太子との接触の中で、従来の皇太子像をより補強するような記事を量産していった。中でも『毎日新聞』が積極的であったのは、随行した藤樫準二の影響が大きい。この老齢な記者は、まるで孫を見るかのような視線で皇太子の動向を報じた［毎日53・5・11、53・10・9（夕）、53・10・10（夕）］。こうした視線によって若くて親しみやすいイメージを創り出す一方、各国で公式行事をこなす皇太子を描き出すことで日本の「若きプリンス」、将来の天皇としての落ち着きや態度を兼ね備えているイメージも付加していった。多くのマスコミが藤樫のように好意的な皇太子像を報道していく。

マスコミの意思によってイメージが創り出される。その過程は、皇太子出発日の記事が作成される段階で見事に示された。当日の横浜出航は午後四時であったから、それから記事を書いていては夕刊に間に合わない。そのために『朝日新聞』では前日に原稿を完成させていた。その事情について記者の深代淳郎は次のように書いている。

直接に皇太子を送ることの出来た人は、全国民の一パーセントにも足りない。他の人々は、ただ新聞を見て、その健康を祈り、又、波止場の興奮をその記事から推測する。しかも、皮肉なことには、皇太子の健康そうな様子も、波止場の歓送のるつぼも、皆、数人の記者の想像力の所産なのである。何千万人の人々は、この想像力が作り上げた記事から再び想像するのである[28]。

随行する藤樫と皇太子。左下に「明仁」というサインが見える

このようにマスコミはその報道内容を自らの意思に合致する形で創り出した。宮内庁・政府はマスコミの影響力を認識し、それを効果的に利用するために情報を遮断して自らの枠内でマスコミを制御し、親しみやすい皇太子像を創り上げようとした。マスコミも規制を加えられたにもかかわらず、その枠の中で自らの期待する清新な皇太子像、それを歓迎する理想的な民衆像を創り出していく。その意味で、マスコミは宮内庁と共同歩調をとって象徴天皇像を創り上

げていく一つの権力としての作用を担っていた。

皇太子外遊の歴史的意味

この外遊の意義をごく簡単にまとめてみよう。第一に、「新生日本」の出発の中で外遊が行われた意味は大きかった。皇太子像はその国家像に適合的であったため、国家と皇太子の存在が接合され、皇太子の新しいイメージによって日本が新しくなったことを示そうとする意見が見られる。外遊は日本の国際復帰を内外にアピールする機会になり、訪問国も皇太子を新しく転換しようとする「新生日本」の表象として歓迎した。また西ドイツ訪問問題に見られるように、国際情勢が外遊に大きな影響を与えており、国内だけではなくアメリカなどでも政治的側面が期待される。冷戦構造の中で日本という国家の役割がクローズアップされ、国家の存在と結びついた皇太子の外遊もそれの大きな影響を受けたのである。

この外遊では、独立の直後・冷戦構造の構築という時代状況を反映して、「文化平和国家」という「新生日本」の新たなアイデンティティーを皇太子自身が世界にアピールすることを各方面から過剰なほどに期待された。皇太子の清新なイメージと新たに再出発する国家のイメージが重なって、象徴天皇像と国家像は明確に接合され、独立に伴うナショナリズムの高揚とともに皇太子の存在意義や役割も浮上していたのである。

第二に、立太子礼以来の清新な皇太子像が国内外で定着した。各国での見聞経験が皇太子の人格形成に与えた教育的効果も盛んに報道され、次代の「象徴」としての期待が高まっていった。その皇太子を媒介として天皇のイメージ転換が図られたことも重要である。

第三に、こうした皇太子像が宮内庁・政府、マスコミの共同歩調によって創り出され浸透していったことである。彼らはイメージを創り出そうとする明確な意思を持っていた。

こうして皇太子外遊は外交上での一定の成果とともに、象徴天皇制の主役が皇太子へと変化していくことを内外にアピールする機会となった。

2　ミッチー・ブーム

象徴天皇像とジェンダー

ここまで、日本国憲法に「象徴」と規定されて以降、その像がいかなる変遷を遂げてきたのかを明らかにしてきた。敗戦後、次第に明仁皇太子の存在が浮上し、皇太子像が象徴天皇像の内実として転化されてきた。しかし同時期、女性皇族への関心が高まる現象も起きていた。また、皇太子への期待感もその後持続せず、皇太子妃候補を報道することでしか象徴天皇像への期待を膨らませることができなくなる。一九五八年からのミッチー・ブームはたしかに正田美智子という人物のパーソナリティーやイメージ、そして彼女が「平民」であったことが重要な要素として起きたものではあったが、そこには象徴天皇像におけるジェンダーの問題も存在していた。ここでは、象徴天皇像の展開過程における女性の役割に接近しよう。

女性皇族への関心

近代において皇女は皇族と結婚する慣例にあった。しかし一九四七年の皇族離脱や華族の廃止に伴って、昭和天皇の皇女を誰と結婚させるのかという問題が浮上してくる。一九四九年には三女の孝宮和子が二一歳となるため、結婚が近いのではないかとの記事が掲載された［読売49・1・7］。前述の事情に加え、日本国憲法が施行されたことを契機にして、「皇族、元皇族、旧華族でもない一市民が花婿に選ばれる場合」が想定されたため、孝宮の結婚への関心が高まった。そして一一月二三日、孝宮の相手として東本願寺法主の長男大谷光紹が内定したとの報道がなされた〔読売49・11・23〕。この記事では、孝宮が「主婦勉強に磨き」をかけていることが強調されており、結婚のために主婦としての素養を身につけようとしている孝宮は一般の女性と同じようであって、それまでの女性皇族とは変化したとの印象を与えることとなる。㉙

しかしこの大谷内定説は立ち消えとなる。田島宮内庁長官の日記には「結局大谷ハ負担已大《だいのみ》　鷹司氏ノ方ヨシトナル」〔田島49・12・5、264〕とあり、入江相政侍従も「要するに血族結婚は不可といふことになり、更にその他の点からいつても不可といふことになる」と記していることから、皇室の負担や近親婚（孝宮と大谷はいとこであった）が理由で変更になったことがうかがえる㉚〔入江49・12・5〕。そしてこの会議で名前の挙げられた鷹司平通が孝宮の婚約者として内定する〔朝日50・1・27、読売50・1・27など〕。結婚相手は宮内庁内部の会議で決められており、いわゆる恋愛結婚ではなかった。こうした事情は、「周囲の事情から、ご自身で〝良人〟を選択する機会はめぐまれない」〔朝日49・12・9〕とはっきり公表されていたが、「新憲法の精神を結婚にも適用したい」という天皇の意向を汲んで、事前に二人を会わせたり婚約中の交際ぶりが報道される〔朝日50・1・27、読売50・3・4〕。敗戦前の皇女の結婚とは変化を見せたことがアピールされ、こうした状態は「極めて自然だ」と評された㉛。鷹司は元五摂家とはいえ交通公社に勤めるサラリーマンであったため、皇女が民間に入って生活することへの期待は高まった。

五月二一日に行われた結婚式には、戦前は皇室親族令によって参列できなかった天皇・皇后も出席したことから、「民主化」された象徴天皇像を印象づけた。ただしその結婚式に至るまでにも問題があった。皇后が孝宮に「御島田、御振袖をお着せになりたい」との希望を出していたからである。しかし入江が

「御女性として親御さんとして当然のこと、もいへるが、宮様のお好みでもないものを世間の悪評を犯してまで断行する必要が何処にあるのであらう」と記すように、宮内庁では皇后の意見に対する反対論も多かった［入江50・3・2、3］。その後の協議で孝宮らの希望に添って袿袴を着用することとなる［入江50・4・14］。宮内庁では、皇后の希望よりも本人らの希望や民衆にどう見られるのかということを念頭に、結婚式当日の服装を決定していた。その結果、孝宮の結婚式自体が「質素」であると報道されていく。

孝宮結婚報道は式後も継続した。翌日には鷹司夫妻の記者会見が行われ、生の声が新聞紙上に掲載されている［朝日50・5・22など］。鷹司和子の「新妻ぶり」も報道される［読売50・5・23］など、民衆と同じ目線で生活する元皇女の姿が描き出された。この時の報道の様子については、四女順宮厚子と結婚する池田隆政（後述）に鷹司平通が送った言葉から明らかとなる。鷹司は「また多くの人達からあれやこれやと引張り回される御夫婦が一組出来るかと思うと、誠にお気の毒でなりません」と語り、「当分の間多少は個人的な自由を犠牲になさらなければいけない」と述べている［中部日本52・10・8］。近代史上初めて民間に嫁いだ皇女に対して関心が高まり、民衆と天皇との距離感を縮めたと感じさせる存在となった一方で、彼女らは民衆やマスコミの興味の対象として扱われることになった。

翌一九五一年には四女順宮厚子の婚約が発表された［朝日51・7・11、読売51・7・11など］。相手は牧場を経営する旧岡山藩主家・元侯爵家の長男池田隆政であった。順宮の結婚は前年の一一月から既に準備が始まっており［田島50・11・10、280］、入江の日記によれば、皇后は候補として池田ではなく自らの実家である久邇を挙げていた(32)。入江は「近親結婚の非なる所以をよく皇后様には申し上げてない」［入江50・12・12］と田島を批判するが、旧来の形の中で結婚を進めようとする皇后に対して、象徴天皇制という新たな枠組みの中で皇女の結婚を実行したい宮内庁側が困惑している様子を見て取れるだろう。

その後の宮内庁内での協議の結果、一月に「池田、両徳川、松平、鍋島が最後に残り、結局池田というふことで少し深く進めて見ようといふことに」［入江51・1・8］、「池田隆政ヲ第一ニ考フルコト」となった［田島51・1・8、284］。旧大名家の元華族が最終的な候補となっており、旧摂関家と結婚した孝宮よりもその選考範囲は広がっている。順宮の旅行のついでに岡山で池田と会わせ[33]、五月には「皇后様呉竹ニテ順宮ト御話合ヒ侍従次長モ同席　其結果佳局良好」［田島51・5・15、294］とあるように、順宮の意思を確認して婚約となった。

こうした手続きを経たためか、孝宮の時と比べて順宮自身が池田との結婚に前向きであったかのような報道がなされた［中部日本51・7・11など］。後に皇太子と正田美智子が恋愛結婚であると語られる前に、すでに順宮の結婚の段階がそのように言われていたのである。また順宮は学習院短期大学卒であったこともあり、孝宮に比べて家庭的というよりは知的な素養を持っていることに対する言及がなされ、そうした人物であるにもかかわらず池田が住んでいた岡山の牧場へ嫁ぐような「動物好き」という親しみやすさが報道されている［読売51・7・11、朝日52・1・1など］。一九五二年一〇月一〇日に行われた結婚式でも再び「質素」であることが強調される［中部日本52・10・10（夕）］など、順宮は民衆に近い存在として捉えられていく。マスコミは孝宮の結婚の時以上に順宮の結婚までの様子を取り上げた。そのためか、順宮の結婚時には沿道に多くの民衆が集まり［中部日本52・10・10（夕）］、同日に結婚式をあげる人々による「結婚ラッシュ」が起こった[34]。こうした様子は「自分たちと同席にすわられる人間内親王に対する親近感からではなかったろうか」と評され、池田厚子は民衆と象徴天皇とを繋ぎ合わせる親しみやすい人物としてマスコミにその後も登場することになる［読売53・1・1、中部日本53・1・1など］。

彼女らは皇太子婚約の婚約報道後、再びマスコミで取り上げられる。その中で、鷹司和子はサラリーマンの妻として「夫唱婦随」の生活を送っていることが、池田厚子は「質素」な生活を送りつつも「にじみ出る品性の高さ」が強調された[35]。このように、女性皇族らは象徴天皇像が民衆に近づいたことを実感させる存在となっていた。実際に自分たちと同じ身分となった彼女らに対する興味関心は高まった。彼女らは皇族内の女性の存在を身近にした。だからこそ、マスコミも彼女らの結婚を積極的に取り上げる。宮内庁でもそうした雰囲気を察知し、結婚相手の選定や服装などで積極的に「民主化」をアピールする方策を採っていった。こうした経験がミッチー・ブームの前提に存在していたのである。

「孤独の人」皇太子と皇太子妃候補報道

明仁皇太子は青年としての登場とともに、結婚問題についても関心を持たれていく。その結婚に関する報道の端緒は一九五一年七月二九日の『朝日新聞』と『読売新聞』である〔朝日51・7・29、読売51・7・29〕。これらの記事は、その年に皇太子は一八歳の成年に達するので、先例に従って宮内庁が内々に結婚準備を始めたとするものである。記事では、まず北白川家や久邇家などの元皇族から皇太子妃候補を選考し、その後元華族などを候補とすると述べられているが、一方で「恋愛の場合も考慮されるなど、人間皇太子さまの御意思を十分に尊重する」との言及もある。恋愛が新しい皇太子像に適合的だと捉えられたからであろう。『読売新聞』はその日の夕刊で、具体的な候補として伏見章子、久邇通子・英子・典子、朝香富久子、北白川肇子などの元皇族を挙げ、彼女らの簡単なプロフィールとインタビュー・写真を掲載した〔読売51・7・25（夕）〕。これ以後、北白川肇子や伏見章子は最後まで皇太子妃候補として報道されることになる。しかしこうした報道は宮内庁で検討されていた人物をスクープしたものではなく、皇太子妃となるのは元皇族であるとの推測の下、そのうち皇太子と同年か年下の娘を候補として挙げたものにすぎなかった。

なぜこの時期にマスコミは皇太子妃報道をしたのだろうか。第一に、記事中にもあるように皇太子が成年に達する年齢であったことが大きい。大正天皇・昭和天皇の結婚年齢を考えると、準備がなされていてもおかしくはないとの認識がマスコミの中にあった。第二に、宮内庁の反応である。第一の認識の下、『読売新聞』の小野昇が黒木従達東宮侍従にインタビューしたところ、黒木が答えに窮したため、小野は皇太子妃選考が始まっていると推測した。[36] また同時期に、田島道治宮内庁長官が「冗談まじりで」皇太子妃候補について頭の中にあると記者に発言したこともあった。[37] これらの反応を見、記者らは取材を開始する。第三に、講和独立を控え、「挙国慶祝」を求める雰囲気があったからではないだろうか［中部日本51・7・29］。マスコミはそれを察知して、皇太子妃選考報道をスタートさせていく。

宮内庁はこれらの記事を否定した。しかし宮内庁内部ではすでに皇太子妃選考について話が出始めていたことは事実である。田島の日記には、一九五〇年五月六日に「東宮妃ノコト　character noble friendly」［田島50・5・6、275］とあって、皇太子妃の性格が話題となっていた。九月二日にも「小泉氏ニ Vining 後任ノコト　東宮妃サガスコト」［田島50・9・2、279］との記述がある。入江も七月に小泉信三や黒木らとともに皇太子の結婚について話し合っており［入江51・7・18］、宮内庁では皇太子妃選考が話題になりつつあった。皇太子の家庭教師であったヴァイニングは、この頃に皇太子の結婚問題についての相談を田島らから受け、家柄よりも人柄を第一とすることが彼らの中で決定されたと回想している。[38] これらのことから、この時期から宮内庁でも皇太子妃選考に関する意識は高まったものと推測できるだろう。報道された翌年の一月七日には宮内庁で「皇太子様妃殿下ノ範囲打合第一回」が開催され［田島52・1・7、306］、この時点から選考は本格化し始めた。

立太子礼・外遊と皇太子報道が高まりを見せる中で、皇太子妃候補についても多数の報道がなされるようになる。[39] 大宅壮一が「皇太子妃がクイズの対象として興味の中心になつている」［東京53・7・12］

と評したように、皇太子妃はマスコミや民衆の興味の対象として報道されていく。この頃になると旧皇族だけではなく、島津純子や徳川文子ら旧華族の一四名も皇太子妃候補として名前を挙げられるようになる。こうした皇太子妃候補記事は婦人雑誌の他、新聞社系の週刊誌が多数掲載していた。新聞では年頭の皇室紹介記事や年末の皇太子の誕生日の記事の中で、ごく簡単に皇太子妃の問題が触れられることが多かったが、新聞社は自社の週刊誌を使って皇太子妃候補報道を積極的に展開していた。新聞社は新聞と自社週刊誌を使い分け、週刊誌で報道を過熱化させていた。

一九五四年九月には『週刊サンケイ』が「皇太子妃、ご内定か」との特集記事を組み、北白川肇子と島津純子を有力な皇太子妃候補として取り上げている[40]。ここで重要なのは、この記事では彼女ら二人の家族構成・家系、身長、性格、小学校時代の成績などが事細かに紹介されている点である。後に正田美智子に正式決定した時も同じ報道がされており、その前提になったとも言える記事である。このような、皇太子妃が内定した、皇太子妃は今年こそ決まるといった記事が一九五四~五六年には多数見られるようになる[41]。しかし実際には進展しなかったために、次第に記事からもあきらめムードが漂うとともに、新たな情報もなくなり、皇太子妃報道は手詰まり状態に陥った。

そしてより重要なのは、こうした皇太子妃候補報道が進展する中で、皇太子自身はどのような存在であって、彼にどのような期待をするかについてのマスコミの関心が次第に薄れていったことである。ほとんどの記事で皇太子妃候補者に関する情報や宮内庁内部での選考状況などが書かれたが、皇太子自身に関する情報は減少し、皇太子への関心は立太子礼や外遊時に比べ後景へ退いてしまった。「新生日本」に適合的な皇太子像が象徴天皇像を牽引するという状態は、この時期には見られなくなったと言ってよいだろう。

これを表象する出来事として、一九五六年の『孤独の人』(三笠書房)の出版がある[朝日56・4・2]。

『孤独の人』は学習院時代に皇太子の学友であった藤島泰輔が執筆した小説で、学習院の内部での生活を題材としていた。この中では、皇太子をめぐって争う学友たちにとって皇太子は「勢力争いの道具、虚栄の道具」であって、本当に皇太子と友人となる者はおらず、皇太子の環境を変えようとしても妨害する役人がいて皇太子自身も変化を「あきらめ」ており、皇太子はひとり「孤独の人」として学習院の中でもさびしく取り残されている姿が描かれる。この『孤独の人』は、「人間」的なイメージを有していた皇太子がいかに「人間」的な生活を送ることができないか、また制度としての天皇制や宮内庁がいかに硬直化しているかなど、皇太子の実像や天皇制の問題点を鋭く描き出した小説であった。『孤独の人』はベストセラーとなり、映画化までされるに至った。それまでの皇太子像が虚像ではなかったかという疑問を内外に提起したと言える。またこれと前後して、皇太子自身に対しても「関心がなく」「親しみがわかない」との批判が民衆やマスコミの中からなされるようになる[42]。皇太子のみでは「新生日本」の表象たり得なくなっており、皇太子妃候補とともに報道されることでようやくその位置を保持することができた。

宮内庁内部で皇太子妃選考が本格化したのは一九五五年ごろからだと思われる。このころ田島前宮内庁長官が宇佐美毅宮内庁長官から皇太子妃選考の協力を依頼され、小泉信三らと話し合いを重ねていた［田島55・3・25、389など］。具体的な候補名も次第に挙がり、「徳川文子調査進メルコトヲ初ム」［田島55・10・16、390］との記述も見られる他、一九五六年には実際にイニシャルO家を訪問して結婚の依頼をし、「拝辞」されたことも記されている［田島56・4・8、4・17、390〜391］。その後もKという名前が浮上するものの「色盲駄目　先方辞退ニテ解決」［田島56・10・18、391］とあり、上手くいかなかった。正田美智子に決定するまでにすでに何人かの意中の候補がいたにも関わらず、結婚には至らなかったのである。それゆえ当初は元皇族や華族が皇太子妃候補の範囲であったようだが、後に一般までも拡大され、一九五五年九月の定例記者会見で瓜生順良宮内庁次長が「新憲法の結婚の自由の思想を尊重し、できるだけ広い範囲から選ぶ方針だが縁談にはつり合いが必要であり国民の納得ゆく家柄から選ぶことは当然である」と述べるに至った[43]。この瓜生発言は宮内庁が初めて皇太子妃選考について言及したものであり、これを聞いたマスコミは皇太子妃選考が本格化しているとして、その報道体制を強化していった。しかし報道された候補は北白川・伏見・島津から変化はなく、マスコミは情報を摑み切れていなかった。

こうした状況をやや皮肉めいた視点で描いたのが、一九五六年に発刊された『週刊新潮』である。後発の出版社系週刊誌である『週刊新潮』は、新聞社系週刊誌との記事の差異化を図らなければならなかった[44]。一九五七年四月一日号の記事では「今年三つの『どうなる?』」との題で、百円ビール・売春防止法と並んで皇太子妃問題が取り上げられている[45]。同年一二月三〇日号では、今年のニュースとして人工衛星・赤線・道徳教育・巨人と結婚の決まらなかった皇太子が並列して特集された[46]。いずれの記事もこうした問題と皇太子妃問題は同レベルの事象として並び、単なる興味という視点から語られているところに特徴がある。そこには象徴天皇像に対する権威性は存在しない。皇太子妃選考問題を通して皇太子像はマスコミの中で通俗化しつつもあった。

その後、一九五八年四月になって田島の日記に「Shoda Soyejima　調べヨクバ賛成イフ」〔田島58・4・12、392〕と記されていることから、この頃に正田美智子が皇太子妃の最有力候補として浮上していた。マスコミもこの頃になると、彼女が皇太子妃候補となったことを察知し、五月ごろに正田家と接触し始めた〔朝日58・11・27（夕）〕。報道が熾烈となって結婚まで至らなくなることを憂慮した宮内庁は、小泉が呼びかけて、宮内庁の正式発表までは予測報道を行わないとする報道協定を新聞協会・雑誌協会加盟の各社で申し合わせさせた。新聞社は協定を遵守して予測記事は掲載しなくなった一方、小泉が報道自粛を呼びかけてきたことは正田美智子が皇太子候補の本命であることの証左であると確信し、正田

内定した!?皇太子妃
その人正田美智子さんの素顔
テニスコートでの出会い
家風が生んだ芸術品

『週刊明星』のスクープ〔58・11・23〕

家への取材は常に試みて、来るべき正式発表後に向けての報道への蓄積を重ねていった。

　しかし協会に未加盟のマスコミは協定を守る必要がなかった。協定から自由であった出版社系週刊誌の『週刊明星』では、一九五九年一〇月一六日号で正田美智子が皇太子妃候補となっているとの記事を掲載しようとしたが、それを聞きつけた小泉が頭を下げて記事は取り下げられることになった[47]。しかし海外で『ニューズ・ウィーク』が皇太子妃候補として正田美智子の名前を紹介したことから、『週刊明星』はその記事を紹介する形で、「テニスコートでの出会い」や彼女の性格やプロフィールを報道する[48]。一方の新聞は、一一月二七日の宮内庁からの正式発表まで報道を待たなければならなかった。

　一九五一年から一九五八年までの長期にわたる皇太子妃選考報道では、マスコミが推測や希望的観測を基に数多くの記事を作成していった。それは、マスコミによって象徴天皇像が通俗化されていく過程でもあった。それまで「新生日本」の表象として期待を持たれていた皇太子も、選考報道が長期にわたったがためにその関心を継続させることができなかった。皮肉なことに、報道が過熱すればするほど皇太子妃が決定できない状況に陥り、皇太子への期待感はより低下していく。『孤独の人』はそうした過程の中で生み出された作品であり、内容の真実性はともかく、少なくとも出版当時に皇太子の置かれた状況を的確に表現していたと言えるだろう。

「恋愛」か否か

一一月二七日、宮内庁は正田美智子の皇太子妃決定を正式に発表した。これ以後、それまで協定によって沈黙していたマスコミは一斉に報道を開始する。

その中でまず問題となったのが、新聞が報道協定によって皇太子妃報道を控えていたことの是非であった。正式発表後の新聞には慶祝報道が溢れていたが、その中に各社とも協定に関する釈明記事を必ず掲載している。そこでは、皇太子妃候補の基本的人権を守るためにはやむを得ず、報道によって皇太子妃決定が損なわれないようにしたこと、また協定は自発的なものであって、報道しない自由もあることが強調された［朝日58・11・27（夕）、毎日58・11・27（夕）、中部日本58・11・27（夕）など］。具体名こそ言及してはいないものの、『週刊明星』の報道を非難する論調もあった［日本経済58・11・28社説など］。新聞社系週刊誌でも報道協定に関する釈明とスクープした週刊誌への非難とともに、いかに皇太子妃選考取材に苦労し、報道協定が自らに課した「良識」であったかを記事として大々的に掲載している。(49)出版社系週刊誌であった『週刊新潮』でも皇太子妃選考報道にまつわるエピソードが紹介されているが、新聞記者が「皇室に平民の血が入るのは、いいことだ……だから盲動はつつし」まなければならないとの意図の下に、積極的な意思を込めて自主的な規制をかけたと述べて、その行動を高く評価して記事を

皇太子妃決定の報道［読売58・11・27］

結んでいる。(50) ここからは、長期にわたった皇太子妃選考報道に対してマスコミから自省作用があったこと、そして皇太子妃に元華族ではない正田美智子が選ばれることをマスコミが望んでいたことがうかがえる。特に後者は、その後の報道効果を考えていたからだけではなく、マスコミが積極的に象徴天皇像の形成に寄与していた一例として見ることができるのではないだろうか。

　正式発表後の報道では、積極的に正田美智子の性格や経歴、家族構成が紹介され、新しい時代の皇太子妃としてふさわしいことが述べられている。婚約後の報道は皇太子ではなく、正田美智子が主役であった。彼女のプロフィールが事細かに記され、彼女の一挙手一投足、そして服装に注目が集まった。(51)

　その報道の中では、皇太子と正田美智子との恋愛が強調されていることは注目される。しかし正式発表当初は必ずしもそうではなかった。『読売新聞』ではテニスコートで出会ったことには言及しつつも、小泉を中心とする選考段階で正田美智子はまず候補に挙がり、皇太子もそのころに名前を出したため、「こんどの場合、皇太子の『恋愛結婚』というのも、宮内庁が押しつけた『強制結婚』というのも当たってない」と述べられている〔読売58・11・27（夕）〕。『朝日新聞』でも正田美智子が正式に選考を受け入れる前に皇太子に会って意思を確かめたいとの希望を持っていたにも関わらず、「周囲の情勢はそれを許さなかった」という〔朝日58・11・27号外〕。真偽はともかく、池田厚子の結婚時に比べ、恋愛であることは当初大きく取り上げられなかったのである。

ここには、恋愛によって未来の象徴である皇太子のイメージが損なわれるとの懸念があった[52]。自民党の平井義一衆院議員は国会で、「もしも伝え聞くように、皇太子殿下が軽井沢のテニス・コード《ママ》で見そめて、自分がいいというようなことを言うたならば、ここにおられる代議士さんの子供と変りない。私の子供と変りない。これが果して民族の象徴と言い得るかどうか」と質問した〔衆内閣59・2・6〕。それに対し宇佐美宮内庁長官は「世上で一昨年あたりから軽井沢で恋愛が始まったというようなことが伝えられますが、その事実は全くございません……世上伝わるようなうわついた御態度というものは、私どもは実際において全然お認めすることはできません」と否定している。平井のように天皇としての権威を思考する立場にとって、皇太子が民衆と同じような恋愛をすることは、その権威性を欠如させてしまう要因となり得ると見られたのである。そして宇佐美も恋愛を「うわついた態度」として否定している。こうした宮内庁の姿勢は民衆の意識に追いついていなかったと思われ、後述する宮内庁批判へと展開されていく。

しかしこのような平井や宇佐美の態度に反し、皇太子と正田美智子の恋愛はその後のマスコミで特に強調された。恋愛は「新生日本」を、日本国憲法における両性の平等や婚姻の自由を、そして天皇制が「民主化」されたことを表象する重要な要素であったのである[53]。『週刊女性』が「秘められたロマンス」として恋愛を強調するように、皇太子と正田美智子の恋愛はマスコミが天皇制を通俗化していくための格好の素材ともなった[54]。しかし一方で恋愛が語られることは、象徴天皇像が日本という国家の現在の、そして目指すべき像に適合的な存在であったことを示している。高度経済成長下の社会にあって、都市化の進展と伝統的社会秩序が次第に変容を遂げる中で、そうした国家の状況にふさわしい新たな概念が恋愛だったのである。

ところで正式発表から結婚を経ていく中で、宮内庁批判や正田美智子への批判も見られるようになる。すでに皇太子妃正式決定直後、大宅壮一が「宮内庁やそのとりまきが、いまの天皇、皇后のように、新しいお二人を祭りあげようとしたら悲劇である」[中部日本58・11・27（夕）]と危惧しているように、宮内庁の対応に対する批判は伏在していた。清新なイメージを持った皇太子と「平民」の正田美智子が、天皇制という制度の中で埋没し、個性を失っていくことへの懸念であった。しかもそれは、次の三つの点から実際上の宮内庁批判へと展開していく。

第一に、お妃教育である。正田美智子に対して正式決定後になされた教育に対し、それが彼女を「ノイローゼ気味」にまでさせるほどのものであったと批判された。また内容についても、現在の状況とは合致せず旧態依然の教育を施しているとして、それがせっかく民衆との距離の近い正田美智子を、人々から遠ざけてしまうのではないかとの論が展開された［中部日本59・4・3（夕）］。お妃教育が「人間性とはかけ離れたものである、新しい象徴天皇像にはふさわしくないとの認識からの批判であった。

第二に、宮内庁が採った前例主義である［中部日本59・4・6（夕）など］。恋愛を否定する宇佐美の姿勢のように、宮内庁が行った様々な対応はマスコミや民衆に「保守的」と映った(55)。これは、宮内庁が現在的な状況や雰囲気を摑みきれていないとの批判でもあった。

第三に、ブームを利用する人々の存在である。正田家の実家のある館林では記念事業が計画され、それによって開発を進めて収益をあげようとする動きが高まったことから(56)、マスコミで「皮算用」と批判された。ミッチー・ブームを期待や歓迎といった意識レベルだけではなく、それを利用して自己の利益に繋げようとする姿は、旧来の天皇像を想起させた。それは、これまでとは違ったイメージを有していた正田美智子すらも天皇制という制度が飲み込んでしまうことへの危惧から生まれた批判であった。ミッチー・ブームからは、象徴天皇像が身近になったとする思考の一方、天皇制の問題点を浮き彫りにする言説も提起された。ミッチー・ブームにはこうした要素も存在していた。

皇居再建と皇居開放論

ミッチー・ブームの影響から、再び皇居について議論が巻き起こる。

まず、一九五一年の皇居宮殿再建運動が挫折した後の動きについて概観しておこう。皇居を開放しようとする意識は、その後も残った。一九五二年に発行された『丸』には、「宮城を公園にしたら」という記事が掲載されている[57]。その中では、「天皇の生活に国民が親しみを感じるような雰囲気をつくり出す」ために、皇居を他に移転させて現在の皇居を公園化（ただし天皇の国際的儀礼を行う場所だけは現在地に残す）する案が提起された。それに対して寄せられた著名人の意見では、安井誠一郎東京都知事は「国の政策が、皇居というものをより以上荘厳なものにしようと努めて」おり、開放は「不適切」と述べたのに対し、洋画家の赤松俊子と詩人の壷井繁治が皇居を開放して、美術館・博物館などの文化施設を建設することを提案する。皇居と文化という概念が重ね合わされている。

こうした意見を背景にして、実際に皇居開放の動きが高まったのは、一九五四年の二重橋事件からである。一月二日、皇居には三八万人もの参賀者が訪れた。それは四八年に一般参賀が始まって以来最高の人数であった。この時、二重橋では殺到した参賀者が折り重なって倒れ、死者一六人を出す事件が起きた。この二重橋事件後、『週刊朝日』は事件の原因を次のように分析している。

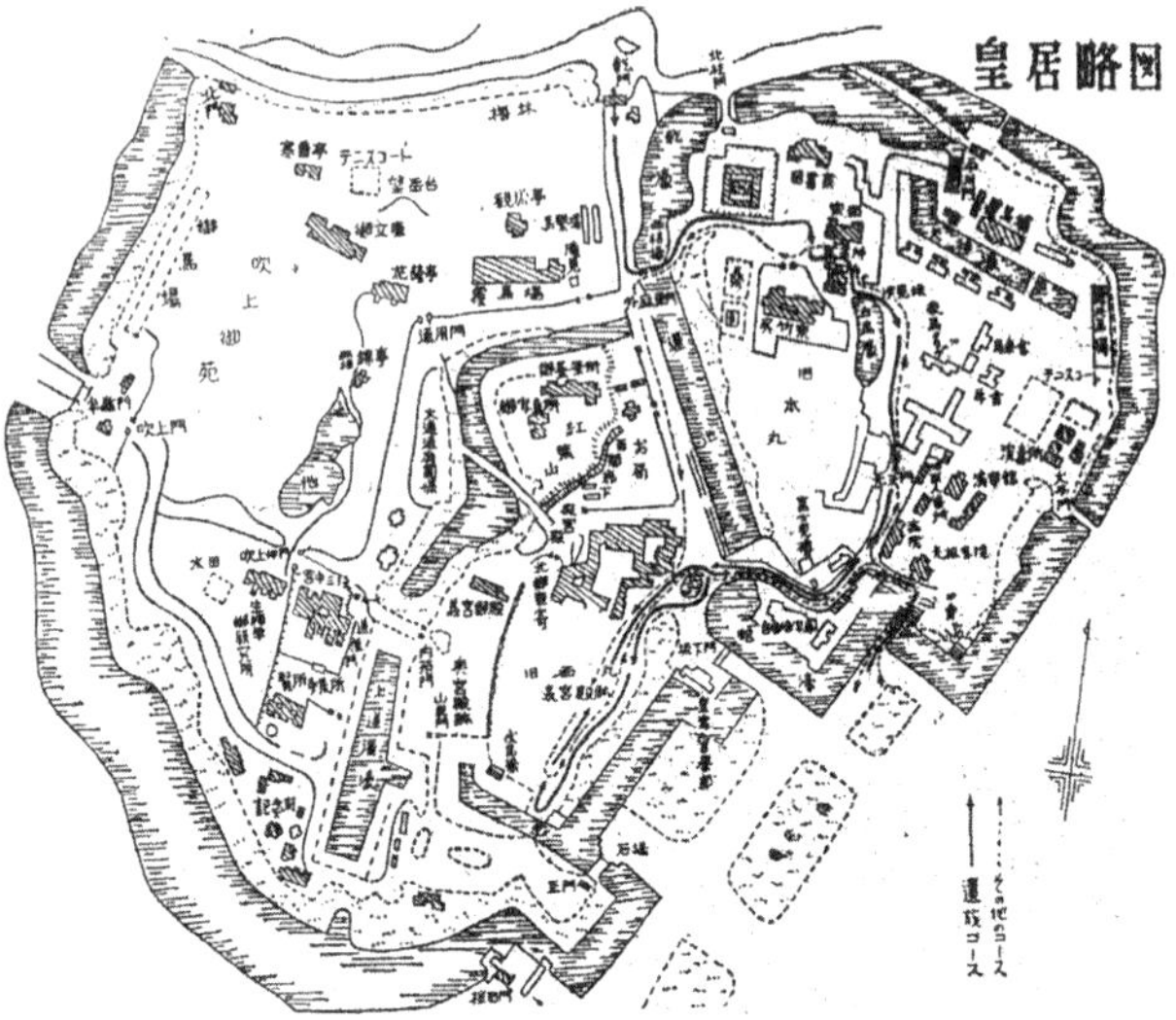

皇居略図［週刊読売53・7・12］

宮城を閉鎖していることもよくない。あそこをいつも開放して、東京のセントラルパーク（中央公園）にし、その一隅に天皇御一家が住んでいるという形にすればいい。そうすれば、天皇が散歩している途中で、子どもと握手することだつてできるわけだ(58)。

宮内庁にも皇居を一般参賀に限らず日常的に開放することで事件が起きた時のような混雑を避けるべきとの意見が寄せられ、また庁内でも開放に関する議論がなされた。その結果、団体や戦争遺族などに限ってではあるが、一九五四年六月一五日より皇居の参観が許可されることになる［朝日54・4・26、54・5・26など］。人数を制限し、天皇・皇后の居住する吹上御所などを公開から除外するなどの制限がなされたが［朝日54・1・20］、民衆と天皇との結びつきを意識して皇居を開放しようとしている点は敗戦直後の議論を下敷きにしていたと言えるだろう。『サンデー毎日』が開放された皇居を紹介するなど、民衆にとって親しみある空間であることが宣伝された(59)。

ところで、宮内庁では同時期、皇居再建に関する準備を進めており、一九五五年ごろになるとマスコミでも皇居再建に関する記事が登場し始める［朝日55・7・8など］。独立後に国賓クラスの外国使節が多数来日したため、その会見の場所として仮宮殿では「貧弱」［読売56・10・8］で、皇居宮殿が必要であるとの意見が高まったためである。宮内庁では五七年四月に瓜生宮内庁次長を議長とする宮殿造営協議会と調査室を発足させ、「新宮殿が、様式等において本邦宮殿沿革の教えるものを基調とすること」「我国の現代文化を象徴表現する最高の国家的国民的建築であるべきこと」[60]を基本にして、本格的な再建計画を策定し始めた［読売57・7・22］。五八年七月二日には瓜生が国会で皇居再建の意思を明らかにし［参大蔵58・7・2］、それ以後皇居再建をめぐる議論が活発化していく。

この時の皇居再建に関する議論は皇居移転論や皇居開放論と密接に結びついていた。皇居移転論では移転後に旧江戸城域を全面的に開放することが主張されており、その点では開放論を含み込んでいるとも言える。一方皇居開放論は、現在の位置での皇居再建を目指し、その上で皇居の一部を開放しようとするものだった。まずは皇居移転論から見ておきたい。皇居移転論の根拠は主に次の二点である。第一に、城の中に皇居があることは「時代錯誤である」という議論である［読売58・12・20］。これは敗戦直後の議論が再現されたものと言ってよい。敗戦直後に遷都論を展開した木村毅は再び京都への皇居移転を主張している（しかしここでは遷都までは言及していない）［読売59・1・16］。木村の皇居移転論は、旧江戸城からの皇居の移転が民衆と天皇を結びつけることに繋がるという発想だった[61]。こうした議論は、天皇を政治の中心から離れさせることこそ文化的な象徴天皇像の展開には重要だという主張へと発展していく。敗戦直後の亀井勝一郎が展開したようなこの議論は、作家・評論家の臼井吉見によってなされた。臼井は「伝統」的な京都への皇居移転を主張する一方、「自分の意志と判断に基いて、婚約者をえらんだ皇太子」が登場したこの機会にこそ、「封建的為政者の居城であった現在の皇居」からの移転がふさわしいと述べる［朝日59・1・1］。明仁皇太子と正田美智子の婚約発表によって新たな象徴天皇像の展開を期待し、それを理由として皇居移転論を主張することにその特徴があった[62]。

このように、ミッチー・ブームが皇居移転論に拍車をかけた。評論家の松岡洋子は、皇居移転が「親子別居という不自然なしきたりを破る」きっかけになると主張する[63]。松岡の皇居移転論は、皇太子の結婚によって「普通の家庭」の表象として象徴天皇像を求めていったために提起された議論であったことがわかる。衆院議員の宇都宮徳馬は「憲法も変り、若い人々の感情も変ったのに、皇居だけがこのままでは、いまに政治問題化しよう」と述べ、新たな象徴天皇像に適合的な皇居のあり方を求めた[64]。皇居移転によって象徴天皇は民衆により近い立場になるというのが、この立場の意見であった。

皇居移転論の根拠の第二は、都市化の問題である。高度経済成長に伴い東京の都市化が急速に進み、「交通の動脈硬化」は社会問題化しており［読売58・12・20、58・12・21社説］、皇居を移転させて道路建設をしようとする構想があった。また、建築家の丹下健三は、皇居移転後の跡地を全面的に開放してそれを中心としたコミュニティーを形成し、民衆のレクリエーション的な施設を建設するよう提案している[65]。丹下の提案も都市化・都市計画の問題と密接に関わっていた。

一方の皇居開放論も敗戦直後の議論が下敷きとされた。次の投書は顕著な議論であろう。

ぼくは皇居開放に賛成である……皇室の民主化と皇室に対する国民感情からである……国民の皇室に対する親近感、敬愛の情は皇居を住居とされる限りこれまでと変らない。やはり国民の親しめる住居がよい［読売59・1・16投書］。

皇居を民衆と天皇との結びつきの空間を思考し、「民主」的な象徴天皇像に適合的な空間として存在するためには、開放が必要であると主張されている。こうした開放も「皇太子ご成婚の記念事業として」〔朝日59・3・12石原憲治「一部を記念公園に…」〕と述べられるように、皇太子婚約発表による新たな象徴天皇像の展開への期待が念頭にあった。皇居開放論も新たな背景がつけ加わって再登場したのである。

宮内庁は費用の点、そして象徴天皇が国事行為を行わなければならないことを考えると政治との関係は不可分であるとして、皇居を移転させるという計画については考慮に入れてはいなかった〔読売59・5・15、衆予算第一分科59・2・26宇佐美毅宮内庁長官発言〕。このような宮内庁の方針を後押しするかのように、積極的に現在の場所にいるべきとの意見も数多く存在した。具体的には、皇居を移転すれば国政上不便になる、国家の象徴である天皇の住居は都心にあるべき、皇居は伝統的文化財でありそのまま保存すべき、との意見である[66]。民衆も一九五九年一月に行われた世論調査によれば、「皇居造営はどう行うべきか」という問いに対し、五九・三%が「現在の場所でよい」と答え、二四・九%が「皇居の一部に住む」(一部開放)で、「都内の他の場所に移る」四・八%、「都外に移る」三・九%を大きく上回っており、皇居移転には積極的ではなかった〔東京59・2・2〕。

宮内庁は皇居移転は考慮していなかったものの、民衆と天皇との結びつきを強化するための皇居開放論には積極的であった。再建される皇居では一般参賀を含めて多くの民衆が、天皇と接触できるような空間を形成することが目指された〔読売59・3・30〕。そして宮内庁がそれ以上に積極的であったのは、皇居の一部開放についてであった。これは、皇居再建に伴って皇居の一部を公園として開放すべきとの意見が強かったこと〔読売59・1・16投書、朝日59・3・12石原前掲「一部を記念公園に…」〕を受けてと考えられる[67]。また、ミッチー・ブーム時に起こった宮内庁批判を意識していたのではないだろうか。皇居再建計画策定のために設置された皇居造営審議会においても、皇居開放の理念・方法を中心に議論が行われた[68]。審議会は一九五九年七月一七日、旧江戸城本丸付近の東地区約二一万平方メートル（皇居東外苑）を開放することを決定し、皇居付属の庭園となった皇居東外苑は約七年間の整備工事を経、一九六八年一〇月一日より開放されることとなった。

皇居宮殿についても「日本建築の伝統的な様式を取入れ」つつ、「国民に親しまれる近代的な様式を加味する」との再建計画が策定された〔読売59・9・18〕。皇居は対外的な儀場として、日本の「伝統性」と「近代性」が相互に強調される空間として形成されていった[69]。それとともに、皇居を民衆に親愛される空間にすることも常に念頭に置かれていた。宮殿と天皇の住居部分を分離させ、住居で「家庭生活」を営むことが強調された。これは皇居開放論で盛んに論じられていた論理を取り入れたと言えるだろう。この再建計画では一九五一年の皇居再建運動が要求していた「民衆からの寄付[70]」という点も認められることとなった。こうして再建される皇居は、「国民の中に降りて来た」と評されるように、ミッチー・ブーム後の民衆と天皇との結びつきを表象する空間として形成されたのである。

第Ⅱ部　昭和天皇の戦後史

第一章　昭和天皇の「日本」意識

1　敗戦前から直後にかけて

「日本」意識

一九四五年八月、日本はアジア・太平洋戦争に敗戦し、「大日本帝国」は崩壊という結末に至ることになる。近代日本は台湾・朝鮮半島を植民地化し、満州事変後には「満州国」という傀儡国家を樹立、日中戦争から継続する戦争では中国やアジア・太平洋の各地を軍事占領して巨大な「帝国」を形成していた。それが、八月一五日のいわゆる「玉音放送」＝ポツダム宣言受諾によって、一挙に滅亡へと向かっていったのである。

とはいえ、すでに多くの先行研究で言われているように、この時すぐに「大日本帝国」が崩壊したわけではない(1)。日本軍や官僚たちの撤退は順次進行し、植民地や「満州国」、占領地に渡った人々の引き揚げも少しずつ行われた。「大日本帝国」の崩壊は、ポツダム宣言受諾を契機にして、徐々に進行したのである。

それは政治・軍事・社会面だけではない。人々の意識の上でも、「大日本帝国」は一挙に滅亡したのではなく、ゆっくりと進展したと思われる。特に、ＧＨＱによって九月より「日本本土」の占領統治（間接統治方式）が開始されたとはいえ、後述するようにその「日本本土」をどこに限定するのか（つまりどの植民地・占領地、島嶼を除外するのかなど）は決定していなかったからである。それゆえ、敗戦によって「大日本帝国」が崩壊することは認識しつつもどの程度縮小し、「日本本土」となるのかは曖昧化していた。

本章ではかかる問題を、ある一人の人物の「日本」意識を解明することで考えてみたい。その人物とは、昭和天皇である。戦前の大日本帝国憲法下では統治権の総攬者であった天皇は、敗戦直後の戦争責任を巧みに回避しつつ、日本国憲法では「象徴」となった[2]。「大日本帝国」に君臨していた天皇は「日本国の象徴」へとスライドしたのである。では、彼にとってのその「日本国」とは何だったのだろうか。

連続する「君主」

戦前の大日本帝国憲法において、天皇は「統治権の総攬者」であった。では、天皇は絶対的権力を持った存在だったのだろうか。それとも、「君臨すれども統治せず」といった存在だったのだろうか。近年の近代史研究によれば、それは各々どちらかだけではない、ということになる[3]。戦前日本の政治機構は、国家の権力を内閣、国会、枢密院、軍部などの様々な勢力に分立させていた。その分立する権力機関を束ねる役目こそ天皇にあり、各権力機関はそれぞれに独自で天皇に報告（内奏）や上奏を行う役目を担い、天皇がそれに裁可を与えることで国家の意思となった。もちろん、それぞれの機関の間で事前に調整が図られた上で天皇に報告されるのが通常であり、基本的に天皇は反対することなく裁可していた。

しかしそれぞれの利害が対立した時、各機関は自己に有利な情報を単独で天皇に報告し、裁可を得ようとする。天皇はこの時、調整されていない、それぞれの機関の間で矛盾した報告を聞き、意見の相違を調整・判断しなければならなかった。その点で、戦前の天皇は、時に能動的に動く君主としての地位を強く有していた。

昭和天皇は幼少より、能動性を強調され、理想化された明治天皇像を教育され、あるべき君主像を涵養していった。そのため、各機関に対して時に積極的な関与を行っていく。

しかし、アジア・太平洋戦争の敗戦は、天皇制に大きな変革をもたらした。日本からの軍国主義の除去を占領の目的に掲げたアメリカは、天皇制の民主化を要求する。日本側も天皇制の存続のため、積極的に天皇制の変革に応じた。そこで両者の意思が合致し、日本国憲法において天皇は「象徴」であると規定され、一定の国事行為のみを行う存在となった。

戦後、敗戦の責任を取って天皇は退位すべきとの意見も存在していた。しかし、退位から天皇制の廃止へと繋がる可能性が指摘されることによって、天皇は退位しない方向へと収斂していった。制度的には「統治権の総攬者」から「象徴」へと変化した天皇は、人的には昭和天皇という一人の人間が継続する結果を辿ったのである。つまり、生身の天皇は戦前も戦後も連続して在位し続けた。では、昭和天皇自身は、「象徴」へと制度が変化したことで、戦前の意識を転換させることができたのだろうか。

戦争末期の和平交渉から敗戦直後にかけて

一九四四年七月のサイパン陥落以後、戦局は日増しに悪化していた。本土空襲も本格化し、各地での戦闘でも日本軍の敗戦が相次いだ。一九四五年になると敗戦はもはや必至という状況にあった。二月から三月にかけて行われた硫黄島の戦いでも日本軍は敗れ、アメリカ軍が同島を奪取する。三月から六月にかけては沖縄戦が行われ、その後沖縄もアメリカ軍によって軍事占領されることとなった。

以上のようにアメリカ軍が次第に「日本本土」に迫る中、七月になると、終戦に積極的であった近衛文麿元首相を中立条約を締結していたソ連へ派遣し、アメリカとの和平交渉を行おうとする動きが登場してくる[4]。その際、「和平交渉の要綱」が天皇と近衛の相談によって作成された。そこには日本政府としての交渉条件が定められ、「国体及び国土」については次のように記載されている。

（ロ）国土に就ては、なるべく他日の再起に便なることに努むるも、止むを得ざれば固有本土を以て満足す

つまり、天皇は和平交渉にあたって、「大日本帝国」の解体を「止むを得」ないと認識し、「固有本土」が守られることを条件にしようとしていたことがわかる。この「固有本土」こそ、敗戦直前の昭和天皇の「日本」意識であった。では、この範囲は具体的にどのようなものであったのだろうか。この「和平交渉の要綱」には「解説」も付されている。それは木戸幸一内大臣と近衛の相談によって作成されたものであり、天皇自身は介在していないが、側近の木戸や要綱について相談した近衛によるものであることから考えると、天皇の意思が反映された可能性は高い。解説（一）の（ロ）は次のように記されている。

固有本土の解釈については、最下限沖縄、小笠原島、樺太を捨て、千島は南半分を保有する程度とすること

ここに、昭和天皇を中心とした宮中の「日本」意識を見ることができよう。沖縄・小笠原・樺太・千島列島北半分を除く範囲を天皇は「固有本土」と思考していたのである。たしかに、前述のようにこの

時点は硫黄島の戦いや沖縄戦の後であり、沖縄と小笠原諸島はすでに米軍占領下にある。それゆえに和平交渉にあたって、それを「捨て」ると述べたかもしれない。しかし、交渉によってそれを取り返そうという意識は、ここから見ることはできない。場合によっては、「和平交渉の要綱」にあるように「他日の再起」、つまり後に返還を求めようとした可能性もあるが、天皇らの認識には「固有本土」という文言の中に沖縄や小笠原諸島が入っていなかったのである。しかも、まだ占領されていない樺太や千島列島北半分も、交渉によっては手放してもかまわないと考えていた。

沖縄は一八七二年に琉球処分が行われ、一八七九年に沖縄県設置、小笠原諸島は一八七六年に日本統治を各国に通告して日本の領有が確定、千島列島は一八七五年の千島・樺太交換条約によって樺太の一部と北千島が交換され、千島列島全体が日本の領土となった。樺太は日露戦争後の一九〇五年のポーツマス条約締結により、南樺太が日本へ割譲された。こうした事実を踏まえれば、明治以降に日本の領土となった島嶼については、天皇は「固有本土」と思考していなかったことがわかる。

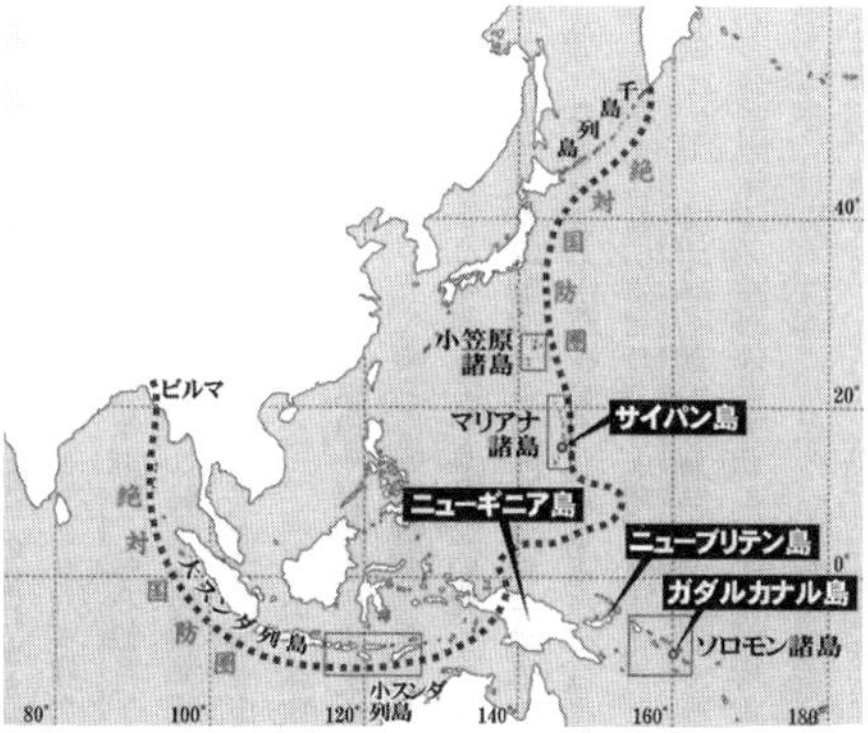

絶対国防圏（加藤陽子『とめられなかった戦争』NHK 出版、2011年より）

なお、一九四三年九月三〇日の御前会議で決定された「今後採るべき戦争指導大綱」の中に記された「絶対国防圏」では、「帝国戦争遂行上太平洋及印度洋方面ニ於テ絶対確保スヘキ要域ヲ千島、小笠原、内南洋（中西部）及西部『ニューギニア』『スンダ』『ビルマ』ヲ含ム圏域トス」と定められている。これは「日本本土」の防衛や戦争を遂行する上で絶対必要な範囲を示したものであり、その範囲外の地域を放棄して戦線を整理する目的もあったが(5)、千島列島や小笠原諸島はその圏内の最も外側に位置づけられていることに注目しておきたい。つまりそれらの島嶼は、「固有本土」を守るための前線＝周縁として認識されていたのではないだろうか。ゆえにこれは昭和天皇のみの認識だけではなく、陸軍・海軍などにも共有された「日本」意識だったと推測される。

近衛による和平交渉は、結局のところはすでに一九四五年二月のヤルタ会談によってソ連が対日参戦を密約しており、進展しなかった。そして同年七月二六日、米英中による「ポツダム宣言」が公表される。その第八条には日本の領土について、「『カイロ宣言』ノ条項ハ履行セラルヘク又日本国ノ主権ハ本州、北海道、九州及四国並ニ吾等ノ決定スル諸小島ニ局限セラルヘシ」と記されていた。「カイロ宣言」（一九四三年一一月）の事項、すなわち満州地域・台湾・澎湖諸島の中国への返還、朝鮮の自由と独立についてはその履行を求め、日清戦争以降の植民地・占領地の放棄は強調されていた。「カイロ宣言」や「ポツダム宣言」からはそれらが「日本」から切り離されるのは確実な状況にあった。問題は、「吾等ノ決定スル諸小島」にあった。そこに沖縄や小笠原諸島、樺太、千島列島などは含まれるのか否か。「ポツダム宣言」はその点が曖昧であった。

最終的に、日本が「ポツダム宣言」を受諾して「無条件降伏」することでアジア・太平洋戦争は終結した。その後、一九四六年一月二九日、ＧＨＱから日本政府に出された訓令「ＳＣＡＰＩＮ第六七七号」の三・四項には、「日本」について次のような範囲を設定している。

3　この指令の目的から日本と言う場合は次の定義による。
日本の範囲に含まれる地域として―日本の四主要島嶼（北海道、本州、四国、九州）と、対馬諸島、北緯三〇度以北の琉球（南西）諸島（口之島を除く）を含む約一千の隣接小島嶼。日本の範囲から除かれる地域として―（a）欝陵島、竹島、済州島。（b）北緯三〇度以南の琉球（南西）列島（口之島を含む）、伊豆、南方、小笠原、硫黄群島、及び大東群島、沖ノ鳥島、南鳥島、中ノ鳥島を含むその他の外廓太平洋全諸島。（c）千島列島、歯舞群島（水晶、勇留、秋勇留、志発、多楽島を含む）、色丹島。

4　更に、日本帝国政府の政治上行政上の管轄権から特に除外せられる地域は次の通りである。

（a）一九一四年の世界大戦以来、日本が委任統治その他の方法で、奪取又は占領した全太平洋諸島。

（b）満洲、台湾、澎湖列島。（c）朝鮮及び（d）樺太。

ここには、先程述べた昭和天皇らの「日本」意識との若干のズレがある。沖縄・小笠原諸島・樺太などは天皇の認識同様に「日本の範囲」からは除外されたが、「北緯三〇度以南の琉球（南西）諸島（口之島を含む）」いわゆる奄美群島、千島列島の南半分（ソ連との関係性もあってか）なども「日本の範囲に含まれ」ない地域と認識されたのである。[6] この訓令に基づき、三月二二日には北緯三〇度以南の南西諸島・小笠原諸島が日本の行政権から切り離され、占領が進行していった。

2　沖縄・奄美・東アジア

沖縄・奄美群島をめぐって

昭和天皇と沖縄をめぐっては、一九四七年七月二二日にウィリアム・シーボルトGHQ外交局長からジョージ・マーシャル国務長官に宛てられた書簡が著名である。そこに同封された覚書が、後に「沖縄メッセージ」と呼ばれるものとなった。[7] それによれば、天皇は通訳として宮内省御用掛を務めていた寺崎英成を通じて、自らの意思をシーボルトに伝えた。天皇は、アメリカが「沖縄、その他の琉球諸島に対する軍事占領を継続するよう希望」していた。それは、占領終了後、ソ連を中心とする共産主義勢力が台頭し、「日本」で事件を起こすのではないかと懸念してのことであった。さらに天皇は、米軍の沖縄占領を「主権を日本に置いたままでの長期」「租借方式という擬製にもとづいて行われるべきである」との考えもこのメッセージで表明している。このメッセージはその高い政治性のみならず、冷戦の激化によって沖縄がアメリカにとって戦略的に重要となることを天皇が認識し、日本の安全保障を担ってもらうために提供を申し出たという点で注目される。天皇は日本の安全保障を強固に構築するため、アメリカへの沖縄の租借を申し出た。そしてその意思を、政府に相談することなく自主的に、アメリカ側に伝達したのである。

このメッセージをめぐっては、「日本本土」を守るために沖縄を切り捨てたと見るのか[8]、日本の沖縄への主権を確認するものと見るのか[9]、見解の相違がある。後者の立場を採るロバート・エルドリッヂは、この沖縄メッセージに関して二つの新しい視点を提示している。第一に、先程述べたように、長期貸与という方針を天皇が提案したことによって、その後の講和条約において沖縄が日本から永久に分離されるという「最悪のシナリオ」は回避できたこと。第二に、沖縄メッセージがやはり講和条約における沖縄問題への日米政府の対応に大きな影響力を与えたことである。ここで興味深いのは第二点目である。もちろん天皇のメッセージを利用して自己の政策を有利に進めようとする両政府の意思は存在していたと思われるが、天皇の意思が日米両国の方針を規定した事実は、戦後も政治に影響力を持つ天皇の権威性を明らかにしているのではないだろうか。その点は第二章でより詳細に論じたい。

この沖縄メッセージは、冷戦という状況が進行している中で、共産主義の「日本」への浸透を防止するために、アメリカ軍が沖縄に駐留し続けた方がよいとのリアリズム的な判断が天皇にあったと推測される。しかし敗戦直前からの昭和天皇の「日本」意識を踏まえれば、その「日本」の中に沖縄が入っていなかったからこそ、そうした現実主義的な選択をできたのではないだろうか。

この天皇の意識は、沖縄から「日本本土」側に近づくと少し変化しているように思われる。占領末期から、米軍統治下の奄美群島では日本への復帰運動が展開されていた。そして一九五三年八月八日、吉田首相と会談したジョン・ダレス国務長官は、奄美群島の日本への返還の意向を表明し、その後声明で公表した。それを受けて天皇は一一日、「米国政府に謝意を伝達することを御希望になり、十三日米国駐箚特命全権大使新木栄吉を通じてダレス国務長官へその旨が伝達され」たという(10)。岩見隆夫によれば、天皇が「謝意を伝達することを御希望にな」った一一日、岡崎勝男外相から新木栄吉駐米大使に対して、「奄美群島返還に関する陛下の思召の件」とする暗号電報が発せられた(11)。その内容は以下の通りである。

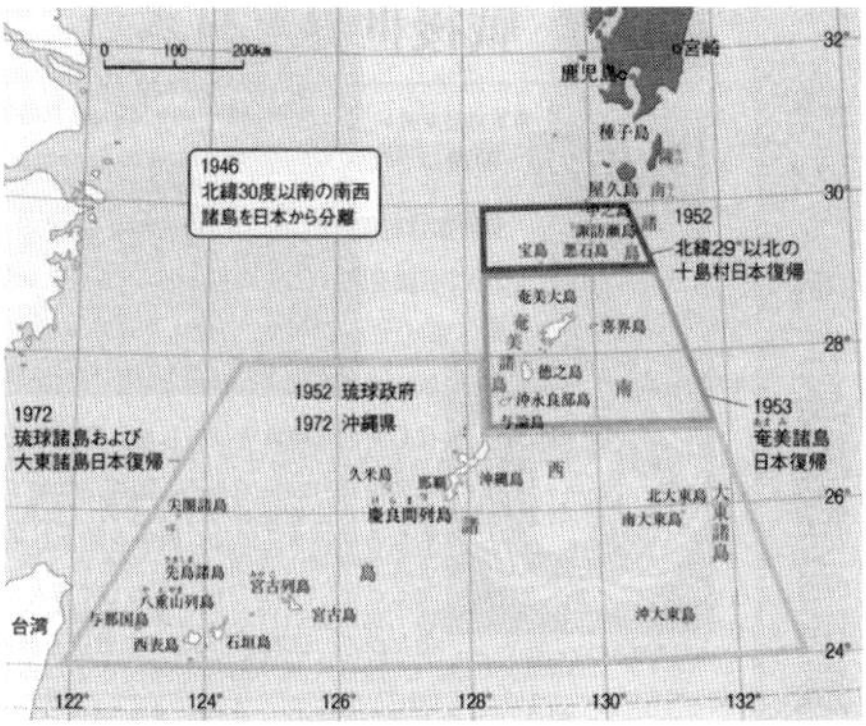

奄美・沖縄の占領と復帰（『高校日本史A』実教出版、2002年より）

　十一日、本大臣より奄美群島の返還に関するダレス長官との会談について内奏し、かつ同長官より陛下によろしく申し上げられたしとの趣旨の執奏したるところ、陛下はことのほかご満足に思し召され、米国政府ことに大統領および国務長官の好意ある取り計らいを多とされる旨のご沙汰があった。

奄美群島返還についてのアメリカとの交渉の様子を内奏

によって知った天皇は満足し、感謝のメッセージが駐米大使を通じて国務長官に伝えられたのである。この天皇のメッセージからは、「日本」を防衛してもらうために米軍が奄美群島に駐留した方がよいという意識を読み取ることはできない。その意味で、先の沖縄とは明らかに異なる対応をしていることがわかる。これは、昭和天皇が奄美群島を「日本」とする意識を有していたからではないだろうか。後年になるが、天皇は記者会見で次のような言葉も発している。

地方行幸については、伊豆諸島の一部のほか五島・壱岐・対馬・薩南諸島などの離島へも機会があれば行きたい旨、沖縄には色々難しい問題もあり、今は行くとも行かぬとも言えない旨などをお答えになる。[12]

この時の沖縄はまだ米軍占領下であり、「色々難しい問題」の中にはアメリカに対する配慮などもあるだろう。しかし、行幸したいと述べる奄美群島などと「行くとも行かぬとも言えない」沖縄とでは、彼の意識においては充分な差異がある。つまり、昭和天皇の「日本」意識には、奄美と沖縄の間に境界線があったのではないだろうか。

東アジア地域をどう見ていたのか

先程述べた沖縄メッセージから約半年後の一九四八年二月、天皇は再び側近の寺崎を通じて駐日政治顧問シーボルトにメッセージを寄せた。シーボルトはそれをマーシャル国務長官に次のように報告している。

寺崎氏は、同氏の考える現実的政策とは、南朝鮮、日本、琉球、フィリピン、そして可能ならば台湾を米国の最前線地域として選ぶというものであろう、と述べました。同氏は、米国の安全保障区域の境界線が右記の地域を最前線として明確に設定されるならば、東洋における米国の立場は鉄壁なものになるであろうと考えていました。……右の見解は寺崎氏の個人的見解を示しているにとどまらず、天皇を含む多くの有力な皇族との議論にもとづくものと考える。(13)

ここで天皇は、東アジアの資本主義諸国を連繋させた安全保障政策を提言している。もちろん、そうした防衛において主導的な役割を果たすのはアメリカであった。ここでは、「最前線地域」として台湾が想定されていることが興味深い。沖縄を共産主義から「日本本土」を守る防衛ラインと捉えていた天皇は、ここではその範囲をより広げ、台湾まで含めつつあった。

その意識は占領終了後も継続した。一九五三年四月二〇日、ロバート・マーフィー駐日米大使と天皇との会見において、共産主義に関する問題が話題となった。この時、マーフィーが蔣介石中華民国総統の「日本、韓国、自由中国の三ヶ国による何らかの形態の提携関係の構築が緊要」との意見を紹介したところ、天皇は「積極的で心からの共感の気持ちを表明」したという。(14)つまり、天皇は自らの思考する「日本」を守るために韓国・台湾の存在が重要であり、それらとの防衛連繋が必要だと考えていたのである。韓国や台湾、また一九四八年のメッセージも含めて考えれば、沖縄やフィリピンも「日本」という意識ではないにせよ、「日本」を守る利益線としての意識を有していたのではないだろうか。(15)

それゆえか、昭和天皇は朝鮮戦争に対しても強い関心を持っていた。一九五三年四月、天皇は「去る三月三十日に発表された中華人民共和国国務院総理周恩来の「中共声明」朝鮮戦争の休戦を提案に関する見通しなどについて、外務大臣の意見をお聞きになりたい旨」を側近の稲田周一侍従次長に伝えた。(16)

中国の周恩来首相が休戦を呼びかけたことはマスコミなどでも伝えられており、天皇がそれを踏まえてどのような状況にあるのかを知りたがったのである。共産主義への懸念を持っていた天皇は、朝鮮半島情勢が日本に影響する可能性を常に意識し、それに関する情報を集めようとしていた。

また、中国情勢にも強い関心を寄せていた。一九五八年、中国と台湾が激突する事件が起きた。八月、中国側が福建省から数キロしか離れていない台湾の金門諸島を砲撃する。これに対して台湾側も反撃し、アメリカもそれを支援した（金門砲撃）。天皇は事件勃発の翌日、稲田に対して「今朝報道された中華人民共和国軍による金門諸島への爆撃に関してお尋ねにな」った[17]。報道に注視し、側近に素早く尋ねたのである。天皇の中国問題についての関心を示すエピソードと言えるだろう。天皇は「日本」防衛のため、共産主義諸国がどのような動向にあるのか、そしてそれと対峙する韓国・台湾の状況に興味を抱き、情報収集を重ねていた。

こうした東アジア情勢をめぐる問題の中に、北海道が登場することもあった。天皇の「日本」意識を明らかにする上で、重要な視点かと思われるので検討しておきたい。一九五一年五月二日、新たにGHQの最高司令官に就任したマシュー・リッジウェイと天皇との第一回会談が行われた。会談では、朝鮮戦争情勢をめぐる軍事情勢や「日本有事」の問題が議題となった[18]。その際天皇は、「日本にとって釜山が一衣帯水であると同時に北海道も一衣帯水の関係にあるわけであります」と発言している。ここでは、ソ連への脅威論から北海道についての位置づけが話題となったと思われる。

占領終了後もその姿勢は変化がなかった。一九五八年一〇月六日、ニール・マッケロイ国防長官との会見した天皇は、「強力なソ連の軍事力を鑑みて、北海道の脆弱性に懸念」を表明した。マッケロイは、自身も「沿岸島嶼を天皇が北海道を見るような眼で見ている」とし、「この地域の平和と安定のために日米協力がとくに重要だと考え」を表明し、天皇はそれに「同意」して「援助に深い感謝」を述べた[19]。

この北海道をめぐる認識で注目されるのは、天皇が韓国の釜山と北海道を「一衣帯水」として同列に語っていることであろう。つまり、天皇にとって釜山と北海道、そして沿岸島嶼は「日本」を防衛するための「一衣帯水」という近接した地域として認識していたのであった。

昭和天皇の「日本」意識

アジア・太平洋戦争末期、昭和天皇ら宮中の中で検討されていた終戦工作の条件の中で、「固有本土」という概念が登場する。それこそ彼らの「日本」意識であった。その中からは沖縄や小笠原諸島、樺太は除外され、千島列島は南半分は「固有本土」として保有することが認識されていた。しかし、「大日本帝国」の解体過程の中で、ＧＨＱはそれとは異なる範囲を「日本」として設定する。

それゆえか、米軍に占領されていた奄美群島の返還については、昭和天皇はアメリカに感謝のメッセージをわざわざ発した。奄美群島は彼の中で「固有本土」＝「日本」という意識だったからだろうか。おそらく、明治以前に「日本」であった地域が、天皇の中の「日本」であった。奄美群島は沖縄とは異なる空間という意識も存在したと思われる。

一方、天皇は共産主義から「日本本土」を守ることを至上命題としていた。そのため、朝鮮半島や北海道が防衛線＝利益線として考えられ、その情勢に強い興味を抱いていた。沖縄や台湾、韓国を含めた防共・防衛圏をアメリカとともに設定することで、「日本本土」を守ることを意識していたのである。

第二章　昭和天皇の「外交」

1　マッカーサーとの会見

日本国憲法第九条をめぐって

敗戦直後の一九四五年一一月、昭和天皇とGHQのマッカーサー司令官との会見が行われた[1]。その後も天皇とマッカーサーの会見は、マッカーサーが解任されて離日するまでに、ほぼ半年に一回のペースで一一回行われている。

日本国憲法草案が国会で成立してから一〇日後の一九四六年一〇月一七日、第三回会見が行われた。天皇はこの会見で、ストライキについて次のような発言をしている。いわく、「日本人の教養未だ低く且宗教心の足らない現在、米国に行はれる『ストライキ』を見て、それを行へば民主主義国家になれるかと思ふ様な者も不尠、これに加ふるに色々な悪条件を利用して為にせんとする第三者ありとせば、国家経済再建の前途は誠に憂慮に堪へぬと申さねばなりません」と[2]。天皇は日本国内で起こっていた労働運動を厳しく非難し、マッカーサーにその取り締まりを求めた。天皇が憲法で保障された労働権の行使を批判し、治安安定を外交の場で求めたことは注視すべきだろう。

しかし、この会見でもっとも注目されるのは、日本国憲法第九条に関する議論である。天皇は九条に関して、「世界の国際情勢を注視しますと、この理想より未だに遠い様であります」と発言し、九条の理念では現実的には日本が危険にさらされるとの懸念を表明した。これに対してマッカーサーは、「戦争を無くするためには、戦争を放棄する以外には方法はありませぬ」と答え、両者に九条をめぐる相違が生じていることがわかる。

第九条に関する両者の認識の違いは、翌年に行われた第四回会見でもはっきりと表われている。この会見では日本の防衛問題が話題となった。天皇は、九条によって日本の安全保障は国連に期待しなければいけないが、実状を見る限り、それに期待することはできないという考えを示した。そして、「日本の安全保障を図る為には、アングロサクソンの代表者である米国がそのイニシアティブをとることを要するのでありまして、その為元帥の御支援を期待しております[3]」と、アメリカによる安全保障を求めたのである。それに対してマッカーサーは、九条の精神を再び説明し、非武装化した日本への国連による安全保障の可能性について力説した。両者の違いは明確であった。

このように、天皇は国連には期待しておらず、アメリカ一国による安全保障を求めていた。こうした天皇の政治的発言は、象徴天皇としての国事行為の範囲を越えるものだと言ってよいだろう。これまで見てきたように、敗戦後の東西冷戦の激化の影響から、共産主義が日本に浸透し、その勢力が拡大することを天皇は恐れていた。国内の治安安定を図り、日本の安全保障を確実なものにしようとする天皇の意思は、戦前からの「君主」としての感覚・情勢分析によって生み出されたものだったのではないだろうか。この姿勢は、日本国憲法によって天皇の地位が「象徴」と規定された後もずっと続いていた。

共産主義に対して

さて、天皇とマッカーサーとの会見はその後も行われていた。第五回から第七回までの会見内容については全くわかっていないが、一九四九年七月に行われた第八回以降については、通訳を務めた松井明の手記を入手した『朝日新聞』の報道やそれを解読した豊下楢彦の研究からその断面が伝わってくる。(4)

第八回会見について松井は、「陛下が国内の治安について深い憂慮の念をしめされたことだけが脳裏に焼きついている」と記しているように、天皇の第一の関心はやはり国内の治安の安定であった。ところで、天皇による治安の安定への思考という点に関して、興味深いエピソードがある。やや後年となるが、一九五一年一一月に京都大学を訪問した天皇は、刑法を専門とする滝川幸辰法学部教授から、犯罪状況に関する進講を受けた。滝川は犯罪の増加状況を説明したが、天皇はそれに対し、「その殺人の増えたというのは、一つは戦争の影響か、それとも外国の影響かしら」と質問している。(5)天皇が言う「外国の影響」とは具体的にははっきりとしないが、共産主義の浸透を念頭に置いて質問したことは明らかだろう。国内の治安悪化の問題と共産主義への脅威の問題は、天皇の頭の中では直接的に結びつけられていた。

話をマッカーサーとの会見に戻そう。一九四九年一一月に行われた第九回会見では、マッカーサーが冒頭に速やかな講和条約締結が望ましいと発言した。すると天皇は、「ソ連による共産主義思想の浸透と朝鮮に対する侵略等がありますと国民が甚だしく動揺するが如き事態となることを惧れます。ソ連が早期講和を称えるのも共産主義に対する国民の歓心を買わんとする意図に外ならないと思います」と答えた。(6)ここからは、朝鮮戦争を予見するかのような情勢分析とともに、共産主義に対する強い警戒心・日本への浸透を恐れる天皇の姿をも見ることができる。

一九五〇年四月に行われた第一〇回でも第九回に続いて、講和問題と日本の安全保障問題、共産圏の脅威などが話題となった。天皇は、「米国は極東に対する重点の置き方が欧州に比し軽いのではないでしょうか」と、講和条約が未だに締結されない状況に対する不満をマッカーサーに表明している。また、「日本共産党は国際情勢の推移に従い巧みにソ連のプロパガンダを国内に流して国民の不満をかきたてようとしているように見受けられます」とも述べている[7]。対共産主義に対する安全保障を天皇が望んでいたことは明らかであろう。しかし、天皇とマッカーサーの議論は結局平行線のままであった。

共産主義への脅威

ここまで見てきたように、天皇の共産主義への恐怖はかなりのものであった。これは、天皇が強迫観念に囚われた結果だったのだろうか。また、天皇だけが飛び抜けた考えを有していたのだろうか。必ずしもそうではない。敗戦直前ではあるが、一九四五年二月、天皇と同様に共産主義に対する強い恐れの感情を述べた人物がいた。第一部第一章などで取り上げた元首相の近衛文麿である。行き詰まった戦局の打開策を天皇へ奏上するために呼ばれた近衛は、冒頭で敗戦は「遺憾ナガラ最早必至」と言い切った。そして、「我国内外ノ情勢ハ今ヤ共産革命ニ向ッテ急速ニ進行シツツアリ」と主張し、共産主義台頭への危機感をあらわにする[8]。近衛はこの上奏文の中で共産主義の問題を繰り返し説き、革命によって天皇制が崩壊する可能性を指摘して即時の戦争終結を主張するのだが、近衛のような重臣でも共産主義への恐怖感が存在していた。恐怖の感情は天皇のみではなかった。

しかも戦後、国内外では近衛の観測通りとは言えないまでも、共産主義は勢力を伸張していく。共産党の影響下にあった労働運動の展開は、マッカーサーによって抑止措置のための指令が出されたとはいえ、国内の治安に不安な要素で有り続けた。アジアにおいても一九四八年に朝鮮が南北に分離し、翌年には中華人民共和国が成立、一九五〇年には朝鮮戦争が勃発するなど、共産主義の勢いは台頭し、日本の目前まで迫っていた。この状況から、日本はアメリカなど西側のみによる単独講和を急ぐことになる。

とすると、天皇にとって、国連による安全保障というマッカーサーの方針は生ぬるく見えたのではないだろうか。昭和天皇がマッカーサーに強く要求するのは、そうした意識からであった。

2　安保条約をめぐる「外交」

講和条約・安保条約への道

こうした東アジアでの動きによって、アメリカの中で日本の戦略的地位は非常に高まっていた。アメリカ国内では、日本からの基地提供を受けて軍を駐留させ、日本を「防共線」とする安保条約を早期に結ぶべきだとの意見が高まった。そこでトルーマン大統領は一九五〇年四月、ジョン・F・ダレスを国務省顧問に任命し、対日講和問題担当とする。

日本の外務省でもその動きを受け、講和と安全保障に関する基本構想をまとめる作業を開始した。日本側は、朝鮮戦争の勃発が自らの戦略的地位の高め、アメリカが日本を資本主義陣営に引き入れ、東アジアの共産主義に対抗しようとしていることを察知していたため、有利な条件で講和条約を結ぶことができるとの観測を持っていた。アメリカ軍駐留による安全保障についても、それは「国際連合とできるだけ密接に且つ具体的に結びついたものでなければならない」ないとの認識を持っていた[9]。具体的に言えば、アメリカ軍駐留には国連総会における決議を必要とすることで、条約自体が日米の「特殊関係」によるものではないことを示そうとしたのである。その後、中国義勇軍が朝鮮戦争に介入したことによる国連軍の戦局悪化、その結果としての東アジア情勢の緊張、ソ連・中国の講和条約に関する反対声明の発表などの情勢展開を受け、日本側でも当初の意見を変更し始める。しかし、このようにアメリカにやや譲歩した形となってもまだ、日本には有利に交渉を進めることができる状況にあった。九条によって、日本を「非武装・中立地帯」にするという案を持ち出すことができたからである。

ところが、ダレスとの交渉に当たった吉田首相は一九五一年五月にアメリカ側へ提出した「わが方の見解」で、「安全保障に関しては、軍隊の駐留のような適当な方法によって、国際連合、特にアメリカの協力を希望する」[10]と、日本側に有利な交渉を進めることなく、アメリカに有利な条件、つまり軍隊の駐留を要請するカードを出してしまうのである。

これによって、交渉における位置は逆転した。日本がアメリカに軍隊の駐留を要請した形になったからである。では、なぜ吉田は日本側に優位な交渉カードを切ることなく、アメリカに基地提供を申し出たのだろうか。

天皇のメッセージ

この講和条約・安保条約締結交渉の中で、天皇がダレスに接触し、その影響力を行使したとの見解がある[11]。確固たる軍事力によって、共産主義から日本を守りたかった天皇にとって、アメリカ軍による確実な安全保障は不可欠であった。それを日本政府に要求するために来日したダレスは、天皇にとっては好都合な人物であっただろう。天皇はまず、ダレスに自らの側近を接触させることから始めた。ダレスが滞日中の一九五〇年六月、『ニューズ・ウィーク』外信部長H・カーンはダレスへ次のような手紙を送っている。その内容は、『ニューズ・ウィーク』東京支局長C・パケナム邸に「代表的な日本人およそ五、六人を夕食に招いて、彼らが考えをフランクに話す」機会がある。その夕食会は「あなたの取り扱っている重大な問題について、最もはっきりとした日本人の考えを得る助けになるでしょう[12]」と、ダレスを夕食会に誘っているものだった。

翌日の夕食会では、アメリカ側からはダレスやカーン、パケナムなど、日本側からは渡辺武大蔵省財務官などの他、宮中から松平康昌式部官長が参加した。ここでダレスは、日本側の国連による安全保障という方針転換を厳しく批判した。松平のみならず、田島宮内庁長官も翌日などにダレスと会っていることから、こうしたルートを通じてダレスの意思は天皇に伝わったものと考えられる。

こうした状況を受け、松平からパケナムを介して、帰国直前のダレスへ天皇のメッセージが届けられた。その内容は、「今までアメリカからの公式訪問者は……多くの見識ある日本人と会談するために会うことはできなかった」。こうした人々は現在追放されてはいるが、日米の将来の関係において「大変価値のある助言と支援」ができる。「講和条約、特にその詳細な条項が最終的な行動をとる前に、日本を公的にも私的にも真に代表し、長く続く平和の解決および両国の利害にむけて、本当の援助をもたらすことができる日本人の何らかの諮問機関を設置することを提案する」というものであった[13]。

このメッセージは非常に重要な要素を含んでいる。朝鮮戦争勃発の翌日にもたらされ、安保条約締結交渉を吉田に任せておくことができないことを、天皇が表明しているからである。「多くの見識ある日本人」によって日本を「真に代表」するような「機関を設置」し、そこで交渉するという提案は、吉田への天皇の不信任を意味していよう。ダレスはこの天皇からのメッセージを「今回の訪問で、最も重要な成果」と高く評価している。

メッセージは後に文書化されることとなった。八月に松平とパケナムによってその作業が行われたため、パケナムは「天皇側近と率直に議論」ができたと考えた。カーンは天皇側近たちが「私たちを価値があって思慮のあるチャンネルと考えて」おり、「非公式チャンネルを使うことによって、どんな時でも全てを否定する考えもまたある」と感じていた[14]。カーンは、自分たちが天皇とダレスを結ぶ「チャンネル」だと認識し、「非公式チャンネル」であるがゆえの危うさ、言い換えれば天皇の「外交」が表沙汰になった時など何か問題が生じた時、ここでの決定事項を全て否定し、それに関する責任や追及を防止しようとする意思を有していたのである。

さて、文書化されたメッセージでは、より強い調子で天皇の意見が述べられている。現在は、「多くの有能で先見の明があり、立派な志をもった人々」が追放されているので、それを緩和すべきであり、「もしそのような人々が自分たちの考えを公に表明する立場にいたら、基地の問題に関する最近の誤った論争は日本側からの自発的な提供によって、避けることができたであろう」とし、口頭メッセージよりも厳しく吉田を非難していた[15]。このメッセージによって、天皇は持論のアメリカ軍による安全保障のため、自らの外交ルート＝「非公式チャンネル」を形成しようとしたのだろう。

朝鮮戦争への関心

アメリカによる安全保障を求めていたとはいえ、天皇がここまで独自に「外交」を展開した背景には、朝鮮戦争の影響があった。戦争勃発直後の一九五〇年七月五日の田島宮内庁長官の日記には、「御召シ拝謁11.40–12.20　式部官長　昨日Korea問題ニ関スル米ノquick actionヲappreciateノ旨Seabolt及びHuffに伝へシ話等」との記述がある［田島50・7・5、277］。天皇は朝鮮戦争でのアメリカの素早い行動を賞賛し、それをアメリカに伝えていた。天皇が朝鮮戦争に強い関心を持っていたからだろう。

また、一九五一年五月にはマッカーサーの後任であるリッジウェーとの第一回会見で、天皇は朝鮮戦争情勢について、兵員の交代問題や作戦などを次々に質問している。五二年三月に行われた第四回会見でも、共産党による爆撃の心配やソ連の介入があるかどうかをリッジウェーに尋ねている。戦争の状況を質問する天皇の姿は、まさに戦前の「君主」を想像させるものであり、戦争の勃発が天皇に共産主義への危機感をより切迫したものに感じさせた可能性は大きい。それゆえに天皇は直接的な「外交」に踏み切ったのではないか。それは前章の「日本」認識ゆえだったからだろう。

内奏による影響力

「外交」と並んで鍵となるのは内奏である。前述したように内奏とは政務について天皇に報告することであり、戦後も天皇の強い希望により継続したことは、首相を努めた芦田均の日記などからわかっている[16]。吉田茂は天皇への深い尊敬の念を有しており、たびたび内奏を行っていた。講和条約交渉においても節目ごとに内奏しており[17]、そのたびに外務省によって詳細な資料が作成され、天皇に提出されていた。天皇はそれによって条約締結交渉を知ることができたわけである。豊下楢彦は、天皇が自らの安全保障に対する考えと吉田の交渉姿勢が違うことに業を煮やし、内奏の場で自らの考えを述べ、吉田に強い圧力をかけたのではないかと推測している[18]。

天皇は戦後の内奏の場でもはっきりと自らの意見を述べていた。まさに「君主」としての意識を継続させていたのである。吉田との内奏の場でそれがあったとしてもおかしくない。内奏の場ではないが、先述した天皇・リッジウェーの第四回会見は吉田も同席していたが、その場で講和独立後の駐留米軍への費用負担の問題が話題となった。そこで天皇は、「吉田内閣によって国民の啓蒙の有効な措置がとられるものと信じる」と発言している[19]。これは、その発言をその場で聞いた吉田に対しての、天皇の意見表明であり、ある種の命令と言えなくもない。吉田の天皇への感情から考えれば、その意見に従ったと考えてもおかしくはないだろう。

吉田は、天皇とダレスが講和条約交渉時に直接的に接触しているのを知っていたのではないだろうか。吉田は後に、「ダレス特使は……私どもとの交渉の外に、朝野各方面の代表的人物とも会談し」と回想しており[20]、これは自分がバイパスにされていたことを語っていると思われる。自分がバイパスされたからこそ、最後は自分で決着をつけるために、天皇の意見を受け入れた。吉田はまた、天皇は内奏の時、「よくよくの場合に非ざる限り……御自身の御意見を仰せられることはない」とも回想している。この条約締結交渉の内奏の時こそ、「よくよくの場合」であり、天皇がその場で自らの意見を述べたのではないだろうか。

ダレスの認識

一九五一年に入って、再びダレスが来日する。一月一五日にカーンからダレスに送られた手紙によれば、天皇とダレスとの夕食会を開きたいとの「皇室からの提案」があった。その目的は、「天皇から昨年の夏にあなたに伝えられた示唆の延長」[21]だと述べられている。これは前年のメッセージのことだろう。天皇がダレスに直接、メッセージの意図を説明しようとしたのである。カーンもこれは「政治的領域」に入っていると分析したように、それは誰が見ても天皇による「外交」であった。さすがにダレスも「政治的領域」すぎると判断したのか、この夕食会に慎重で、実現しなかったようである。

ところで、天皇とダレスがどのように接触したかについての全容ははっきりしない。しかし、天皇にとってはダレスとの接触は非常に重要な機会で、ダレスの働きにはとても好意を持っていたと思われる。天皇はダレスへの感謝の意をアメリカ要人との会見の中でたびたび表明している。それはもちろんダレスへも伝えられた[22]。

ダレスからも講和条約・安保条約調印後の一九五二年四月、「しかるべきチャンネル」を通して天皇にメッセージを送っている。その中でダレスは、「達成された成果への大きな満足」をし、天皇と「両方に関係するいろいろな問題について、お互いに議論しあう機会を数回も与えられたことへの感謝」を述べている[23]。

ダレスは同年九月にカーンから受けたインタビューの中で、「私は現在の天皇と二回、長く話をしたことがある。そして私は彼の好奇心と世界問題への知的な理解を持っていることを知っている」と答えた。次の答えが非常に興味深い。ダレスは最初、「天皇はもはや政治的な権力の最も重要な源ではない」と答えたが、それを後に消すように指示している。[24] 天皇との接触を通じて、日本政府の姿勢をも変えてしまうほどの天皇の影響力を見、未だに天皇には政治的な権力があると感じたのではないだろうか。

占領後の天皇

昭和天皇はその後も外交に興味を持ちつづけた。[25] そして、史上初の天皇の外遊が実現する。これは天皇自身が希望したものであった。政府はその天皇の意思を叶えるべく、奔走する。まず、天皇が行う国事行為を代行する法律がなく日本を離れられなかったことから、一九六四年に「国事行為の臨時代行に関する法律」を制定、外遊のための準備を行った。とはいえ、戦争責任の問題が常につきまとう昭和天皇を、外国に出すことに対しては懸念も見られた。それゆえに、実際外遊が行われるまではしばらく時間がかかることになる。

昭和天皇の外遊は、一九七一年に行われた。行き先はヨーロッパである。政府は外遊を実施することで、実質的に天皇が「元首」として扱われるのを望んでいた。そして各国政府はそのとおりに対応するも、予想以上に天皇への抗議行動が激しく起こり、昭和天皇の戦争責任イメージがこの時期にあっても外国では強く残っていることが明らかとなった。

その後、一九七五年に昭和天皇は二度目の外遊を行う。今度はアメリカである。訪米は天皇の悲願でもあった。敗戦後、共産主義への懸念を表明して親米の路線を強調していた天皇は、自らの訪問こそが日米協調を象徴するものであると考えていた。それを政府が叶えたとも言える。先の訪欧の経験もあり、昭和天皇の戦争責任問題については周到な根回しを行っての外遊実施であった。[26]

昭和天皇はその後も外遊を希望する。特に一九七八年に日中平和友好条約が締結された中国への訪問を望んでいたようである。とはいえ、中国訪問は訪欧訪米以上に戦争責任問題が強く意識されることは必至であった。政府や宮中側近らは、まずは返還によって本土復帰した沖縄への訪問が先と考えており、結局のところは沖縄へも中国も昭和天皇は訪問をせずに、昭和は終焉を迎えることになる。天皇が積極的に外遊の意思を示したことは、君主として皇室外交を行う意識を有していたからではないだろうか。

こうした状況に変化が訪れる。一九七三年の増原問題がきっかけである。増原恵吉防衛庁長官は防衛問題について天皇に内奏した後、その様子を新聞記者に紹介した上で「勇気づけられた」と発言した(27)。これが大問題となった。天皇と防衛（軍事）という問題は、戦前社会を想起させるだけに、公的には最も結びつけてはいけない事項であった。増原はそれを公表しただけではなく、自らそれによって激励されたと言ってしまったのである。それは、防衛政策に天皇の影響力があることを、白日の下にさらしてしまう行為だったとも言える。当然、国会やマスコミでこれが大きく取り上げられ、増原は辞任に追い込まれた。天皇はこの事態を受け、「もうはりぼてにでもならなければ」と発言したという［入江73・5・29］。象徴天皇は君主としての政治的な発言はできない、と認識したのである。とはいえ、昭和天皇はその後も政治への関心は寄せ続け、内奏は継続された。その後も、内奏の場では昭和天皇は大臣らに質問をしたり激励をしたりという行為を繰り返した。その意味では、一九八九年に死ぬまで君主としての意識を持ちつづけ、終生それは変わらなかったと言えるだろう。

このように、戦前以来、一貫して君主としての意識を持ち続け、外交や治安などに関心を寄せ続け、常に情報を得、政治家たちに発言したり鼓舞したりした昭和天皇。彼にとって「象徴」とは戦前の天皇機関説的な君主と同じであったのかもしれない。だからこそ、戦後も積極的な行動を亡くなるまで続けていったのである。

おわりに

敗戦を迎えて天皇制は危機を迎えた。天皇制維持のための根拠づけを行う作業が行われていく中で、大日本帝国憲法で規定された天皇大権を削減させて天皇を政治から切り離すことで国内の諸勢力から超越した立場に据え、来るべき民主主義導入に備えようとする知識が発表された。それは敗戦という危機を迎え、共同体秩序の崩壊を危惧していた知識人たちが、天皇制によっていかにその秩序を保持するかを考察した過程だった。ここで、道徳的な天皇の戦争責任が提起され、退位論が浮上する。退位は道徳的な天皇像を人々に実感させる行為であり、それによって国家共同体は維持することができると考えられたのである。こうした知識人の知は、彼らの中だけのものではなく、政治家や皇族にまで広がりを持つものだった。

「はじめに」で述べたように、「象徴」という概念は日本国憲法制定段階で明確に定義されなかったため、その内実は曖昧かつ多義的であった。人々は天皇制が制度として変化したという事実認識は有していたものの、何が変化して何が変化していないのかという点については不明確な部分を残していた。そのため、「象徴」は様々な人々の様々な期待を基に、異なる解釈が展開されていくことになる。「人間宣言」に代表される「人間天皇」という概念は、天皇の「民主化」を表象するという面では大きく寄与した。

しかし「人間」という概念自体も様々に解釈されることで、様々な葛藤を生じさせていく。

こうした葛藤が相剋となって表れたのが、一九五一年の京大天皇事件であった。吉田内閣は天皇制の道徳的側面を強調して統治秩序の中心に据えることによって、その権威による安定的な統治機構の構築を目指していた。一方で学生は敗戦後の民主化や日本国憲法を理想化し、象徴天皇を権威も持たない「貴方」＝一人の「人間」と思考した。事件に対する民衆の反応を見ると、天皇の権威をどう考えるのかという点で同様の相剋が見られる。

こうした相剋はどのように解消されていったのか。そこで「文化平和国家」という概念の存在が重要となる。敗戦後軍事に対抗する概念として、文化・平和が浮上する。『朝日新聞』は八月一六日の社説で早くも、敗戦によって「君民一体の大道についた」とし、「玉音放送」を「平和の師表、文化の源泉、精神の精髄」にすべきだと論じ、天皇と文化や平和概念とを接合し始めている［朝日45・8・16社説］。天皇自身も九月四日の国会開院式の勅語の中で、「平和国家ヲ確立シテ人類ノ文化ニ寄与セムコト」と述べて、文化や平和概念を持ち出し、それらの概念を理想化して推進していく意思を内外に示した［朝日45・9・5］。東久邇宮稔彦首相も翌日の施政方針演説の中で「益々文化を高め、もつて世界の平和と進運に貢献することこそ、歴代の　天皇が深く念とせられた所」［朝日45・9・6］と、天皇と「文化平和国家」概念を結びつけていく。それはまさに、戦前社会に対する裏返しの概念であった。「文化平和国家」と天皇が結びつけられていくのも、天皇制を戦前から切り離し、存続を図るための措置であったと言える。しかも、新たに制定された日本国憲法においても、平和や文化といった概念は、戦争の反省を踏まえて誰もが共有して否定しない理念（しかしその概念も明確に定義されず曖昧）としてあり続ける重要な概念であった。「象徴」として新たに生まれ変わった天皇は、文化や平和といった概念に適合的な存在として強調されていく。その中で、知識人やマスコミは盛んに天皇の文化・平和の側面を描き出し、

「文化平和国家」の表象としての天皇像の形成する一端を担った。こうして、「文化平和国家」の表象として象徴天皇が捉えられることで、天皇像も緩やかなまとまりの中で、相剋が止揚されることになる。

一方で「文化平和国家」を強調すると、天皇の戦争責任もクローズアップされざるを得なくなる。講和独立を機に高まったナショナリズムの中で、「文化平和国家」として再出発する「新生日本」は過去を清算する必要があるとの論が浮上したからである。そして退位論が再び提起された。この退位論は、従来からの天皇の道徳的側面から提起されるとともに、戦争のイメージを有する天皇よりも明仁皇太子への期待が高まったことから主張されたものであった。マスコミが皇太子を清新な若いイメージで捉えて多数の報道を行ったため、皇太子は「新生日本」に適合的な存在として捉えられていた。「新生日本」の目指すべき国家像である「文化平和国家」と象徴天皇像は、ここでは明確に接合関係にあった。

このような皇太子への期待感は一九五三年の外遊でピークを迎える。独立直後・冷戦という時代状況を反映して、「文化平和国家」の理念を皇太子自身が世界にアピールすることがこの外遊では期待された。皇太子の清新なイメージと新たに再出発する国家のイメージは重ね合わされる。皇太子は「新生日本」の表象として認識され、象徴天皇像を天皇に代わって支えていく存在となるのである。この皇太子への期待を積極的に伝えたのはマスコミであった。外遊は、マスコミが皇太子像を自ら創り出していく場ともなった。

しかし皇太子だけでは期待感を維持させることはできなかった。次第にマスコミでは皇太子妃候補が取り上げられ、皇太子自身に関する記事は大幅に減少する。一九五八年に正田美智子との婚約が正式発表されて以降も、民衆やマスコミの関心の主役は彼女であった。そこには、敗戦直後から象徴天皇像の展開において女性の役割が増大していた背景もある。日本国憲法の理念に適合的な象徴天皇像として、女性皇族への興味関心が高まる中で正田美智子は登場したのである。恋愛もそうした理念にふさわしい概念と捉えられ、ミッチー・ブームへと結実していく。

一方、この時期の昭和天皇は敗戦前との連続的な意識を有しながら、多様な解釈を持つ「象徴」を自ら運用していく。君主としての意識を持ち続けた昭和天皇は、自らの考える「日本」を守るため、戦後も積極的な行動をしていく。情報を収集し、自らの意見をアメリカ側や日本政府関係者に述べるなど、能動的な君主として「象徴」を解釈していた。

こうした一連の流れの中からは、次の四点の問題群を見出すことができる。

第一に、マスコミが「象徴」の内実を形成するのに大きな役割を果たしたことである。宮内庁などはその影響力を重要視し、天皇像がいかに報道されるのかを注目し、何を報道させるのかについて戦略を練っていった。マスコミも「象徴」という概念に様々な内実を加えるような報道をしていった。その結実点こそがミッチー・ブームであった。

第二に、民衆との関係が天皇像を確立する大きな柱になっていたことである。民衆との関係性をいかに定義するのか。「象徴」へと制度が変化したことに伴って、新たな天皇像を構築しなければならなくなった。皇居を中心とした空間形成の動きは、民衆と天皇との関係を目で見えるもので表象させようとするものであった。

第三に、象徴天皇像はナショナルな意識との関係性の中で展開されていったことである。敗戦後、「文化平和国家」というナショナリズムの中で天皇像は確立され、展開していった。ミッチー・ブームも高度経済成長という日本の新たな状況との接点から想起されたものだった。象徴天皇は日本の国家としての理念・現状を体現する存在であったと言える。

第四に、こうしたイメージと実際の天皇の行動の乖離である。マスコミはこうした能動的とも言える天皇像を伝えることはなく、むしろ「文化平和国家」に適合的なイメージを伝え続けた。おそらくそれは、昭和天皇の戦争責任問題と関係してくるからである。そして、象徴天皇は政治に関与しない、きわめて文化的な存在としてのイメージがその後定着していく。

こうした問題群が複雑に絡み合い、「文化平和国家」の「象徴」としての象徴天皇像は形成されていった。この像はその後も変容・模索をし続けたが、基本的には現在においても「文化平和国家」の表象としてあり続け、定着していると思われる。

皇太子夫妻は結婚後、それまでの皇室の慣習に対して、積極的に改革を推進していった。美智子妃は台所に入って料理を作り、子どもたちを自らの手元で育てることで、家庭的な象徴天皇像を人々へ新たに提示していく。その家庭像は、核家族化が進展していく当時の社会に適合的であった。豊かさを追求していた人々にとって、近代的なライフスタイルをおくる皇太子夫妻は高度経済成長下の理想の家庭像に映ったと考えられる。

二〇〇九年四月一〇日、「皇太子御成婚」から五〇年を迎えた。マスコミはその前日から一斉に社説を掲載し、天皇・皇后夫妻――本書でここまで皇太子夫妻として言及してきた二人である――の足跡を辿っている。『日本経済新聞』には以下のような記述が見られる。

両陛下には戦没者の慰霊にも特別のお気持ちがある。二〇〇五年六月にサイパン島を訪れ、バンザイクリフで深々と頭を下げられた姿は、人々の心に焼きついている。
皇后陛下は民間から皇太子妃として皇室に入られた。以来五十年、天皇陛下を支え、三人のお子様を育て上げ、さらに児童文学者、歌人としても足跡を残されてきた。こうしたことの一つ一つが、清新な皇室像を定着させるうえでどれほど貢献したか、計り知れない［日本経済09・4・9］。

天皇・皇后の平和への祈りが紹介されるとともに、皇后の文化的側面が強調されている。そして、それこそが「清新な皇室像を定着」させる要素であったと展開されていることは興味深い。ここで描かれている天皇・皇后の姿こそまさに、「文化平和国家」の表象としての象徴天皇像であろう。天皇は即位時、日本国憲法を遵守することを誓った。それはすなわち、日本国憲法の規定とともに、理念をも体現する存在となることを人々に約束したことでもある。天皇自らが「文化平和国家」の表象としての象徴天皇像を強めたとも言える。そして、即位後、彼らが実際にそのような行動を取っていくことで、象徴天皇像はより定着したのである。

「象徴」の内実は、現在においても模索され続けている。二〇〇九年一一月一二日、天皇即位二〇年に際して行われた記者会見で、記者が「この二〇年間、天皇陛下は『象徴』としてどうあるべきかを考え、模索しながら実践してこられた日々だったと思います」と述べた後、「平成の時代に作り上げてこられた『象徴』とは、どのようなものでしょうか」との質問がなされた。これに対し天皇からは次のような回答があった。

私は、この二〇年、長い天皇の歴史に思いを致し、国民の上を思い、象徴として望ましい天皇の在り方を求めつつ、今日まで過ごしてきました。質問にあるような平成の象徴像というものを特に考えたことはありません。

天皇はここで、いわゆる平成流の象徴天皇像というものは否定している。一方で、天皇制の歴史や国民との関係性の中から、「象徴」のあり方をこれまでも模索し続けてきたことは認めており、天皇にとっても「象徴」は固定化した概念ではないことがわかる。同じ質問に対する皇后の答えも見てみよう。

戦後新憲法により、天皇のご存在が「象徴」という、私にとっては不思議な言葉で示された昭和二二年、私はまだ中学に入ったばかりで、これを理解することは難しく、何となく意味の深そうなその言葉を、ただそのままに受け止めておりました。

御所に上がって五〇年がたちますが、「象徴」の意味は、今も言葉には表し難く、ただ、陛下が「国の象徴」また「国民統合の象徴」としての在り方を絶えず模索され、そのことをお考えになりつつ、それにふさわしくあろうと努めておられたお姿の中に、常にそれを感じてきたとのみ、答えさせていただきます。

皇后は、「象徴」を「不思議な言葉」と率直に表現することで、その概念の定義の困難さを告白している。「象徴」の内実は、実際に「象徴」という地位にある天皇自身が常に模索しながら、行動することで形成されていった概念とも言える。それゆえ、「皇太子御成婚」からの天皇・皇后の五〇年にもわたる象徴天皇像の模索の動きも、今後の研究の検討課題となるだろう。それとともに、現代社会にとっても、象徴天皇像は常に模索される課題としてあり続けていることを天皇・皇后の言葉は示唆しているのではないだろうか。

あとがき

本書は、二〇一〇年に出版した『「象徴天皇」の戦後史』（講談社選書メチエ、以下旧版と略記）の増補版にあたる。今回、追加した部分は以下のとおりである。

①第三章　象徴天皇像を描く者たち　1　皇室記者は何を描いたのか
↓旧版の該当箇所を基にして執筆した「敗戦直後の天皇制の危機とマスメディア」（『Ｊｕｎｃｔｕｒｅ』第六号、二〇一五年）と差し替えた。二〇一四年に完成し公開された「昭和天皇実録」（東京書籍より刊行中）には皇室記者関係の記載も多く、その検討を追加しつつ論じている。また戦前の皇室記者についても触れ、敗戦後との対比を明らかにすることで、彼らが敗戦後に象徴天皇像を積極的に展開させた動機をより明確化した。
②第四章　揺れる象徴天皇像　2　象徴天皇像の相剋
↓「敗戦後における学生運動と京大天皇事件」（『京都大学大学文書館研究紀要』第五号、二〇〇七年）の中で論じた、京都大学と同学会へ送られた投書の内容についての記述を追加した。それによって、学生の行動をめぐる民衆の反応をより詳しく論じることとし、象徴天皇像の相剋をより重層的にした。

③第四章　「文化平和国家」の象徴として　２　旧皇室苑地の国民公園化
↓二〇〇八年三月に名古屋大学へ提出した博士論文「『文化平和国家』と象徴天皇―道徳・国家・マスコミ」の一部を追加した。新稿。戦前までは皇室所有の土地であった空間が敗戦後に国へ物納されたことを機に、その使用方法をめぐって様々な思想・動きがあった。それは象徴天皇像をいかに考えるかという問題とも関係していた。この節を追加することで、「文化平和国家」の「象徴」として天皇が据えられていく過程をより明確化した。
④第Ⅱ部　昭和天皇の戦後史
↓「敗戦後における昭和天皇の『日本』意識」（『Ｊｕｎｃｔｕｒｅ』第七号、二〇一六年）と「二重外交展開、占領下も『君主』でありつづけた昭和天皇」（『新潮45』第二八巻第九号、二〇〇九年）を第Ⅱ部として追加した。旧版には昭和天皇の存在が見えないとの批判もあった。それは後述する私の意図があってのことであるが、旧版執筆以後、いくつか昭和天皇に関する文章を発表したこともあり、今回そうしたものを追加することで、象徴天皇像と昭和天皇の実態との差異を明らかにすることを目指した。

なお、旧版は以下の論文を基に執筆している。

・「『新生日本』の出発と皇太子外遊」（『年報日本現代史』第九巻、二〇〇四年）
・「一九五〇年代初頭における象徴天皇像の相剋―京都大学天皇事件の検討を通じて」（『日本史研究』第五〇二号、二〇〇四年）
・「講和条約期における天皇退位問題―明仁皇太子の登場と講和独立を背景として」（『史林』第八八巻第四号、二〇〇五年）
・「敗戦後の皇居―その空間的意味と象徴天皇像」（『年報日本現代史』第一二巻、二〇〇七年）

・「象徴天皇制・天皇像の定着―ミッチー・ブームの前提と歴史的意義」（『同時代史研究』第一号、二〇〇八年）

旧版発表以後、象徴天皇制に関する研究は急速に進展している。詳しくは「象徴天皇制・天皇像研究のあゆみと課題」（河西秀哉編『戦後史のなかの象徴天皇制』吉田書店、二〇一三年）と「近現代天皇研究の現在」（『歴史評論』第七五二号、二〇一二年）をご覧いただきたい。本来ならば、そうした新しい研究を基に全面的に改稿すべきかとも考えたが、叙述の流れや旧版の歴史性も考えて前述した追加以外は若干の字句修正と注の追加にとどめた。

旧版のあとがきで、私は次のように書いている。

本書を執筆したのは、私なりの象徴天皇制論を世に問いたいという意識が強くなっていったからだ。これまでの歴史学における象徴天皇制へのアプローチは、象徴天皇制という制度がいかに構築されてきたのかを解明することに力点が置かれてきた。つまり、制度形成期に研究が集中してきたのである。一方で、天皇が象徴と日本国憲法で規定された後どのような展開をたどったのかという問題は、意外なほどに研究が少ない。私が本書を執筆した動機の第一はここにある。象徴がどのような内実を形成していったのか、その展開過程を明らかにしたいと考えたのである。

また、これまでの多くの研究では、昭和天皇が戦後も政治に関与していたことが明らかにされてきた。しかし、象徴となったにもかかわらず戦前の意識を有し続けていた天皇個人の存在が強調されるばかりで、人々にとって象徴天皇はどのような存在であったのかという問題はあまり論じられていない。つまり、私たちにとって象徴天皇とはどのような存在であるのかが問われる前に、すでに研究上では象徴とはかくあるべきという意識が伏在しているのではないか。そのように感じたことも、本書の執筆の動機となっている。そして、象徴天皇の歴史的展開を解明することは、現在の天皇制をどう考えるのかということにも繋がるだろう。そう考え、本書の執筆に取りかかった。

この意図が成功したかどうかは読者のみなさんの判断に任せるしかないが、私自身は旧版の意義を次のように考えている。第一に、象徴天皇制の展開過程について論じたこと。旧版のあとがきで書いたように、それまでの歴史学における象徴天皇制研究は制度形成期に集中していたが、それに対してその後にどのように展開して内実が埋められ、象徴天皇制が定着していったのかを描いたのが旧版である。現在のような象徴天皇制がいかなる歴史的展開を経て定着したのか。これまで、憲法学や政治学、社会学の分野などでは研究は進んでいたものの、歴史学ではそれほど多くの研究があったわけではない。旧版はそうした意識に基づいて執筆し、日本国憲法で「象徴」と規定された後に、定着までにどのような過程をたどったのかを明らかにした。そこでは、京都大学天皇事件に代表されるように象徴天皇像をめぐる相剋があったこと、「文化」や「平和」という国家目標と象徴天皇制が適合させられ受容されていったこと、明仁皇太子や美智子妃の登場がそれをより促進していったことなどを通じて、象徴天皇制の展開過程を描いた。これによって、「象徴」は固定的ではなくその時期ごとの政治社会状況によって変化することが明らかになったと思われる。この点は従来の研究には少なかった視点ではないだろうか。

第二に、象徴天皇制のイメージにこだわって論じたこと。旧版では、多くの新聞・雑誌史料を検討しながら、象徴天皇制のイメージがいかに形成され定着したのかを明らかにした。それは、それまでの研究が制度形成期の政治過程に集中してなされてきた状況に対して、別の視点を提示するという意図があった。こうした象徴天皇制のイメージの問題は、歴史学においては思想史的に概観した安田常雄の研究

（「象徴天皇制と民衆意識」『歴史学研究』第六二一号、一九九一年）などごく少数に限定されている。旧版は、そうした研究状況に対して、史料を詳細に分析し、丹念にイメージの問題を論じたところに意義があったと思われる。これも、先に引用したように「現在の天皇制をどう考えるのかということにも繋がる」という意識の下、展開した方法である。

旧版を出版した二〇一〇年には冨永望『象徴天皇制の形成と定着』（思文閣出版）も出版されており、冨永本は政治的アプローチから、旧版は社会的アプローチから象徴天皇制の定着過程を明らかにした研究であり、それまでにはない枠組みを提示した点で、以後の象徴天皇制研究に与えたインパクトは大きかったと自負している。

ところで、旧版に対してはいくつか書評や論文への引用・参照の形で反応が発表されている。そのうち、赤澤史朗「近年の象徴天皇制研究と歴史学」（『同時代史研究』第四号、二〇一一年）の指摘は大変重要であるので、それに応えておきたい。赤澤は、旧版が「文化平和国家」という理念が戦後日本の国家目標として一貫して存在し、象徴天皇がそれを体現する存在として求められたと主張することに対して、「ここでは近現代の君主の存在理由は、国家的共同体の姿をまざまざと国民の前で体現することにあるという考え方が前提とされているが、この著者の理解は正しいと思う」としつつ、「文化平和国家」は一貫して戦後日本の国家目標であったのか、と疑問を呈する。敗戦直後に新たに提起された「道義国家、文化国家、平和国家」のうち、「道義」は一九五〇年代前半にほぼ消滅、「文化」も高度経済成長のなかで希薄化、「文化」のみ現在も存続しているが天皇の占める割合は小さくなっていると述べる。また、旧版が「文化平和国家」の「象徴」としてよりふさわしい存在として明仁皇太子が求められ、ミッチー・ブームを画期として象徴天皇制が定着したと結論づけたことに対して、「一見ツジツマが合う説明であるが、戦争責任を免れている明仁皇太子は、逆に『平和』をもたらした『感謝』さるべき存在でもないのである。皇太子の結婚以降も、国家的共同対の運命を『象徴』し続けたのは、圧倒的に昭和天皇であったのではなかったか」と批判した。

まず、第一の「文化平和国家」についてである。たしかにこの点は、赤澤の言及のとおりで、「平和国家」が現在まで日本国憲法九条に代表されるように生き続けているのに対し、「文化国家」という国家目標自体は高度経済成長期に衰退していった（その点で、旧版はやや「文化平和国家」を強調しすぎた側面があるが、この点も旧版の歴史性を刻印するためにも基本的には本書では変更しなかった）。その「文化平和国家」をめぐる過程自体大きな研究テーマの一つであるが、おそらく経済が好調な中で人々の趣味や嗜好が多様化し、一つの文化に注目する動向が薄らいでいったからではないだろうかと推測される。そのため、「文化」が国家目標たり得なくなり、「文化国家」は展開されなくなったのである。では、象徴天皇制は「文化」的な存在ではなくなったのだろうか。そうではない。「文化平和国家」の「文化」は敗戦後の日本が新たに出発することを示すものとしての意味が大きかったと思われる。たとえば本書で追加した第四章の2「旧皇室苑地の国民公園化」で論じた問題は、戦前までは皇室所有の土地であった空間で国民プールなど新しい「文化」としての整備利用が目指された動きが起こったものである。それこそまさに、新しい「文化国家」と象徴天皇が結びつけられていく動向でもあった。敗戦後に日本が生まれ変わったことを示す「新生日本」と「文化国家」は同義でもあった。これが高度経済成長ごろになると安定し、「文化」のむしろ古さの面が強調されるようになったのではないだろうか。敗戦直後も、「文化」の新しさと古さがどちらも強調される場面は存在した（この点については、河西秀哉「歴史を表象する空間としての京都御所・御苑」高木博志編『近代日本の歴史都市』思文閣出版、二〇一三年で論じた）。象徴天皇制はこの「文化」の古さの部分に次第に重きが置かれるようになった。「伝統」としての「文化」を表象する姿として象徴天皇は現在存在しているように思われる。そうした、「文化」の古さという日本の国家共同体の姿を象徴天皇は体現しているのではないだろうか。「文化国家」は叫ばれなくなったが、「伝統文化」はむしろ強く残り、象徴天皇制はそちらにシフトしているのである。

第二の昭和天皇と明仁皇太子の問題に移ろう。ミッチー・ブームを過ぎてもしばらくは高度経済成長の家庭のモデルとして、まさにその時期の社会を表象していたのは皇太子と皇太子妃であった。美智子妃が当時としては新しくモダンな台所に立ちエプロンを着けて食事を作る写真が公表されたり、最先端であった公団住宅に皇太子夫妻が訪問する様子も大きく報道された。新たに家庭を持つような若い世代にとって、皇太子夫妻は理想の家族としてイメージされたのである。また、昭和天皇が法律上、そして戦争責任の問題で外国へ出ることができない分、皇太子夫妻が日本という国家を代表して外遊を行った。その意味では、対外的にも日本を表象する立場であった。そうした外遊では、現在にも継続されるような戦争の記憶に触れるような訪問も行っている。彼らの姿は「文化平和国家」を体現するものではなかっただろうか。たしかに、ブームはその後去り、彼らの人気は低迷していく。その分、再び昭和天皇にも注目が集まるが、全体として象徴天皇制は地盤沈下という状況にあった。しかしその中でも、高度経済成長期に家庭に普及したテレビを中心に、マスコミは美智子妃に注目した（河西秀哉「美智子皇后論」吉田裕・瀬畑源・河西秀哉編『平成の天皇制とは何か』岩波書店、二〇一七年）。昭和天皇に最後まで戦争責任のイメージがまとわりついていたことは、二度の外遊（特に一九七一年のヨーロッパ訪問）時の諸外国での反応を見ればわかる。戦争に直接関係のない皇太子夫妻を人々は受容することで、敗戦後の「平和」を実感し、また忘却しようとしていたのではないだろうか。

旧版は二〇一五年一一月に初版五〇〇〇部が売れ切れ、品切れ・重版未定となった。皇居に関する記述は『皇居の近現代史』(吉川弘文館)に、明仁皇太子に関する記述は『明仁天皇と戦後日本』(洋泉社歴史新書)に引き継いだこともあり、その品切れという事態は仕方がないかなと思っていたところ、人文書院の編集者・松岡隆浩さんより、現在の象徴天皇制を考える上で『「象徴天皇」の戦後史』の提起は意味のあるものではないか、増補版を出してはどうかというご提案をいただいた。二〇一六年八月には明仁天皇による退位を強くにじませつつ皇位の安定的継承を求める「おことば」が公表され、二〇一七年六月には一代限りの退位を認める特例法が成立した。象徴天皇制はこれまでよりも大きく動き、転換点にある。そうした状況の中で、旧版を新しい形にして象徴天皇制に関する書籍として世に問うことにも意義があるだろうと思い、本書の出版の準備を始めることとなった。象徴天皇制が敗戦後に制度化された後、どのような展開をたどったのか。その展開過程を本書を通じて見ることで、私たちが象徴天皇制とは何かを今後考える素材になればと思う。このような機会を与えてくださった松岡さん、そして『「象徴天皇」の戦後史』の担当である講談社の青山遊さんにはお礼を申し上げたい。また、いつも迷惑をかけている職場のみなさん、そして家族には特に感謝を。

二〇一七年一二月

河西　秀哉

注

はじめに

（1）中村政則『象徴天皇制への道』（岩波新書、一九八九年、一六二～二〇〇ページ）。
（2）古関彰一「象徴天皇制」（朝尾直弘ほか編『日本通史第19巻近代4』岩波書店、一九九五年、二二一九ページ）。
（3）以上は、古関彰一『新憲法の誕生』（中央公論社、一九八九年、後に文庫化、一九九五年）、古関前掲「象徴天皇制」、中村前掲『象徴天皇制への道』などを参考にした。
（4）小野昇「世界からみつめられた天皇陛下」（『座談』第二巻第六号、一九四八年、一一ページ、国立国会図書館憲政資料室蔵「プランゲ文庫雑誌」所収）。
（5）和辻哲郎「人倫の世界史的反省序説」（『思想』一九四六年三・四月号、一ページ）。
（6）以下、久野収・鶴見俊輔・藤田省三『戦後日本の思想』（勁草書房、一九六六年、後に岩波同時代ライブラリーから再版、一九九五年）、赤澤史朗「象徴天皇制の形成と戦争責任論」（『歴史評論』第三一五号、一九七六年）、同「戦後民主主義論」（神田文人編『体系・日本現代史』第五巻、日本評論社、一九七九年）、安田常雄「象徴天皇制と民衆意識」（『歴史学研究』第六二一号、一九九一年）、小熊英二『〈民主〉と〈愛国〉』（新曜社、二〇〇二年）、米谷匡史「象徴天皇制の思想史的考察」（『情況』第一巻第六号、一九九〇年）、同「『世界史の哲学』の帰結」（『現代思想』第二三巻第一号、一九九五年）、同「津田左右吉・和辻哲郎の天皇論」（網野善彦ほか編『天皇と王権を考える1　人類社会の中の天皇と王権』、岩波書店、二〇〇二年）などを参照。

第Ⅰ部
第一章

（1）一九四五年九月三〇日「『降伏後ニ於ケル米国初期対日方針』説明」（外務省外交史料館蔵外交記録「ポツダム宣言受諾関係一件〈第3巻〉」所収）。なお、以下に挙げる外交記録は、江藤淳編『占領史録』下（講談社学術文庫、一九九五年、原著は一九八二年、九五～一〇〇ページ）で活字化されているものも多い。
（2）南原繁（丸山真男・福田歓一編）『聞き書　南原繁回顧録』（東京大学出版会、一九八九年、二六八～二七七ページ）。南原や高木の意見は、『高木惣吉　日記と情報』下（みすず書房、二〇〇〇年、一九四五年六月一五日条）に収録されている。

（3）戦前の矢部の思想と行動については、伊藤隆『昭和十年代史断章』（東京大学出版会、一九八一年）、源川真希『近衛新体制の思想と政治』（有志舎、二〇〇九年）、波田永実「矢部貞治における『共同体的衆民政』論の展開」（『流経法學』第三号・第六号、二〇〇三年・二〇〇四年）などを参照。矢部と高山との関係は、高山岩男『京都哲学の回想』（燈影社、一九九五年）、同「矢部さんを想う」（『海外事情』第一五巻第九号、一九六七年）に詳しい。

（4）一九四五年一〇月三日「憲法改正法案（中間報告）」（外務省外交史料館蔵外交記録「帝国憲法改正関係一件　研究資料〈第2巻〉」所収）。

（5）木戸内大臣にも渡った（『木戸幸一関係文書』東京大学出版会、二〇〇八年、五一四〜五一八ページ）ほか、前掲「帝国憲法改正関係一件　研究資料〈第2巻〉」に所収されていることから外務省にも伝わったと考えられる。矢部の研究会に入っていた佐藤功が政府で憲法改正立案に関わり、入江俊郎法制局次長も矢部と意見交換していた（古関前掲『新憲法の誕生』八〇〜八一ページ）ことから、その後の日本政府の憲法改正に関する態度に矢部の案が多大な影響を与えたとの指摘もある（原秀成『日本国憲法制定の系譜Ⅲ―戦後日本で』日本評論社、二〇〇六年、一七八〜一八〇ページ）。

（6）国立公文書館蔵「憲法改正に関する諸資料」所収。

（7）前掲「ポツダム宣言受諾関係一件〈第3巻〉」所収。

（8）一九四五年一〇月一一日「帝国憲法改正問題試案」（外務省外交史料館蔵外交記録「日本国憲法関係一件」所収）。

（9）一九四五年一〇月一一日「憲法改正大綱案」（前掲「帝国憲法改正関係一件　研究資料〈第2巻〉」所収）。

（10）前掲「帝国憲法改正関係一件　研究資料〈第2巻〉」所収。本史料を使用した研究は、管見の限りでは、波田永実「矢部貞治の新憲法・戦後天皇制構想」（『行動研究科学』第四九号、一九九七年）と原前掲書のみである。

（11）霞関会『劇的外交』（成甲書房、二〇〇一年、九三ページ）。

（12）この著作は立君民主研究会なる研究会が編集したものである。研究会の実態は不明。

（13）矢部「協同主義と新憲法」（『協同主義』一〇号、一九四七年、四ページ）。

（14）象徴天皇制擁護論として著名な津田左右吉「建国の事情と万世一系の思想」（『世界』一九四六年四月号）を読んだ矢部は、「論旨は不思議に僕の『民主主義と天皇制』と似てゐる」との感想を記しており［矢部

46・5・28〕、少なくとも矢部は、こうした歴史観が自身だけのものではないと考えていた。
(15) 米谷前掲「『世界史の哲学』の帰結」二一五〜二一七ページ。
(16) 高山「文化国家の理念」(『文明』一九四六年六・七月号、三ページ)。高山の文化や道徳への注目は、西田幾多郎を中心とする京都学派の強い影響に基づくものであった。西田は一九四五年四月八日付高坂正顕宛書簡の中で、「今日国体といふことを唯武力に結合して居るが　国体といふことをもつともつと高い立場に置かねばならぬとおもひます……道義文化に基礎を置かずして永遠の国家発展はあり得ないと思ふのです」と記し、文化や道徳が今後の日本にとって重要な柱とならなければならないと主張する(『西田幾多郎全集』第19巻、岩波書店、一九八九年、四一三ページ)。西田は高山に対しても同年三月一一日付書簡の中で、「力でやられても何処までも道義的に文化的に我国体の歴史的世界性　世界史的世界形成性の立場だけの自身を失はず　固く此立場を把握して将来の民族発展の自信を持たす様にせねばならぬと思ひます」と述べている(前掲『西田幾多郎全集』第19巻、三九八ページ)。京都学派は戦時中、高山を推進役として会合を重ねており、敗戦が濃厚となってくると敗戦後の国家や社会に関する構想を協議するなど(大島康正「解説」『田辺元全集』第八巻、筑摩書房、一九六四年、四八一ページ)、その人的結びつきと思想の共有は強固であった。西田の思想については嘉戸一将『西田幾多郎と国家への問い』(以文社、二〇〇七年)を、京都学派の思想と行動については花澤秀文『高山岩男』(人文書院、一九九一年)、大橋良介『京都学派と日本海軍』(PHP新書、二〇〇一年)、植村和秀『「日本」への問いをめぐる闘争』(柏書房、二〇〇七年)などを参照。
(17) 高山前掲「文化国家の理念」四〜五、一二〜一五ページ。
(18) 高山「文化国家建設と新国民倫理」(『世界文化』一九四六年五月号、六ページ)。
(19) 高山前掲『京都哲学の回想』二三〜二四ページ、大島前掲「解説」四八一〜四八二ページ。田辺が皇室財産の放棄を主張したことに対して高山は、「そのときまで私などは着想もできなかった」と述べる。後述する高山の皇室財産放棄の主張の背景には、田辺の主張があったことは間違いない。
(20) 田辺元「日本民主主義の確立」(『潮流』一九四六年一月号、『田辺元全集』第八巻所収、三一二〜三二一ページ)。
(21) 田辺元「政治哲学の急務」(『展望』一九四六年三月

号、『田辺元全集』第八巻所収、三六八〜三七三ページ)。
(22) 高山は天皇が仁政を涵養するために、「帝王学を修養」することを主張する。そのために「侍講の制を復活」させることを提案していた。
(23) 矢部は一九四六年四月に発行された『民主々義と天皇制』(協同出版社)においても天皇の自発的退位を求めており、退位に関する知見を一般にも公表している。
(24) 赤澤前掲「象徴天皇制の形成と戦争責任論」、安田前掲「象徴天皇制と民衆意識」を参照のこと。
(25) 『東久邇日記』(徳間書店、一九六八年、一九四四年七月八日条)。
(26) 高橋紘・鈴木邦彦『天皇家の密使たち』(徳間書店、一九八一年、九〜一〇ページ)。
(27) 矢部貞治『近衛文麿』下(弘文堂、一九五二年、一九七六年に読売新聞社から復刻、七二〇ページ)、前掲『高木惣吉　日記と情報』下、一九四五年八月八日条。
(28) 矢部前掲『近衛文麿』七五七ページ。
(29) 前掲『高木惣吉　日記と情報』下、一九四五年一二月一七日条。
(30) 吉田裕『昭和天皇の終戦史』(岩波新書、一九九二年、八九〜九〇ページ)。
(31) 前掲『東久邇日記』一九四五年一月二二日条
(32) 吉田前掲『昭和天皇の終戦史』九一〜九二・一二一〜一二二ページ。
(33) 『徳川義寛終戦日記』(朝日新聞社、一九九九年、一九四六年五月一日条)。
(34) 田尻愛義『田尻愛義回想録』(原書房、一九七七年、一四一〜一五四ページ)。
(35) 田尻前掲『田尻愛義回想録』一六一ページ。

第二章

(1) 中村政則『戦後史と象徴天皇』(岩波書店、一九九二年)、東野真『昭和天皇二つの「独白録」』(日本放送出版協会、一九九八年)など。
(2) 高橋紘「解説」(『側近日誌』所収、四一二〜四一九ページ)。
(3) 以上の経過は、松尾尊兊「象徴天皇制の成立についての覚書」(『思想』一九九〇年四月号、後に同『戦後日本への出発』岩波書店、二〇〇二年所収)などを参照。
(4) 松尾前掲『戦後日本への出発』六六ページ。
(5) ジョン・ダワー『敗北を抱きしめて』下(岩波書店、二〇〇一年、五二ページ)。

（6）高橋紘『陛下、お尋ね申し上げます』（文春文庫、一九八八年、二五二〜二五三ページ）。
（7）松尾前掲『戦後日本への出発』七一ページ。
（8）松本治一郎「天皇に拝謁せざるの記」（『世界評論』一九四八年四月号）。
（9）渡辺治『戦後政治史の中の天皇制』（青木書店、一九九〇年、一五〇ページ）。
（10）安田前掲「象徴天皇制と民衆意識」三四〜三五ページ。
（11）高橋前掲「解説」三六二ページ。
（12）坂本孝治郎『象徴天皇制へのパフォーマンス』（山川出版社、一九八九年、一〇三ページ）。
（13）高橋前掲「解説」三六三ページ。
（14）原武史『可視化された帝国』（みすず書房、二〇〇一年、三七八ページ）、同『昭和天皇』（岩波新書、二〇〇八年、一六六ページ）。
（15）『東奥日報』は『青森県史　資料編近現代5』（青森県、二〇〇九年、四四〜四五ページ）より引用。
（16）『千葉県の歴史　資料編近現代3（政治・行政3）』（千葉県、二〇〇八年、一一ページ）。
（17）『静岡新聞』は『静岡県史　資料編21近現代六』（静岡県、一九九四年、一五ページ）より引用。
（18）前掲『千葉県の歴史　資料編近現代3（政治・行政3）』一四ページ。
（19）この過程は『芦田均日記』第二巻（岩波書店、一九八六年）に詳しい。
（20）坂本前掲『象徴天皇制へのパフォーマンス』二〇二ページ。
（21）一九四八年の退位論については、松尾尊兊『日本の歴史㉑　国際国家への出発』（集英社、一九九三年）、渡辺前掲『戦後政治史の中の天皇制』、冨永望「一九四八年における昭和天皇の退位問題」（『日本史研究』四八五号、二〇〇三年、後に同『象徴天皇制の形成と定着』思文閣出版、二〇一〇年）などを参照。
（22）岩見隆夫『陛下の御質問』（毎日新聞社、一九九二年、一七四ページ）、『皇居を愛する人々―清掃奉仕の記録―』（日本教文社、一九七八年、一三〜一四ページ）。
（23）筧素彦『今上陛下と母宮貞明皇后』（日本教文社、一九八七年、一五二ページ）。
（24）木下道雄『皇室と国民』（皇居外苑保存協会、一九六九年、六六〜六七ページ）。
（25）入江克己「近代天皇制と明治神宮競技大会」（吉見俊哉ほか『運動会と日本近代』青弓社、一九九九年、一七一〜一七四ページ）。また明治神宮外苑造営の奉仕団はおよそ一〇日間奉仕に従事し、「夜間は造営局書記官始め諸名士の精神修養講話を聞き……宮城及び新宿御苑の拝観を許可せられ」るなど、後の勤労奉仕団と同様の扱いが見られる（『明治神宮外苑志』明治神宮奉賛会、一九三七年、五七～五九ページ）。

（26）「みくに奉仕団」による勤労奉仕の様子については、岩見前掲『陛下の御質問』、前掲『皇居を愛する人々―清掃奉仕の記録―』、筧前掲『今上陛下と母宮貞明皇后』、木下前掲『皇室と国民』、高橋・鈴木前掲『天皇家の密使たち』などを参照。奉仕団の宿舎はその後皇居の中に作られ、宿泊代は無料だった［入江48・1・2など］。

（27）小野昇『人間天皇』（一洋社、一九四七年、一六～二二ページ）。

（28）小野前掲『人間天皇』二五ページ。

（29）『護光』一九四六年六月号、三三ページ（『プランゲ文庫雑誌』所収・新潟県警発行）。

（30）『あさひのとも』一九四七年五月号一〇ページ（『プランゲ文庫雑誌』所収・長野県警発行）。

（31）国立国会図書館憲政資料室蔵『プランゲ文庫新聞』所収。更級郡篠ノ井町の地域紙。

（32）『県政の窓』一九四九年五月号、三二ページ（『プランゲ文庫雑誌』所収・大分県庁発行）。

（33）『芙蓉』一九四七年九月号、八ページ（『プランゲ文庫雑誌』所収・静岡県警発行）。

（34）『旭影』一九四八年一二月号、四四～四五ページ（『プランゲ文庫雑誌』所収・兵庫県警発行）。

（35）加藤進宮内府次官はこれには「教育的な」意味はなく、ただ奉仕団に求められて皇室の話をするだけだと述べている［衆予算第一分科48・6・29］。しかし、例えば木下は「夜、埼玉女子師範生徒五十名……内桜田門内宿舎に宿泊中なれば、これを訪問して一場の話を」［木下47・2・12］、入江は「六時から宮城県栗原郡みくに奉仕団の宿舎へ行つて謹話」［入江48・1・2］するなど、侍従が奉仕団の宿舎に行って天皇の生活について話をすることが慣行化しており、一定の教育的意味や効果はあったものと推察される。

（36）『高松宮日記』第八巻（中央公論新社、一九九七年、一九四五年一〇月二九日条）。それを聞いた井下は、「江戸城アトハ公共ノ最高建物、教育館等ヲツクルヲ可トスベシ」と語っている。

（37）亀井勝一郎『陛下に捧ぐる書翰』（十一組出版部、一九四七年、後に『亀井勝一郎全集』第十五巻、講談社、一九七一年に収録、一二五～一二六ページ）。

（38）天皇はその後も後藤の案に対し、「赤坂のバルコニーと門とは長距離につき、かえって二重橋の方が近い。この事は折にふれて知らせるがよい」と評価しており、天皇自身も民衆との接触の空間を考慮していたことをうかがわせる［木下46・2・18］。

第三章

（1）以下、森暢平「皇室とメディア」（河西秀哉編『戦後史のなかの象徴天皇制』吉田書店、二〇一三年）、同「昭和戦前期の記者倶楽部」（『成城文藝』第一九七号、二〇〇六年）を参照。

（2）藤樫準二『千代田城』（光文社、一九五八年、三八ページ）。

（3）楠谷遼「マスメディアにおける天皇・皇族写真」（河西前掲編『戦後史のなかの象徴天皇制』一七四ページ）。

（4）『サンデー毎日』一九七四年六月二日号、一一六〜一一七ページ、『週刊朝日』一九七四年五月三一日号、三三五〜三三七ページ。

（5）藤樫前掲『千代田城』三八〜三九ページ。

（6）森前掲「皇室とメディア」二五六ページ。

（7）裕仁皇太子のヨーロッパ外遊に関しては、波多野勝『裕仁皇太子ヨーロッパ外遊記』（草思社、一九九八年）などを参照。またその時のマスメディアとの関係の中で特に視覚メディアに焦点を当てた研究として、小山亮「一九二一年裕仁皇太子外遊と視覚メディア」（『人民の歴史学』第一九八号、二〇一三年）がある。

（8）伊藤之雄『昭和天皇と立憲君主制の崩壊』（名古屋大学出版会、二〇〇五年）、坂本一登「新しい皇室像を求めて」（『年報近代日本研究』第二〇号、一九九八年）、梶田明宏「『昭和天皇像』の形成」（鳥海靖他編『日本立憲政治の形成と変質』吉川弘文館、二〇〇五年）など。

（9）河西秀哉「天皇制と現代化」（『日本史研究』第五八二号、二〇一一年）。

（10）『徳川義寛終戦日記』（朝日新聞社、一九九九年）一九四五年一二月二二日条。

（11）以下、宮廷記者団『宮内庁』（朋文社、一九五七年、八八〜八九ページ）。「はしがき」には、「共同通信」の田中徳と阿部豊、『朝日新聞』の宍倉恒孝の名前が書かれており、彼らがその「宮廷記者団」としてこの著作を執筆したと推測できる。

（12）「昭和天皇実録」一九四五年一二月二一日条。

（13）北原恵「正月新聞に見る〈天皇ご一家〉像の形成と表象」（『現代思想』第二九巻第六号、二〇〇一年、二四二〜二四三ページ）。

（14）藤樫準二『陛下の〝人間〟宣言』（同和書房、一九四六年、二ページ）。

（15）高橋紘「人間天皇演出者の系譜」（『法学セミナー増刊　天皇制の現在』日本評論社、一九八六年、一四五ページ）。
（16）藤井恒男「嵐に立つ天皇」（『民主文化』第一巻第八号、一九四六年、『プランゲ文庫雑誌』所収）。
（17）小野前掲『人間天皇』。
（18）敗戦後の高松宮については、河西秀哉「戦後皇族論」（河西前掲編『戦後史のなかの象徴天皇制』）の中で検討した。
（19）藤樫前掲『陛下の〝人間〟宣言』一〇ページ。
（20）小野前掲『人間天皇』五ページ。
（21）『藤井恒男遺稿集　あの時この人』（非売品、一九八四年、国会図書館蔵、六七～六八ページ）。
（22）「昭和天皇実録」一九四七年五月一日条。
（23）前掲『藤井恒男遺稿集　あの時この人』六八ページ、藤樫前掲『千代田城』五六ページ。この会見の全文は、高橋前掲『陛下、お尋ね申し上げます』四一～四三ページに収録。
（24）「大正から昭和二十年代」（日本新聞博物館蔵「藤樫準二コレクション」所収）、「昭和天皇実録」一九四七年八月一九日。巡幸において、宮内省はマスメディアへの配慮や自由な取材を認めていた（瀬畑源「象徴天皇制における行幸」（河西前掲編『戦後史のなかの象徴天皇制』）や楠谷前掲「マスメディアにおける天皇・皇族写真」を参照のこと）。
（25）藤樫前掲『千代田城』五六～五七ページ。
（26）原前掲『昭和天皇』七一～七三ページ、右田裕規『天皇制と進化論』（青弓社、二〇〇九年、一六四～一九四ページ）。
（27）田中『天皇と生物学研究』（講談社、一九四九年）。生物学者としての天皇像が、皇室記者以外からも伝えられていたことについては、川崎賢子「現人神から生物学者へ」（岩本憲児編『映画の中の天皇』森話社、二〇〇七年）を参照。
（28）田中『野草と天皇』（『モダン日本』第一九巻第八号、一九四八年、一〇ページ、『プランゲ文庫雑誌』所収）。
（29）藤井前掲「嵐に立つ天皇」二八ページ。
（30）小野「生物学者―天皇」（『国民科学』第九巻第四号、一九四七年、一〇ページ、『プランゲ文庫雑誌』所収）。
（31）藤井前掲「嵐に立つ天皇」三〇ページ。
（32）田中前掲『天皇と生物学研究』一七五ページ。
（33）佐野恵作・小野・田中・辻紀「座談会　御前会議秘録と人間天皇を語る」（『ユーモア』第一三巻第九号、一九四九年、七三ページ、『プランゲ文庫雑誌』所収）。
（34）小野前掲「生物学者―天皇」一一ページ。
（35）田中・木屋・藤樫「座談会　天皇御一家」（『日本の窓』第二巻第六号、一九四九年、一四ページ、『プランゲ文庫雑誌』所収）。

(36) 藤樫「天皇と将棋」(『サンデー毎日』一九四九年一月二・九日号、一〇ページ)。
(37) 田中「天皇の将棋」(『アンサーズ』第三巻第二号、一九四八年、『プランゲ文庫雑誌』所収)。
(38) 藤樫「若い希望の象徴　わたくし達の皇太子殿下」(『婦人の国』第一巻第四号、一九四七年、一九ページ、『プランゲ文庫雑誌』所収)。
(39) 小野「大いなる母〝皇后さま〟」(『母』第一巻第六号、一九四九年、『プランゲ文庫雑誌』所収)、藤樫「家庭の中の皇后様」(『博愛』第七一〇号、一九四八年、『プランゲ文庫雑誌』所収)、小池「家庭の奥様としての皇后さま」(『主婦と生活』第三巻第三号、一九四八年、『プランゲ文庫雑誌』所収)、小野「妻として母としての皇后さま」(『婦人世界』第三巻第三号、一九四九年)など。こうした皇室記者による皇后像の紹介については、河西秀哉「敗戦後における皇后イメージ」(『女性学評論』第二七号、二〇一三年)の中で検討した。
(40) こうした種類の記事は、敗戦直後だけではなくその後も継続している。例えば、田中「天皇家の休日」(『面白倶楽部』第一一巻第一号、一九五八年)などがその典型である。
(41) 「退位と天皇制をめぐって」(日本新聞博物館蔵「藤樫準二コレクション」所収)。
(42) 小出英経・藤樫・田中徳「座談会　天皇の生活と心境を語る」(『話』第一〇巻第一号、一九四九年、二二ページ、『プランゲ文庫雑誌』所収)。
(43) 宮廷記者団前掲『宮内庁』八八ページ。
(44) 前掲「大正から昭和二十年代」。
(45) 『サンデー毎日』一九五八年一〇月一二日号。
(46) 辰野隆・徳川夢声・サトウ・ハチロー「天皇陛下大いに笑ふ」(『文藝春秋』第二七巻第六号、一九四九年)。
(47) 辰野ら前掲「天皇陛下大いに笑ふ」三四ページ。
(48) 坂本前掲『象徴天皇制へのパフォーマンス』二四四〜二四八ページ。
(49) 辰野ら前掲「天皇陛下大いに笑ふ」四四ページ。
(50) 新村出「風薫る京の大宮御所」(『文藝春秋』一九四七年八月号)。
(51) 『天皇陛下』(文藝春秋社、一九四九年)。
(52) 『天皇の印象』(創元社、一九四九年)。
(53) 辰野隆「身にあまる事ども」(前掲『天皇の印象』所収、一九三ページ)

第四章

(1) 京大天皇事件に関する研究は、松尾前掲『日本の歴史㉑　国際国家への出発』一五〇〜一五一ページ、ねずまさし『天皇と昭和史』（三一書房、一九七四年、三七二〜三八六ページ）、藤原彰・吉田裕・伊藤悟・功刀俊洋『天皇の昭和史』（新日本新書、一九八四年、一三九〜一四一ページ）、針生誠吉・横田耕一『現代憲法体系1　国民主権と天皇制』（法律文化社、一九八三年、二五九ページ）、ハーバート・ビックス『昭和天皇』下（講談社、二〇〇二年、二五一ページ）、松浦総三『天皇とマスコミ』（青木書店、一九七五年、三五〜三六ページ）。ダワー前掲『敗北を抱きしめて』下、九六ページは、「新しい天皇制民主主義の中に過去の遺産が根を張っている」と述べ、タブーの存在に言及している。小熊前掲『〈民主〉と〈愛国〉』一五〇〜一五二ページは、事件が天皇に「人間として」の責任意識を期待するものだったと指摘する。その他、同時代の社会心理学からの研究である南博「天皇制の心理的基盤」（『思想』一九五二年六月号）も参考となる。

（2）「京都市一学生意見」（『世界』一九五二年四月号、二一六ページ、松尾尊兊執筆）。

（3）以上の経過は、『平和を希うがゆえに』（『資料戦後学生運動』二巻所収、三一書房、一九六九年、四〇七〜四一〇ページ）、同学会ほか編『わだつみに誓う』（学園評論社、一九五一年、三〇〜三八ページ）、京都大学百年史編集委員会編『京都大学百年史』総説編（京都大学、一九九八年、五四九〜五五〇及び一一五三ページ）などを参照。

（4）吉田茂『回想十年』第四巻（新潮社、一九五七年、七三ページ）。

（5）渡辺前掲『戦後政治史の中の天皇制』一八一〜一八二ページ。

（6）「真実を求めて」『天野貞祐全集』第三巻（栗田出版会、一九七一年、二九二ページ、初出は一九五二〜五八年）。

（7）吉田前掲『回想十年』第四巻、七二〜七四ページ。

（8）京都府立総合資料館蔵「行幸啓一件」、「昭和二六年一一月行幸関係綴一件」。

（9）『学園新聞』は当時唯一の京都大学の学生新聞である。

（10）坂本孝治郎は、巡幸先で天皇署名を演出する意図のもとに「巡幸日程を決めていった」と推測する（坂本前掲『象徴天皇制へのパフォーマンス』三八六〜三八七ページ）。

（11）前掲『平和を希うがゆえに』四一〇ページ。

（12）松尾尊兊「旧支配体制の解体」（『日本歴史』現代1、岩波書店、一九七七年、後に松尾前掲『戦後日本への出発』に再録、三一〜三三ページ）。

（13）京都府立総合資料館蔵「昭和二六年行幸記録」、「昭

和二六年一〇月行幸記録」。同年七月に亀岡や京都市北部で水害があり、その被害地の復旧が巡幸準備段階になって初めて進んだため、「お化粧」との意識が強まっていく。

(14) 宮内庁書陵部蔵「昭和二六年　幸啓録九」、京都府立総合資料館蔵「昭和二六年一一月　行幸関係綴一件」。

(15) 中岡哲郎「京大天皇事件」(『朝日ジャーナル』一九七〇年二月二二日号、三六〜三七ページ)、読売新聞社社会部編『天皇・その涙と微笑』(現代出版、一九七九年、一七九ページ)、二〇〇一年八月、筆者による中岡哲郎氏へのインタビュー(以下、「中岡氏聞き取り」)、沢木耕太郎『人の砂漠』(新潮社、一九七七年、後に新潮社から文庫化、一九八〇年、四一〇ページ、後に同学会委員長となる米田豊昭氏発言)。

(16) 「座談会　忘れられた軍隊　人間性の否定」(『改造』一九五〇年二月号、一八三ページ)、「中岡氏聞き取り」。また「天皇の名」が学生の中に大きく記憶され続けることに関しては、小説ではあるが、この京大天皇事件を一部題材とした城山三郎『大義の末』(五月書房、一九五九年、後に角川書店から文庫化、一九七五年)が鋭く描き出している。

(17) 「京大天皇事件に関する全学連声明」(前掲『資料戦後学生運動』二巻、四一九ページ所収)。巡幸に再軍備を主張していた芦田均元首相が供奉していたため、「天皇と一緒に芦田均が来ていたのは天皇の本質をバクロしたものだ」〔嵐をついて51・11・15、『嵐をついて』は京大共産党細胞の非公然的機関紙、京都大学大学文書館蔵「戦後学生運動関係資料I」所収)と、天皇は「再軍備」を進めるような逆コース的存在であるとより見られてしまうのである。「当時、天皇は［敗戦直後の］自由の感覚を失わせる象徴でした」という発言もある(沢木前掲『人の砂漠』四一〇ページ、米田氏発言)。

(18) 「中岡氏聞き取り」、中岡前掲「京大天皇事件」三七ページ。

(19) 「中岡氏聞き取り」。京大共産党細胞のリーダーであった榎並公雄が中岡を訪ね、「公開質問状という形で要求をまとめてそれを取り次げ」と言ったことが質問状執筆の契機となった(『「京大天皇事件」を語る会記録集』、非売品、二〇〇二年、二二ページ、中岡氏発言。本冊子は二〇〇一年一一月一二日に開催された「天皇事件を語る会」の発言速記録である(以下、『記録集』)。

(20) 前掲『わだつみに誓う』二〇〜二三ページ。公開質問状を読んだ学生は「当時非常に感動した」ようである（『記録集』一五ページ、内山一雄氏発言）。また質問状に巡幸の「虚飾」の問題が指摘されたことで、以後学生側からこれに対する批判が本格化しており、それだけ質問状が学生に与えたインパクトは大きかった。

(21) 公開質問状は前掲『平和を希うがゆえに』四〇五〜四〇七ページなどを参照。

(22) 中岡前掲「京大天皇事件」三七ページ。

(23) 「中岡氏聞き取り」、中岡前掲「京大天皇事件」三七ページ。

(24) 『記録集』一三ページ、中岡氏発言。

(25) 中岡前掲「京大天皇事件」四〇ページ。後に京都市議会民統議員団へ説明に行った同学会委員長青木宏は、議員から「天皇に対してなんという失礼なことをしたのか」と責められたという（『記録集』七ページ、青木氏発言）。このことは革新勢力でさえ、「理性を恐怖にさせる一角」＝天皇に対する権威が存在していたことを示している。

(26) 前掲「京都市一学生意見」二一六ページ。

(27) 天皇への直接の危害がなかったことから、同学会も大学当局も京大訪問が無事に済んだという認識であった（『記録集』六ページ、青木氏発言）。

(28) 滝川幸辰『激流』（河出書房新社、一九六三年、二七一ページ）。しかし当日夜の蜷川知事や西原英次宮内庁官房総務課長との会見では、記者と次のようなやりとりがあった。

記者　京都大学のことは陛下にはどの様にお感じか

西原　あまりお気づきにはなられなかつた御様子である

記者　御召自動車にキズがついたと云ふことであるが

知事　そんな事はない。私はずつとそのそばにいたが、御召車には学生も近寄らなかつた

記者　京都大学の本日のような事は始めてか

西原　今迄になかった……

蜷川も西原も学生の行動をそれほど問題としておらず、むしろ記者がそれを問題化しようとして質問している様子がうかがえる。宮内庁の中には、マスコミが夕刊で「誇張した」報道を行ったとの認識を有する者もいた（宮内公文書館蔵「昭和二六年　幸啓録八」）。

(29) 前掲『平和を希うがゆえに』四一九ページ。

(30) 当時の京大共産党細胞は機能不全状態で、組織として方針を決定する力はなかったとする証言もある（『記録集』三六及び四六〜四七ページ、千地一秀、井爪敏之各氏発言）。

(31) 青木同学会委員長は「何も起こらないのに、一体なぜこういう大きな問題になつているのか……私たちの

天皇に対する態度と、私たちより三十年以前に生まれた人たちの天皇に対する態度とに大きな差がある」［衆法務51・11・26］と、同様の見解を述べていた。

(32)『週刊朝日』一九五一年一二月二日号、一五ページ。

(33)京都大学大学文書館蔵「皇室関係書類　自昭和二十六年五月至同年十一月」「京大天皇事件関係資料」。

(34)『学園新聞』にはこれらの投書のうち［表1-32・50・52、表2-12・26・32］の六点と、表にはないが「東京都衆議院一公務員」による学生の行動を支持する投書が掲載されている。『学園新聞』によれば、大学側が二〇日までの投書を整理したところ、全五二通中、学生を支持するものが一五通、非難するものが三五通、文意不明のものが二通である。一方同学会へは、各地の学校や労組・市民団体などからの激励文が三七通、一般市民から同学会を非難したものが四通、支持したものが一二通とのことである［学園51・12・3］。

(35)江口は後にこの文章について、「この『諸兄』と同学会とはたぶん一心同体だったであろうから、私の投稿は事実から乖離した空論であり、ボツも当然であったが、四月に入学したときには西も東もわからぬノンポリだった学生が、一一月にはこんな投稿をしたところに、一九五一年という年と京大という場所の鮮烈さがあった」と述べている（江口圭一『まぐれの日本近現代史研究』校倉書房、二〇〇三年）。

(36)『記録集』八・一一・一四及び五二ページ。倉野昌夫、山本、内山、小畑各氏発言。

(37)「中岡氏聞き取り」。『戦争と天皇制』（非売品、二〇〇二年、一四ページ、小畑氏発言。本冊子は二〇〇一年一一月一一日に開催された「京大天皇事件五〇周年東京フォーラム」の発言要約録である）。

(38)前掲『戦争と天皇制』一四ページ、青木氏発言。『記録集』八ページ、青木氏発言。

(39)『記録集』九・一二及び一五ページ。倉野、山本、内山各氏発言。処分者のみならず京大生というだけで同様の扱いを受ける例もあった（前掲『わだつみに誓う』六二ページ）。京大生＝破壊者として民衆の中に記号化され、それへの拒否感が醸成されていた。

第五章

(1)中島卯三郎『皇城』（雄山閣、一九五九年、四ページ）。

(2)国立公文書館蔵「公文類聚　第七十二編　昭和二十二年五月三日以降」第十四巻。

(3)『毎日新聞』と松本の動きの他にも、「日活の堀久作氏や日本興業組合連合会による観客一人一円運動など有力な皇居再建運動が計画されてい」た［中部日本

51・12・23、東京日日51・12・15」。

（4） 宮内庁編『宮殿造営記録・解説編』（宮内庁、一九七二年、六六五ページ）。

（5） 国立国会図書館憲政資料室蔵「松本学関係文書」。以下ここから引用。

（6） 山口輝臣『明治神宮の出現』（吉川弘文館、二〇〇五年、一八二〜一八七ページ）。「道府県に支部を設置し、各支部にて分担募集する方針を立て……道庁長官及県知事を支部長に嘱託」し、募金を回収していた（前掲『明治神宮外苑志』三五ページ）。

（7） 宮内庁の庁舎改造による仮宮殿化について質問した改進党の中曽根康弘も同様に、「日本が独立いたしますと、天皇は国家の象徴として外国使臣の接見」などを行うが、それが行われる場を「日本国の象徴として品位をそこなわないような程度のものにできるものかどうか……これはわれわれとしても、民族のプライドに関することであります」との意見を述べ［衆予算第一分科52・2・22］、皇居再建を主張しつつも現実的にできないからこそ仮宮殿を天皇の「品位」にふさわしい空間として整備しようと主張した。皇居が対外的な儀場であり、日本という国家や「日本民族」としてのプライドやステータスを表象する空間であるとの認識を中曽根が持っていたからこその主張である。一九五二年になると中曽根は、国会図書館として利用されていた赤坂離宮を皇室に返還することも提起し始めた［朝日52・11・15］。その理由は、皇居仮宮殿が「日本の象徴たる天皇陛下の皇居としてははなはだ手狭で、外国使臣を接見したり、あるいは外国使臣といろいろ御交際をなさる関係から見ても、非常にそまつ」だからである［衆予算52・12・4］。ここでも中曽根は、独立後の外国との交際を意識し、国家の「プライド」を念頭に置いて赤坂離宮返還を主張していた。中曽根の思想については、渡辺前掲『戦後政治史の中の天皇制』などを参照のこと。

（8） 宮内庁前掲『宮殿造営記録・解説編』六六五ページ。

（9） 国立公文書館蔵「公文類聚　第七十七編　昭和二十七年」第十四巻所収の宮城県教育委員庄司ヒサヨによる「皇居再建に関する請願」は、「講和条約の結ばれた現在、外国の各界代表者等も多数来訪するであろうし」、人々の「自発的献金によつて……講和条約記念国民奉仕運動の一環として」皇居再建すべきと、再建運動の主張が踏襲されている。

（10） 藤樫は「陛下はつねに『先憂後楽』のご心境からなかなかお許しにならなかった」と述べる（『天皇とともに五十年』毎日新聞社、一九七七年、一九六ページ）。高尾亮一宮内庁次官も、一九六〇年からの宮殿再建時でも天皇が必要最小限の建設に抑えるように述べたと強調する（『宮殿をつくる』求龍堂、一九八〇年、五六〜六〇ページ）。

(11) 例えば、一九四六年三月七日付SWNCC209/1など（山極晃・中村政則編『資料日本占領1　天皇制』大月書店、一九九〇年、四九五ページ）。伊藤悟・奥平晋編『現代史研究叢書⑤　占領期皇室財産処理』（東出版、一九九五年、解説）など。

(12) 芦部信喜・高見勝利『日本立法資料全集7　皇室経済法［昭和22年］』（大学図書、一九九二年、九ページ）など。

(13) 旧皇室苑地についてはこれまで特に、皇居前広場における行事や事件が注目されてきた。坂本孝治郎は敗戦後の皇居前広場における民衆と天皇との接触について注目するが、それ自体は巡幸のための単なる「リハーサル」にすぎなかったと位置付け、皇居前広場という空間自体への評価がほとんどなされていない（坂本前掲『象徴天皇制へのパフォーマンス』）。近年、皇居前広場に注目した原武史は、占領期の皇居前広場にはGHQと左翼という二つの勢力が存在していたが、講和独立後に両者とも広場から去って「空白」となった結果、禁忌エネルギーが増し、皇居前広場は国家の中心になったと位置付ける（原武史『皇居前広場』光文社新書、二〇〇三年、後に文庫化、文藝春秋、二〇一四年）。しかし本書では、GHQと左翼の他にもう一つのグループが皇居前広場に存在し、そのグループの思想が敗戦後の皇居前広場に大きな意味を与えていたことに注目したい。皇居前広場は原の言うように確かに建造物は少なく見た目こそ空白ではあるが、もう一つのグループの思想や行動をつぶさに見ていくと、その実は占領期から「国民感情の拠り所」で、「文化平和国家」の中心であるとの認識が存在し、それが整備運営に大きく影響していた。また、同じ旧皇室苑地であった新宿御苑が同時期にその空間的意味を形成していったことを併せて考えると、これまでの研究では見えてこなかった皇居前広場の側面や旧皇室苑地全体の意味を解明することが可能となるだろう。旧皇室苑地についてはこれまで、都市計画史や造園史などからも検討されてきた（西田正憲「国民公園の発足、公園化とその計画原理等の観点から見た京都御苑の戦後の変遷」『ランドスケープ研究』第六二巻第五号、一九九九年、小野良平『公園の誕生』吉川弘文館、二〇〇三年、東海林克彦「皇居外苑国民公園における利用空間の構造に関する研究」『ランドスケープ研究』第六六第五号、二〇〇三年など。こうした研究は公園としての整備過程については丹念に検討しているが、その思想的意味についてはほとんど触れられていない。近年、井原縁によってその「精神性」の解明が進められており、「民主化啓蒙の装置」を建設するために国民公園が整備されたと井原は位置付けている（井原縁「『国民公園』京都御苑の個性と松の『御所透かし』」『ランドスケープ研究』第六四巻第五号、二〇〇一年、同「京都御苑の景観変遷と『精神性』の系譜」『ランドスケープ研究』第六五巻第五号、二〇〇二年、同「『国民公園』における場の性格の変遷に関する史的考察」『ランドスケープ研究』第六六巻第五号、二〇〇三年）。本書では井原の成果に学びながら、旧皇室苑地の国民公園としての整備の意味とその空間的意味の形成過程、それらがこの空間で起こる行事や事件にどう作用したのかを解明する。そしてそこから象徴天皇像の析出を試みたい。

(14) 京都御苑については、河西秀哉「歴史を表象する空間としての京都御所・御苑」（高木博志編『近代日本の歴史都市』思文閣出版、二〇一三年）で検討した。

(15) 「情報公開法」に基づく筆者請求の環境省史料「国民公園」（石神甲子郎稿）、同「国民公園のあゆみ」。

(16) 前掲「国民公園」。

(17) 前掲「国民公園」、西田前掲「国民公園の発足、公園化とその計画原理等の観点から見た京都御苑の戦後の変遷」四三九～四四〇ページ。一方で筆者がＧＨＱ／ＳＣＡＰ文書を調査した限りでは、後述する新宿御苑の事例を除き具体的な整備段階でＧＨＱが積極的な関与をした形跡は見られない。旧皇室苑地開放の端緒にはＧＨＱの関与が見られるが、本格的な整備段階では日本側によって方針が決定されたと見てよいだろう。

(18) 国立公文書館蔵「公文類聚　第七十二編　昭和二十二年五月三日以降」第一巻。

(19) 京都府立総合資料館蔵「自昭和二一年至昭和二五年　京都御苑関係綴」。

(20) 国立公文書館蔵「公文類聚　第七十三編　昭和二十二年」第二十七巻。

(21) 前掲「自昭和二一年至昭和二五年　京都御苑関係綴」、『公園緑地』（第一一巻第一号、一九四九年、二七～三三ページ、『プランゲ文庫雑誌』所収）。

(22) 前掲「自昭和二一年至昭和二五年　京都御苑関係綴」。

(23) 前掲「国民公園」。

(24) 同前。

(25) 同前。

(26) 国立公文書館蔵「昭和二十四年　総理庁公文」第二巻。

(27) この過程については前掲『公園緑地』二七～三三ペ

ージ、前島康彦『皇居外苑』（郷学舎、一九八一年、七二～九八ページ）を参照のこと。
(28) 原前掲『皇居前広場』七〇～一二三ページ。
(29) 木下道雄『皇室と国民』（皇居外苑保存協会、一九六九年、六六～六七ページ）。
(30) 藤樫準二『千代田城』（光文社、一九五八年、六二ページ）など。
(31) 井上章一『愛の空間』（角川選書、一九九九年、一〇～二三ページ）、原前掲『皇居前広場』一一九～一三一及び二一三～二一六ページ。一例を示せば、『大衆読物』一九四九年一一月五日号（『プランゲ文庫雑誌所収）に掲載された「恋愛新八景」に皇居前広場が取り上げられている。その紹介文は「サラリーマンのパラダイス。ホテル行きの資本はなし。さりとてシケコム家はなし…という方々にはもつてこい」と書かれており、当時の皇居前広場に対する認識を窺うことができる。
(32) 岩見前掲『陛下のご質問』一五二ページ。
(33) 以下、国立公文書館蔵「国民公園一般・昭和二十四年～二十六年」から引用。
(34) 国立公文書館蔵「国立公園一般・昭和二十五年」。
(35) 皇居外苑保存協会編『皇室』（皇居外苑保存協会、一九五三年、後序）。
(36) 以下、前掲「国立公園一般・昭和二十五年」。
(37) 京都府立総合資料館蔵「昭和二六年起　京都御苑関係綴」。協会の一九五三年度の予算収入は六〇〇万円、その内訳は会費七六％、事業収入一八％であり、周辺企業などからの会費に維持費を頼っていた実態がわかる。
(38) こうした意識を示す例として、ホテル建設問題がある。皇居前広場にアメリカ資本による大規模なホテルを建設する計画が一九五〇年に浮上する［朝日50・1・6］。しかし東京都は皇居前広場を風致地区に指定することでこの計画を阻止する［朝日51・11・11］（前掲「国民公園」によれば、他にも皇居前広場付近にホテルを建設する計画があったようであるが、それも実現しなかったようである）。皇居を見下ろす形となる建築物を、しかもアメリカの資本によって建設されることを認めたくないという姿勢を見ることができるだろう。風致地区指定を率先した安井都知事は皇居外苑保存協会のメンバーであった。
(39) 前掲「国民公園のあゆみ」、金井利彦『新宿御苑』（郷学舎、一九八〇年、四四～四六ページ）。皇族による新宿御苑でのゴルフの様子については、猪瀬直樹『ミカドの肖像』（小学館、一九八六年）を参照のこと。
(40) 前掲「国民公園」、「国民公園のあゆみ」。

(41) 元宮内官の原口享は、物納された新宿御苑が「万民に平等に開放されねばならない」と述べ、それが国家のためになると主張している。原口は「新宿御苑は最高級の庭園として保持」し公開しなければならず、「運動場は設けざること」と強調しており（「新宿御苑並に宮城本丸跡の今後の経営方針に就て」『新都市』一九四七年六月一日、二五～二六ページ、『プランゲ文庫雑誌』所収）、答申が国民庭園として開放を求めた根底には、原口のような意識の存在があったと考えられる。

(42) 前掲「国民公園のあゆみ」。新宿御苑は入場料を徴収し、それが協会を主な収入源となった（前掲「昭和26年起　京都御苑関係綴」）。

(43) 坂上康博『スポーツと政治』（山川出版社、二〇〇一年、一〇～二八ページ）、など。猪瀬前掲『ミカドの肖像』や波多野勝『裕仁皇太子ヨーロッパ外遊記』（草思社、一九九八年）などにも天皇制とゴルフに関する記述がある。

(44) 丸山真男「日本のナショナリズム」（『中央公論』一九五一年一月号、三〇三ページ）、坂本前掲『象徴天皇制へのパフォーマンス』二四九～二五一ページ、権学俊『国民体育大会の研究』（青木書店、二〇〇六年、五二～六一ページ）、坂上前掲『スポーツと政治』一～五ページ。自由党岡延右ェ門は敗戦占領という「暗雲とじ込める中に」、古橋の勝利という「一縷の光明を認めた」と表現する［衆厚生51・7・21］。岡のナショナリズムの高揚を見ることができるだろう。

(45) 前掲「国民公園のあゆみ」。

(46) 前掲「国民公園一般・昭和二四年～二六年」。

(47) 国立公文書館蔵「公文類聚　第七十六編　昭和二十六年」第四十四巻。

(48) 「情報公開法」に基づく筆者請求の環境省史料「昭和二六年～二七年度　皇居外苑使用不許可処分取消請求事件原議綴」（以下、「不許可」と略記）

(49) 前掲「公文類聚　第七十六編　昭和二十六年」第四十四巻、国立国会図書館憲政資料室蔵“GHQ/SCAP RECORDS Box. No. 367 SHEET No. GII-04845”。

(50) 前掲「不許可」。

(51) こうした認識は政府だけではなかったと推測される。『週刊サンケイ』一九五四年一月二四日号では、象徴天皇になったとはいえ「支配者天皇というものが開闢以来われわれの心の底に大きな存在をして」おり、そうした天皇の住む「皇居が今もってそのような役割をもっているものとすれば、皇居の尊厳にもっとも演出的効果を上げるのが皇居前広場ということになる」と分析し（一八ページ）、天皇の住む皇居との関係性の中で皇居前広場の空間認識を捉えようとしている。
(52) 前掲「不許可」。
(53) 同前。
(54) なお一一月一五日の控訴審判決では、一九五二年のメーデーはすでに終了していて問題自体が消滅したとして総評の主張は退けられ、政府の逆転勝訴となった。
(55) 「血のメーデー事件」については、原前掲『皇居前広場』一八九〜二〇二ページ、松尾前掲『日本の歴史㉑ 国際国家への出発』一九四〜一九八ページを参照のこと。
(56) 「情報公開法」に基づく筆者請求の環境省史料「昭和二七年度　皇居外苑使用関係綴」。この大会趣旨の中でも、「皇居外苑は、皇居の前庭であり、その由緒と伝統に鑑み……皇太子成年式立太子の礼を奉祝するため、国家的行事の一環として行はれる集会の場所としては、最も適当な場所である」と厚生省は述べており、政府は皇居前広場が天皇制とは切り離せない空間であるとの認識を政府は繰り返していた。
(57) この行事に関しては、「情報公開法」に基づく筆者請求の環境省史料「昭和二八年度　皇居外苑使用関係綴」にその記録がある。
(58) 例えば『週刊サンケイ』一九五八年一一月一八日など。大宅壮一は「皇居前のあの広々とした広場で、昼の休みを利用してキャッチ・ボールしたり松の下で芝生に転がって恋をささやいたりすることが、どうして〝神域を汚す〟ことになるのであろうか……皇居前広場で結ばれた男女が、その思い出を秘めて、そこをかれらの〝聖地〟と考えている男女の例を私は幾組も知っている」と述べて、「秩序」化された皇居前広場を批判する〔東京日日52・3・3「広場」〕。
(59) 加藤地三「皇居前広場　昼と夜」(『体育の科学』第一二巻第九号、一九六二年)。
(60) 後述するように『毎日新聞』は退位論に消極的であっただけに、こうした主張が掲載されなければならない状況に注目する必要があるだろう。
(61) 『東京リポート』は、国立国会図書館憲政資料室蔵GHQ/SCAP Paper CIE (B) 06831に英訳とともに収められており、ＧＨＱも注目していた。またこの記事を紹介した『神社新報』は、退位は「日本国民大多数の感情的支持を得ることはできないであろう」と反対し、「陛下の御自責の念には痛切無限のものがあらせられると拝察される……その御責任を痛感せられつつ御在位願うの外ない」と在位し続けることが責任を取ることになるとの論を展開した〔神社新報51・8・27社説〕。この退位論は、冨永望「再軍備と統帥権問題」(『年報日本現代史』第九巻、二〇〇四年、後に冨永前掲『象徴天皇制の形成と定着』に収録）でも言及されている。
(62) 有山鐵雄「楽園を夢みる吉田」（『改造』一九五一年一二月号、一四二ページ）。
(63) 島崎光二「退位論のニュー・フェイス」（『中央公論』一九五二年二月号、八四〜八五ページ）。
(64) 『戦争放棄と再軍備』（自由党憲法調査会、一九五四年、五三〜五六ページ）。本書は、下村が一九五四年七月八日に自由党憲法調査会で行った講演の速記録である。
(65) 国立国会図書館憲政資料室蔵「木戸日記」一九五一年一〇月一七日。木戸の退位論は、粟屋憲太郎ほか『東京裁判資料・木戸幸一尋問調書』（大月書店、一九八九年、五五九〜五六二ページ）などを参照。宮中では他に、高松宮が「天皇退位説には高松宮殿下は積極論者」とマスコミで噂されていた［都51・10・31］。
(66) 『木戸幸一日記』下巻（東京大学出版会、一九六六年、一九四五年八月二九日条）。
(67) 「木戸日記」一九五一年九月九日。
(68) 「木戸日記」一九五一年一一月二八日。
(69) この過程については、河西秀哉「講和条約期における天皇退位問題」（『史林』第八八巻第四号、二〇〇五年）を参照のこと。
(70) 「木戸日記」一九五二年四月四日。
(71) 「お言葉」を聞いた木戸は、「国民に陳謝するとか、何らかの表現があって然るべきではなかったか。あれでは何か奥歯に物が挟まったいい廻しで、国民が真から納得するものがなかったのは、残念なことだった」と語った（高橋紘「象徴天皇の誕生」金原左門編『戦後史の焦点』有斐閣、一九八五年、九七ページ）。
(72) 吉田裕『日本人の戦争観』（岩波書店、一九九五年、四七〜四八ページ）。
(73) とはいえ、矢部はこの座談会では雄弁に退位論を展開している。
(74) 中曽根康弘『天地有情』（文藝春秋、一九九六年、六〇〇〜六〇一ページ）。
(75) これ対して吉田首相は、「今日はりっぱな日本を再建すべきときであり、再建すべき門出にあるのであります。日本民族の愛国心の象徴であり、日本国民が心から敬愛しておる陛下が御退位というようなことがあれば、これは国の安定を害することであります。これを希望するがごとき者は、私は非国民と思うのであります。私はあくまでも陛下がその御位においでになって、そして新日本建設に御努力あり、また新日本建設に日本国民を導いて行かれるということを御決心あらんことを希望いたします」として退位に反対した。

(76) 中曽根康弘『自主憲法の基本的性格』(憲法調査会、一九五五年、六・三一・七二及び八六ページ)。
(77) 渡辺前掲『戦後政治史の中の天皇制』二一一〜二一二ページ。
(78) 「独立を迎えるに際して」(『市川房枝集』第五巻、日本図書センター、一九九四年、四五ページ、初出『婦人有権者』一九五二年四月号)。
(79) 「天皇の退位を望む」(前掲『市川房枝集』第五巻、四一〜四二ページ、初出『婦人有権者』一九五二年一月号)。市川は後の回想の中で、「天皇制については戦前のいやな思い出が数々あるが、私は天皇の存在を憲法で象徴ときめたことは一応歓迎した……現在の制度をまずよしとするが、再び戦前の天皇制を復活してはならない」と述べる(市川房枝『だいこんの花』新宿書房、一九七九年、一二〇ページ)。
(80) しかし中曽根の退位論の扱いだけは別で、翌日の紙面で扱いは小さいものの一面で取り上げられた[毎日52・2・1]。それだけ中曽根の発言はインパクトがあった。
(81) 『週刊朝日』一九五二年新年号、四六ページ。
(82) 『週刊朝日』一九五二年五月四日号三八ページ(式典以前に発売)には、「五月三日の独立記念式典には天皇陛下は国民に対する挨拶の中で、それとなく退位問題に終止符を打つような意思表示をされるとのことである」とあり、「お言葉」の文面が宮内庁筋からマスコミに意図的に漏らされていたことがうかがえる。
(83) 「吉田首相は退位論に真向から反対していて、この人がいる間は退位はないとまでいわれてきた」(『サンデー毎日』一九五二年五月一八日号、一四ページ)。
(84) 長与善郎「天皇論」(『文藝春秋』一九五二年三月号、四五ページ)。
(85) 吉田前掲『日本人の戦争観』八二〜八四ページ。
(86) 一九五二年八月岐阜県での調査によれば、多くの民衆が天皇を「おきのどくだ」と思っていた。このことは、一部の軍人に「だまされた」というイメージが広く流布していることを表しており、民衆が天皇に責任はないと感じていることを示しているだろう(日高六郎・升味準之輔・高橋徹「旧意識の温存と変容」遠山茂樹ほか編『日本資本主義講座』第九巻、岩波書店、一九五四年、二一四ページ)。

第六章

(1) 代表的な研究として、色川大吉『昭和史と天皇』(岩波書店、一九九一年)など。
(2) この外遊に関する研究として、佐道明広「『皇室外交』に見る皇室と政治」(『年報近代日本研究二〇　宮中・皇室と政治』一九九八年）、ケネス・ルオフ『国民の天皇』（共同通信社、二〇〇三年、後に文庫化、岩波現代文庫、二〇〇九年）がある。

（3）清水幾太郎「占領下の天皇」（『思想』一九五三年三月号、一七ページ）。

（5）憲法学者佐藤功は後にこの立太子礼について、「若くしてスマートなプリンスの姿の中に、何となく日本の将来の希望があるように思われて、敗戦と占領と社会的・経済的な困難とにいやでも応でも打ちひしがれ、また、今後もまたなみなみならぬ苦難の道を歩まねばならぬということを知っているわが国の人々が、何となく明るい希望をそこに見出したかのように感じた」と総括している。皇太子への期待はマスコミだけのものではなく、知識人や民衆に共通したものであった（佐藤功「イギリスの王室の日本の王室」『時の法令』一九五三年三月下旬号、三二ページ）。

（5）渋沢信一外務事務次官・日付不明「戴冠式え御名代派遣の件」（外務省外交史料館蔵「皇太子継宮明仁親王殿下御外遊一件」所収、以下「外遊」と略記）。

（6）清水前掲「占領下の天皇」一八ページ。

（7）『婦人公論』一九五二年一二月号、五三ページ、佐藤圭子の意見。

（8）秩父宮家『雍仁親王実記』（吉川弘文館、一九七二年、八一〇〜八一一ページ）。秩父宮は『中部日本新聞』の取材に対して、皇太子の戴冠式出席が「日本の為、東宮様の将来の為に絶好の機会」であり、「より広い見識を持たれることは日本国の将来に大きなプラスとなる」だろうと答えている［中部日本52・11・9］。

（9）'Letter from Denning, K. C. M. G., C. B. E., Tokyo to Scott, Esp., C. M. G. C. B. E., Foreign Office, October 21, 1952'（国立国会図書館憲政資料室蔵 "Foreign Office Files for Japan and the Far East Series2: British Foreign Office Files for Post-war Japan Part 1: 1952-1953" 所収、以下「英外務」と略記）。

（10）'Letter from Denning, K. C. M. G., C. B. E., Tokyo to Scott, Esp., C. M. G., C. B. E., Foreign Office, December 23, 1952'「英外務」。

（11）渋沢外務次官・一九五二年九月二七日「イギリス皇帝陛下の戴冠式に際し、御名代御差遣に関する件」「外遊」。

（12）まったくの私的行為と見なしてしまうと、国会の議決によって厳格に内容が決定される内廷費で費用を計上しなければならなかった。事実上の国務とすることによって「行啓費として宮廷費より支出」（儀典課長・一九五二年一一月一八日「皇太子殿下の御渡英に関する件」「外遊」）でき、弾力的に運用できるという理由もあったと思われる。
(13) 前掲儀典課長、一九五二年一一月一八日「皇太子殿下の御渡英に関する件」「外遊」。
(14) 以下、法眼晋作欧米局第四課長・一九五二年一一月一五日「皇太子殿下の渡欧に関する件」「外遊」。
(15) 島重信参事官・一九五二年一一月二七日「皇太子御渡欧の際独逸にお立寄になることの可否に関する意見」「外遊」。
(16) 松井明参事官・一九五二年一二月八日「御名代殿下の御差遣に関する件」「外遊」。
(17) 松井参事官・一九五三年一〇月一五日「随員報告書」「外遊」。
(18) 皇太子も外遊中各地でのステートメントの中で、天皇は皇太子時代の外遊に強い印象を受け、そのことを自分によく話していた、と述べている(『皇太子御外遊記念写真集』朝日新聞社、一九五三年、七〇・九二ページ)。これは、天皇が皇太子時代の外遊において民主主義を学んで感銘を受けた、戦争を望んでおらず元々から民主主義であったというイメージを皇太子が各国に広めていたと言えるのではないか。
(19) 『NHK年鑑一九五五年』(ラジオサービスセンター、一九五四年、『NHK年鑑』七として、ゆまに書房より一九九九年復刻、九ページ)、NHK放送文化研究所蔵「NHK確定番組昭和二八年三月」。
(20) 情文一課・日付不明「戴冠式取材記者の渡航について」「外遊」。
(21) 情報文化課長・一九五三年二月二四日「皇太子殿下の御旅行に伴う報道関係者同行に関する件」「外遊」。
(22) 作成者・日付不明「御旅行中に於ける新聞、雑誌、放送、映画の取扱に関する件」「外遊」。
(23) 松本俊一駐英大使・一九五三年四月二九日「皇太子殿下御訪英に対する各紙の報道振に関する件」「外遊」。
(24) 同前。
(25) 例えば、イギリスのニューキャッスル市では元捕虜連合会が中心となって皇太子訪英反対の運動が展開された。皇太子自身もイギリスで一部に反日感情が存在していたことは承知していたようである[毎日53・6・1など]。アジア・太平洋戦争の交戦国であったオランダでは、実際に皇太子は民衆から冷たい対応を受けた[朝日53・8・5]。
(26) 三谷隆信『回顧録』(中公文庫、一九九九年、三〇九ページ、原著は一九八〇年)。松本大使はこのチャーチル発言について、「この意味は深長」と評価している(一九五三年五月一日「松本発岡崎外務大臣宛電報」「外遊」)。松本はチャーチル発言の政治的な意味を明確に読みとっていた。

(27) 前掲松井「随員報告書」「外遊」。
(28) 深代惇郎『深代惇郎の青春日記』(朝日新聞社、一九七八年、三月三〇日条)。
(29) 藤樫前掲『千代田城』一九～二〇ページ。
(30) 『読売新聞』は大谷内定説が立ち消えになった理由として、孝宮と大谷はいとこ同士で近親婚となりうること、大谷が留学すること、宗門内の問題を挙げている[読売50・1・27]。『読売新聞』はこの大谷内定説報道の責任を取って、小野昇が宮内庁担当から外されたようである[入江50・2・27](小野はその後復帰)。その後繰り返される皇太子妃選考報道ではそのような責任問題は浮上していなかったことから、一九五〇年代初頭はマスコミは天皇制を単に報道する対象としてだけではなく、権威性を有する存在として捉えていたことをうかがわせる。
(31) 『週刊朝日』一九五〇年三月二六日号、七ページ。
(32) 協議の中で、三谷侍従長と稲田周一侍従次長は「京都のに決める外無いだらう」との意見を述べている。京都が誰を指すかは不明ではあるが、入江はその案に対し「あきれた」と日記に記しており[入江50・12・15]、それが旧態依然の方針だと認識していた。
(33) 藤樫前掲『千代田城』二一ページ、『週刊読売』一九五二年一〇月二六日号、四ページ。
(34) 前掲『週刊読売』一九五二年一〇月二六日号、四ページ。
(35) 『週刊明星』一九五九年四月一九日号一八～二三ページには東久邇成子・鷹司和子・池田厚子(司会徳川夢声)の座談会が掲載され、宮中の儀式や皇太子の生活を気軽に話す役割を果たしている。なお四女の清宮貴子は、池田厚子以上に、明るさとセンスの新しさが強調され、これまでの皇室では考えられないような一般の大学生と変わらない女性であることが報道されていた(『週刊サンケイ』一九五八年一月一二日号、三〇～三三ページなど)。
(36) 塩田潮『昭和をつくった明治人』上(文藝春秋、一九九五年、一七一ページ)。
(37) 『サンデー毎日』一九五三年八月二三日号、四～五ページ。
(38) E・G・ヴァイニング『皇太子の窓』(文藝春秋新社、一九五三年、四八〇～四八二ページ)。
(39) 例えば、前掲『週刊朝日』一九五二年一〇月二六日号、五五～五七ページ、『週刊サンケイ』一九五三年一月一一日号、三～九ページ、前掲『サンデー毎日』一九五三年八月二三日号、四～九ページなど。
(40) 『週刊サンケイ』一九五四年九月二六日号、三～一〇ページ。

(41) 例えば、『サンデー毎日』一九五五年一月二日号、三六〜三七ページ、一九五六年一月二九日号、四〜一一ページ、『週刊サンケイ』一九五六年三月一一日号、四〜一一ページ、『週刊東京』一九五六年一二月二九日号、三〜一〇ページ。
(42) 『週刊読売』一九五八年一月五日号、九〇ページなど。
(43) 『週刊女性』一九五七年一二月一日号、六ページなど。
(44) 石田前掲『ミッチー・ブーム』四三ページ。
(45) 『週刊新潮』一九五七年四月一日号、二六〜二八ページ。
(46) 『週刊新潮』一九五七年一二月三〇日号、二八〜二九ページ。
(47) 梶山季之「皇太子妃スクープの記」(『文藝春秋』一九六八年六月号、後に梶山季之『ルポ　戦後縦断』岩波現代文庫、二〇〇七年に所収、八〜一二ページ)。梶山は当時『週刊明星』の記者であった。
(48) 『週刊明星』一九五八年一一月二三日号、八〜一二ページ。
(49) 『週刊東京』一九五八年一二月六日号、三二〜三三ページ、『週刊読売』一九五八年一二月七日号、『サンデー毎日』一九五八年一二月七日号、二〇〜二七ページなど。
(50) 『週刊新潮』一九五八年一二月八日号、二六〜三二ページ。
(51) 松下前掲「大衆天皇制論」三三〜三四ページ、石田前掲『ミッチー・ブーム』七七〜九三ページ。
(52) 石田前掲『ミッチー・ブーム』七五〜七七ページ。
(53) 例えば『週刊東京』一九五八年一二月六日号、八〜一五ページなど。この時期の社会状況・人々の意識については、荒川章二『日本の歴史十六巻　豊かさへの渇望』(小学館、二〇〇九年)を参照。
(54) 『週刊女性』一九五八年一二月一四日号、一四〜一七ページ。
(55) 『週刊読売』一九五九年四月一九日号、三四〜三五ページ、『サンデー毎日』一九五九年四月二六日号、八〜九ページ。
(56) 『週刊文春』一九五九年四月二〇日号、一二ページ、『週刊女性自身』一九五九年四月一〇日号、二〇〜二二ページ。
(57) 『丸』一九五二年三月号、六〜一四ページ。
(58) 『週刊朝日』一九五四年一月一七日号、一五ページ。
(59) 『サンデー毎日』一九五四年六月六日号、六四〜六七ページ。『週刊読売』にも皇居に関する記事が掲載されているが、その中では皇居が「都会の中にとり残された自然のままの庭」であると評価される（一九五三年七月一三日号、四〜一〇ページ〜『サンデー毎日』の記事（藤樫による解説）は皇居が未だ「焼跡」であることを強調しつつ、旧宮殿や庭園が優れたものであったことを紹介している。

(60) 宮内公文書館蔵「皇居造営関係録」。

(61) 木村の京都案の他、①多摩丘陵（作家吉川英治）②青山御所（作家三浦朱門）③三浦半島（評論家中島健蔵）④東京湾（加納久朗住宅公団総裁）⑤富士山麓（評論家大宅壮一・田中清一富士製作所社長）⑥葉山（加納）⑦高千穂（大宅）などが候補として挙げられた（『週刊朝日』一九五九年一月一一日号、一三〜一四ページ。『週刊読売』一九五九年一月四日号、一五ページ）。このうち興味深いのが、新しい時代に適合した「近代的」かつ「個人生活」を楽しむように提起した吉川と「普通の住宅よりも少し大きい程度」の皇居を求めた三浦の案である。彼らの根底にある象徴天皇像は、このような家庭生活を営む「普通の」人間としてのものであった。

(62) 臼井は「将来江戸城という、かつて封建大名のつくった建物に、民間出の娘と一しょになった人が住むのはおかしい」とも述べる（『週刊新潮』一九五八年一二月二九日号、三二ページ）。

(63) 『週刊女性』一九五九年一月二五日号、一五ページ。

(64) 前掲『週刊朝日』一九五九年一月一一日号、八ページ。この記事では、宮内庁の皇居再建計画が住居でなく宮殿の再建であって、「人間的ではない」とする批判意見を採り上げていることからもわかるように、宮殿がそもそもミッチー・ブーム後の象徴天皇像において相応しくないと考えられたのである。記事は、ブームによって皇居も開かれようとしており、民衆によってその未来図を描き出すべきと結ばれている。文学者の福田恆存も皇居のような大きな建造物は必要ないと断じる（前掲『週刊新潮』一九五八年一二月二九日号、三二ページ）。皇居開放を主張する磯村英一東京都立大教授が「国民が皇太子の決定に最高の敬意と心からの拍手を送ったなかに、皇居についても、新しいあり方を期待する気持ちがどこかに潜んでいる」と述べるように（「天皇の地位と皇居解放論」『日本週報』一九五九年一月二五日号、二九ページ）、皇居開放論はミッチー・ブーム後の象徴天皇像と結びついた議論であった。『週刊朝日』一九五九年四月一二日号には、加納久朗住宅公団総裁・堀田庄三住友銀行頭取・徳川夢声による「新しい時代を創る御婚儀」という座談会が掲載されているが、その中でもブームの中での皇居開放論が話し合われている。こうした立場は他に、大宅壮一、作家の平林たい子などがいた。
(65) 加納久朗・川島武宜・丹下健三「座談会　三界に住いあり」(『中央公論』一九五八年三月号、二三九ページ)。他に皇居を開放した場合、そこをどのように利用するかについては、①地下道②国民公園③江戸城再建④美術館⑤自然公園⑥芸術の森⑦アパート村⑧官庁村などが案に挙がっていた(前掲『週刊朝日』一九五九年一月一一日号、一一～一二ページ)。皇居開放について、『週刊東京』一九五九年一〇月三一日号巻頭で、「大衆天皇制への一歩前進」と評価されている。
(66) 前掲『週刊朝日』一九五九年一月一一日号、八、一四ページ。岸道三道路公団総裁、堤康次郎西武鉄道会長らの意見。敗戦直後の東京都公園課長で、日本造園学会会長となっていた井下清「日本の誇りは大切に」『日本週報』一九五九年一月二五日号、三〇～三二ページ)も参照。
(67) 北岡寿逸「皇居一部開放に賛成」(『綜合法学』第二巻第四号、一九五九年)、石原憲治「皇居開放と都心開発問題」(『都市問題』第五〇巻第一二号、一九五九年)など。
(68) 国立公文書館蔵「内閣公文・国政一般・皇室・その他・A29-1」第一巻。
(69) 高尾前掲『宮殿をつくる』二三～二六ページ。
(70) 『週刊サンケイ』一九五九年一一月一五日号、二一ページ。

第Ⅱ部
第一章

(1) 例えば、大門正克『日本の歴史十五巻　戦争と戦後を生きる』(小学館、二〇〇九年)、加藤聖文『「大日本帝国」崩壊』(中公新書、二〇〇九年)などを参照のこと。
(2) 吉田前掲『昭和天皇の終戦史』、古川隆久『昭和天皇』(中公新書、二〇一一年)、河西秀哉「象徴天皇制と戦争責任論」(『歴史学研究』第九三七号、二〇一五年)など。
(3) 以下については、安田浩『天皇の政治史』(青木書店、二〇〇〇年)、永井和『青年君主昭和天皇と元老西園寺』(京都大学学術出版会、二〇〇三年)、古川前掲『昭和天皇』などを参照。
(4) 以下、矢部前掲『近衛文麿』七一四～七二三ページ。
(5) 「絶対国防圏」についてはさしあたり、吉田裕・森茂樹『戦争の日本史23　アジア・太平洋戦争』(吉川弘文館、二〇〇七年)を参照のこと。
(6) なお、この「SCAPIN第六七七号」は六項で、「この指令中の条項は何れも、ポツダム宣言の第八条にある小島嶼の最終的決定に関する連合国側の政策を示すものと解釈してはならない。」と記し、占領下の暫定的な指令であることが述べられている。その意味で、ここに記される「日本の範囲」も占領下の特殊な位置付けと言える可能性はある。この三項に竹島の名が記されていないことでも、日韓両国の中でその帰属をめぐる論争に繋がった（池内敏『竹島問題とは何か』名古屋大学出版会、二〇一二年）。

（7）進藤栄一「分割された領土」（『世界』一九七九年四月号）。

（8）豊下楢彦『昭和天皇・マッカーサー会見』（岩波現代文庫、二〇〇八年）。

（9）ロバート・エルドリッヂ『沖縄問題の起源』（名古屋大学出版会、二〇〇三年）。

（10）「昭和天皇実録」一九五三年八月一一日条。

（11）以下、岩見前掲『陛下の御質問』一八八〜一九二ページ。

（12）「昭和天皇実録」一九六五年八月二五日条。

（13）前掲『資料日本占領1　天皇制』五八七〜五八八ページ。

（14）豊下前掲『昭和天皇・マッカーサー会見』二一二〜二一三ページ。

（15）利益線という考え方については、加藤陽子『戦争の日本近現代史』（講談社現代新書、二〇〇二年、八二〜九七ページ）が参考となった。

（16）「昭和天皇実録」一九五三年四月一日条。朝鮮半島への関心については、河西秀哉「戦後もつづく政治への意識」（古川隆久・森暢平・茶谷誠一編『「昭和天皇実録」講義』吉川弘文館、二〇一五年、一三九〜一四一ページ）。

（17）「昭和天皇実録」一九五八年八月二四日条。中国への関心については、河西前掲「戦後もつづく政治への意識」一四一〜一四二ページ。

（18）豊下前掲『昭和天皇・マッカーサー会見』一二〇〜一二一ページ。

（19）吉次公介「知られざる日米安保体制の〝守護者〟」（『世界』二〇〇六年八月号、二五〇ページ）。

第二章

（1）昭和天皇とマッカーサーとの第一回会見については、松尾前掲『戦後日本への出発』、豊下前掲『昭和天皇・マッカーサー会見』を参照、豊下楢彦『昭和天皇の戦後日本』（岩波書店、二〇一五年）。

（2）長沼節夫「初公開された『天皇―マッカーサー』第三回会見の全容」（『朝日ジャーナル』一九八九年三月三日号、二九ページ）。

(3) 豊下前掲『昭和天皇・マッカーサー会見』九八ページ。
(4) 豊下前掲『昭和天皇・マッカーサー会見』八七〜一三一ページ。
(5) 前掲「皇室関係書類 自昭和二十六年五月至同年十一月」。
(6) 豊下前掲『昭和天皇・マッカーサー会見』一一〇〜一一二ページ。
(7) 豊下前掲『昭和天皇・マッカーサー会見』一一三〜一一八ページ。
(8) 『木戸幸一関係文書』(東京大学出版会、一九六六年、四九五〜四九八ページ)。
(9) 外務省外交史料館蔵「平和条約関係記録」。
(10) Foreign Relations of the United States 1951 VI.
(11) 秦郁彦『裕仁天皇五つの決断』(講談社、一九八四年、後に『昭和天皇五つの決断』文春文庫、一九九四年)、豊下楢彦『安保条約の成立』(岩波新書、一九九六年)、豊下前掲『昭和天皇の戦後日本』。
(12) 早稲田大学図書館蔵「Personal Paper of John Foster Dulles 1851-1959(以下、「ダレス文書」と略記)」リール16。
(13) Foreign Relations of the United States 1950 VI.
(14) 「ダレス文書」リール16、カーンからダレスへの手紙。
(15) 「ダレス文書」リール16、EMPEROR'S MESSAGE。
(16) 渡辺前掲『戦後政治史の中の天皇制』一五九〜一六一ページなど。
(17) 前掲「平和条約関係記録」には、七月に「平和條約問題の経緯と通告された條約草案の内容」を内奏したということがわかる史料がある。
(18) 豊下前掲『安保条約の成立』一八九〜二二三ページ、豊下前掲『昭和天皇の戦後日本』一九七〜二〇六ページ。
(19) 豊下前掲『昭和天皇・マッカーサー会見』一二三ページ。
(20) 吉田茂『回想十年』第三巻(新潮社、一九五七年、一一〇ページ)。
(21) 「ダレス文書」リール18、一九五一年一月一五日カーンからダレスへの手紙。
(22) 「ダレス文書」リール22。
(23) 「ダレス文書」リール26、ダレスから天皇へのメッセージ。
(24) 「ダレス文書」リール18、カーンのインタビューを受けたダレスの回答の写し。
(25) 河西前掲「戦後もつづく政治への意識」一三八〜一四六ページ。

(26) 以上、舟橋正真「昭和天皇『皇室外交』の政治外交史的研究」(日本大学博士論文、二〇一五年)。
(27) 岩見前掲『陛下の御質問』八六～八八ページ。

は行

ま行

や行

ら行

わ行

人名索引

著者略歴

河西秀哉（かわにし　ひでや）

1977年愛知県生まれ。名古屋大学大学院文学研究科博士後期課程修了。博士（歴史学）。現在、神戸女学院大学文学部准教授。著書に、『「象徴天皇」の戦後史』（講談社選書メチエ、2010年）、『皇居の近現代史　開かれた皇室像の誕生』（吉川弘文館、2015年）、『明仁天皇と戦後日本』（洋泉社歴史新書 y、2016年）、『うたごえの戦後史』（人文書院、2016年）、『近代天皇制から象徴天皇制へ　「象徴」への道程』（吉田書店、2018年）など。編著に、『戦後史のなかの象徴天皇制』（吉田書店、2013年）、『日常を拓く知２　恋する』（世界思想社、2014年）、『平成の天皇制とは何か』（共編、岩波書店、2017年）など。

JIMBUN SHOIN　Ptinted in Japan
ISBN978-4-409-52068-0 C0021

天皇制と民主主義の昭和史

二〇一八年　二月二〇日　初版第一刷印刷
二〇一八年　二月二八日　初版第一刷発行

著　者　河西秀哉
発行者　渡辺博史
発行所　人文書院
〒六一二‐八四四七
京都市伏見区竹田西内畑町九
電話　〇七五(六〇三)一三四四
振替　〇一〇〇〇‐八‐一一〇三

印刷　創栄図書印刷株式会社
装丁　上野かおる

河西秀哉著

うたごえの戦後史

民主主義はうたごえに乗って

二二〇〇円

うたうこと、それはまずは娯楽であり、同時に常にそれ以上の何かでもあった。戦時には動員の手段として、戦後には市民運動や社会闘争の現場で、民主と平和の理念を担い、うたごえは響いていた。本書では日本近代以降、とくに敗戦から現在にいたる「合唱」の歴史を追う。うたごえ運動、おかあさんコーラス、合唱映画…。戦後史に新たな視角を切り拓く意欲作。